sapientia
サピエンティア74

新しい政治改革へ

国会を市民の手に取り戻す

Toward a New Political Reform

岡﨑晴輝
［著］

法政大学出版局

新しい政治改革へ◎目次

序論　「政治改革」三〇年

第一節　問題設定

一九八八年から九四年の「政治改革」は、衆議院の選挙制度を中選挙区制から小選挙区比例代表並立制（以下、並立制）に改革することで、政権交代可能な二大政党制を確立しようとした(1)。その後、新進党、次いで民主党が二大政党の一角を占めるようになり、遂に二〇〇九年総選挙において鳩山内閣が誕生し、自公政権から民主党政権――正しくは、民主党・社民党・国民新党による民社国政権――への政権交代が実現した。続く二〇一二年総選挙では第二次安倍内閣が誕生し、今度は自公政権への政権交代が実現した。しかしその後は、自民党の一人勝ちという「一強多弱」になり、「政治改革」が目指した政権交代可能な二大政党制とは程遠い状況になっている。また、当初から危惧されていたように、小選挙区制を柱としているため、民意が十分に反映されていない状況も続いている。依然として政治とカネにまつわる不祥事も後を絶たない（cf. 上脇 2024）。これが「政治改革」三〇年の現状である。

そうしたなか、有権者の政治的有効性感覚が低下している。ＮＨＫ放送文化研究所の「日本人の意識」調査によれば、選挙が「非常に大きな影響を及ぼしている《強い》」を選択した者は、一九七三年には四〇％だったが、二〇一八年には一六％にまで落ち込んだ（ＮＨＫ放送文化研究所編 2020: 73–80）。たしかに、「七三年から八八年にかけて《強い》が大きく減少した」（ＮＨＫ放送文化研究所編 2020: 76）ことを考えれば、政治的有効性感覚の低下が「政治改革」のせいばかりとはいえない。しかし、「政治改革」を実現したにもかかわらず有権者の政治的有効性感覚が回復しなかったことも事実である。

これに関連して、支持政党を持たない無党派層と呼ばれる有権者も増加している。同じくＮＨＫ放送文化研究所の「日本人の意識」調査では「特に支持している政党はない」を選択した者は、一九七三年には三二％だったのが、二〇一八年には六〇％へと倍増している。二〇一八年に自民党を支持すると回答した者が二七％だったことを考えれば、六〇％という数字は驚異的な数字である（ＮＨＫ放送文化研究所編 2020: 98–102）。

投票率の低下は、こうした政治的有効性感覚の低下や無党派層の増大を反映したものであろう。中選挙区制の下では平均投票率は七二・二四％だったが、並立制の下では六〇・〇四％へと低下している。[2] たしかに、二〇〇九年総選挙では投票率は六九・二八％へと上昇したが、その後の総選挙では五〇％台に落ち込んだのである（総務省選挙部 2024: 5）。

こうした事態を目の当たりにして、現代日本（「政治改革」以降）の代議制民主主義がうまく機能していると評価できる者は、まずいないであろう。大手新聞も衆議院の選挙制度に問題があるとして、「平成の政治改革　検証し改善の具体策を」（『朝日新聞』二〇二二年三月二八日朝刊）、「放置できぬ選挙制度のひずみ」(『読売新聞』二〇二三年七月一八日朝刊)、「細川政権と政治改革　功罪総括し再生の議論を」(『毎日新聞』二〇二三年八月九日朝刊)、「三〇年後のいつか来た道　「政治改革」をやり直せるか」(『朝日新聞』二〇二四年一月七日朝刊)といった社説を掲載している。

なぜ現代日本の代議制民主主義は機能不全に陥っているのであろうか。どうすれば、それを再生することができるのであろうか。こうした問題を考えるためには、原点である「政治改革」に立ち返り、並立制がいかなる思想によって導入されたのか、それがいかなる帰結をもたらしたのかを再検討する必要があるだろう。ほかならぬ細川護熙(「政治改革」当時の首相)と河野洋平(「政治改革」当時の自民党総裁)が『朝日新聞』に並んで登場し、小選挙区制を柱とする並立制を導入したことを悔いている。細川いわく、「自民党案をのんで小選挙区三〇〇、比例二〇〇議席で合意したが、私は二大政党だけには収まらない「穏健な多党制」が望ましいので、比率は半々ぐらいが適当と考えており、小選挙区に偏りすぎたのは不本意でした」。河野いわく、「自民党内には逡巡《しゅんじゅん》がありましたが、流れはどんどんそちらに行き、小選挙区制に踏み切りました。でも今日の状況を見ると、それが正しかったか忸怩《じくじ》たるものがある」(『朝日新聞』二〇一一年一〇月八日朝刊)[3]。

「政治改革」三〇年という節目を迎え、新しい政治改革の機運も高まっている。二〇二二年六月一九日には令和国民会議(令和臨調)が発足し、選挙制度を含む統治機構改革に取り組むとしている。二〇二三年二月には「衆院選挙制度の在り方に関する与野党協議会」が発足し、一二月二六日に報告書をまとめた。そこには「国民目線での選挙制度の見直し」も明記されたのである(『朝日新聞』二〇二三年一二月二七日朝刊)。

しかし、衆議院の選挙制度をどのように改革すべきかについては、政治学者のあいだでも意見の一致を見ていない。政治学者のなかには、「政治改革」が不徹底だったと総括し、政権交代可能な二大政党制を実現するために参議院や地方議会の選挙制度改革を求める者もいる。[4] たとえば加藤秀治郎は、衆議院の選挙制度を小選挙区制にするとともに、それと整合的であるように参議院や地方の選挙制度を改革することを提唱してきた（加藤 2003: 178–186, 194–197; 加藤 2005: 118–121）。待鳥聡史も、選挙制度改革が想定外の帰結をもたらした原因を「マルチレヴェルミックス」における「不整合」と参議院改革の「不着手」に求め、更なる制度改革を呼びかけている（待鳥 2020: 125–129, 270–280）。[5]

たしかに、参議院や地方議会の選挙制度、さらには政党助成制度が野党分裂の誘因となり、政権交代可能な二大政党制を阻害していることは否めない。しかし、これらの諸制度を改革すれば、政権交代可能な二大政党制が成立するのであろうか。また、仮に成立したとしても望ましいものなのであろうか。私にはそうは思えない。有権者の価値観や利害が多元化しているにもかかわらず、小選挙区制を柱とする並立制によって二大政党制を人為的に作りだそうとしたことに、そもそも無理があったのではないだろうか。野党の離合集散が後を絶たず、政権の受け皿となる野党が育たないのも、より根本的には、そうした無理に起因しているのではないだろうか。そうであるとすれば、比例代表制論者が主張するように、政党や有権者に「二大政党制」という、いわば窮屈な服を押し付けることのない比例代表制を目指したほうがよいのではないだろうか。[6]

比例代表制論者は、「政治改革」がそもそも「ボタンのかけ違い」（河合／石川 1994: 22–24）だったと考え、比例代表制への選挙制度改革が必要であるとする。たとえば吉田徹は『二大政党制批判論――もうひとつのデモクラシーへ』（二〇〇九年）において、「小選挙区制の選挙区数を漸減させ、比例の割合を増やすといった、新たな制度改革が考えられよう」とする（吉田 2009: 198）。中北浩爾も『現代日本の政党デモクラシー』（二〇一二年）において「衆議院の選挙制度について比例代表制の比重を高め、穏健な多党制に移行すること」を提案する（中北 2012: 203. cf. 中北 2014: 102-104）。これらの論者が比例代表制の割合を高める改革を提唱するのにたいして、代表的な比例代表制論者である小林良彰はより徹底している。小林は『政権交代——民主党政権とは何であったのか』（二〇一二年）において、衆議院の選挙制度を定数自動決定式比例代表制に改革することを提唱する（小林 2012: 187-190）[7]。比較的最近では、片木淳、只野雅人、三木由希子が共同代表を務める選挙市民審議会が、衆議院の選挙制度として非拘束名簿式比例代表制を提唱している（選挙市民審議会 2018: 15-18）。

私も比例代表制論者の陣営に属するが、これらの比例代表制論者とは一線を画したい。ほとんどの比例代表制論者は、比例代表制に向けられた批判に応答することなく、比例代表制の導入をお題目のように繰り返すのみである。しかしそれでは、比例代表制の導入は夢のまた夢である。後に詳しく分析するように、政権選択論が勝利を収めたことが、並立制が導入された一つの、しかし決定的な要因だった。政権選択論とは、比例代表制では多党制になり、総選挙後の連立交渉によって政権が決まってしまうが、小選挙区制では二大政党制になり、有権者が政権を選択することができるため、有権者が政権を選択できるように小選挙区制を採用すべきだとする議論である。こうした政権選択論は「政治改革」以降の日本政治に定着しており、それを無視して比例代表制を導入することは到底不可能である。比例代表制論者は、政権選択論と理論的に対決し、みずからの比例代表制の理論を鍛え直さなければならない。政権選択可能な比例代表制はないのであろうか。

第二節　本書のテーゼ

1　パラダイムとしての政権選択論

政権選択論は依然として、現実政治だけでなく政治学においても定着している。たとえば、「政治改革」を主導した佐々木毅は「小選挙区制は政権の帰趨を有権者がはっきりと方向づけることができる制度であるが、その反面、相当の覚悟を固めるというストレスを有権者が引き受けなければならない。比例代表制は有権者がそれぞれに気に入った政策を掲げれば済む仕組みであるが、政権の帰趨は政治家たちの交渉に任せることで満足しなければならない」としている（佐々木 2009: 42）。佐々木毅と並んで「政治改革」の旗振り役となった山口二郎は、『政治改革』（一九九三年）では政権選択論への反論を試みていたが[8]、その後は政権選択論を共有しているようである。山口によれば、ヨーロッパの比例代表制諸国では、

> 国民の意識をそのまま議会に代表するという意味で、議会は民意の縮図となる。しかし、そのままでは意思決定を行えない。そこで、選挙の後に、政党の勢力に応じて連立政権交渉を行い、政策合意を作ったうえで与党を形作る。その段階では、多数派には民意が反映されるとは限らない。政党の幹部同士が交渉し、妥協することで多数派が生まれるからである。連立で生まれた多数派がどの

ような政策を追求するかは、選ばれた指導者に任される。（山口 2013: 152）

左派の側から「政治改革」を支持した後房雄も「まさに小選挙区制においては有権者が直接に多数派＝政権を選択することができる」としている（後 2009: 223. cf. 後 1993: 67–69; 後 1994: 56–63）。ポスト「政治改革」世代の政治学者である飯尾潤や砂原庸介も政権選択論を共有しているようである（飯尾 2013: 32–39; 砂原 2015: 54–55）。

興味深いのは、比例代表制を志向する政治学者のなかにも、政権選択論者と事実認識を共有している者がいることである。たとえば、中北浩爾は「比例代表制の比重が高められれば、多党化が進む結果、有権者は選挙の際に直接的な政権選択権を行使できなくなる反面で、より多くの選択肢を得られる」とし（中北 2012: 203）、大山礼子も「政党の得票を全国集計し、得票率に比例して議席を配分する比例代表制では、小政党にも議席獲得のチャンスがある反面、単独政党が過半数の議席を確保するのはむずかしく、組閣には政党間の連立協議が必要になる」とする（大山 2018: 148）。

政権選択論を受容しているのは、政治学者だけではない。憲法学者のなかにも政権選択論を受容している者がいる。憲法学者の高橋和之は、国民が「政治プログラム」とその実施主体（首相）を直接的に決定する「直接民主政」と、選挙で選ばれた代表者がそれを決定する「媒介民主政」とを区別したうえで、議院内閣制の直接民主政的運用（国民内閣制）を可能にするものとして、小選挙区制＝二大政党制を理論上擁護している。注目すべきは、比例代表制では総選挙前に政党連合を組むインセンティヴが働かないため、例外的な場合を除けば、国民が首相や政治プログラムを直接的に決定することはできない

としていることである。高橋によれば、

もっとも、比例制は直接民主政モデルとは絶対に調和しないというわけではない。選挙前に政党間の連立形成が進行し、自然に二極化する傾向を示している場合には、それを議会に反映させることを通じて直接民主政的運用は実現するのである。しかし、比例制においては、制度の論理としては選挙前に連立を形成させる方向へのインセンティヴは働かないから、幸運な事情が存在しない限り、それを期待するのはむりであろう。（高橋 2006: 81）

政権選択論は、海外の政治学においても議論されてきた。カール・ポパーなども議論していたが（Popper 1987 = 2013. cf. 伊藤 1989; 加藤 2003: 58–63）、マイケル・ピント＝ドゥシンスキーは、影響力のある論文「悪党を追放せよ」（一九九九年）において、政権選択論を提示している。ピント＝ドゥシンスキーによれば、比例代表制では、有権者が不評な政権与党を追放することも、次の政権与党を選択することも難しい。また、議席はともかく閣僚等のポストが比例的に配分される保証もない（Pinto-Duschinsky 1999）。「要するに、民主的選挙で第一義的に重要なのは、誰を議員にするかではない。人民が権力を有しているか否かの主たる条件は、有権者が首相や内閣の選出に、それ以上に重要だが、その追放に直接の影響を及ぼせるかどうかである」（Pinto-Duschinsky 1999: 118）。この論文をめぐっては、雑誌『代表（*Representation*）』第三六巻第二号（一九九九年）において、G・ビンガム・パウエル・ジュニア、アレンド・レイプハルト、ジャック・バウルス、マシュー・S・シュガートという錚々たる比例代表制論者が批判を加え、ピント＝ドゥシンスキーが応答している。政権選択論との関連では、レイプハルトが、なぜ政権与党の部分的交代が高い頻度で生じることよりも、政権与党の全面的交代が低い頻度で生じることのほうが好ましいといえるのか、と疑問を呈している。また、より深刻な問題として、小選挙区制では有権者の過半数が政権与党以外の政党に投票しても政権与党を追放できるとは限らないと反論している（Lijphart 1999: 134-135）。

2　政権選択論にたいする比例代表制論者の応答

こうしたパラダイムを踏まえれば、単に民意反映可能な比例代表制を唱えただけでは、有権者は総選挙で政権を選択できないという批判に直面し、「政治改革」期と同じく敗北を喫するのは必至である。政権選択論者が主張するように、議院内閣制における総選挙が衆議院議員を選出するだけでなく首相を選出する機能を有していることを考えれば、衆議院の構成に民意を反映させるだけでなく、政権を選択できなければならないであろう(9)。

それでは、比例代表制論者は、政権選択論にどのように応答してきたのであろうか。第一に、政権選択論そのものを否定し、総選挙後の連立交渉を肯定的に捉える者がいる。たとえば、左派系の法律団体である自由法曹団は、総選挙後の連立交渉を次のように擁護している。「特定の政党が過半数の得票を得なかった場合には、「どれかひとつの政党を政権党として選ばなかった」というのが民意ということになる。この場合、それぞれの主張と全国民の利益を考慮して、政権の構成や政策を調整することが、選出された議員や会派（＝政党）の責任であり、それが議会制民主主義の本質である」（自由法曹団・衆院比例定数削減阻止対策本部編 2011: 9)。政治学者の宇野重規も、数カ月に及ぶ連立交渉には「なし崩しの連立を許さず、しっかりと取り組むべき課題を明確にしてから政権を発足させるという意味では、むしろ学ぶべきものがあるのではないか(日本の場合、政党と政党の連立ははるかに曖昧であり、「いつの間にか」決まる印象が強い)」と示唆している(宇野 2022: 6)。しかし、総選挙後に交渉するよりも、総選挙前に「しっかりと取り組むべき課題を明確にしてから」政党連合を発足させたほうがよいのではないだろうか。総選挙後の連立交渉では、各党の議席数が確定しているため、小党が議席数以上の交渉力を発揮しやすい。また、連立交渉期間も事実上限られている。その結果、大政党にとって不本意な妥協になりやすい。しかし、総選挙前の連立交渉であれば、小政党が議席を盾に取って大政党に譲歩を迫ることも起こりにくいし、交渉のための十分な時間もあるため、より良い政策になるであろう。加えて、総選挙前に妥協が成立しているため、有権者による政策選択も実現できるであろう。

第二に、総選挙前に政党連合が成立すれば、有権者は政権を選択できると反論する比例代表制論者もいる(石川 1990: 54. cf. Powell 2000: 71–72; Golder 2006: 138; Farrell 2011: 217–218)。しかし、総選挙前の政党連合が成立するとは限らない。それどころか、ヨーロッパの比例代表制諸国が示しているように、総選挙後の連立交渉が常態化している。また、比例代表制論者は、小選挙区制の下でも有権者が政権を選択できるとは限らないとも反論する。小選挙区制では、有効投票総数の相対多数しか獲得していない政党が政権の座に就くことも少なくない。この場合、有権者の過半数は、与党ではなく野党に投票したのである(石川 1990: 50; 石川 1993: 24–25)。それどころか、得票率で第二位の政党が議席率では第一党になる場合もありうる(石川 1990: 50; 石川 1993: 25–27)。さらに、どの政党も過半数の議席を獲得できない「宙づり議会」になるかもしれない。この場合、連立政権を樹立するために、各党は総選挙後に連立交渉を始めることになる。たしかに、こうした反論にも一理あるが、小選挙区制論者が反論するように、小選挙区制の下でよりも比例代表制の下でのほうが、総選挙後の連立交渉がはるかに起こりやすいことも否定できない（加藤 2013: 179-180）。

第三に、政権選択論を踏まえ、比例代表制を維持しつつも政権選択できるようにしようとする者もいる。すでに言及した小林良彰は、比例代表制（定数自動決定型の非拘束名簿式比例代表制）に加えて、首相国民推薦制も提唱している。小林によれば、

(1) 各党、または政党の連合が一定以上の国会議員の連署により国会議員のなかから首相候補者を定めて有権者に提示する。
(2) 有権者は提示された候補者のなかから最もふさわしいと思う人の名を書いて投票する。
(3) 過半数の得票を得た候補者がいた場合には、その者が国会における首相候補者となり、国会で有権者の選択を最大限に尊重して承認し、天皇が任命する。
(4) 過半数の得票を得た候補者がいない場合には、上位二名および四分の一以上の得票を得た候補者により、国会議員の手により決選投票を行う。決選投票で相対多数の票を得た候補者が国会における首相候補者となり、天皇が任命する。（小林 2012: 175-176）

しかし、首相国民推薦制を導入したとしても政権選択論に対抗することは難しい。比例代表制の下で

は、(3)の可能性もないわけではないが、政党や政党連合が指名する首相候補者が有効投票総数の過半数を獲得する可能性は低いであろう。(4)の場合には、有権者が候補者を絞り込むことはできるが、最終的には有権者ではなく国会議員による首相の選択となる。加えて、首相国民推薦制では、首相の選択しか考慮されておらず、与党の選択や政策体系の選択は考慮に入っていない。

3　多数派優遇式比例代表制

本書で私は、政権選択論を重視する比例代表制論者として、別の道を模索することにしたい。すなわち、政権選択可能な小選挙区制／民意反映可能な比例代表制という二者択一的枠組みを止揚（アウフヘーベン）し、政権選択可能かつ民意反映可能な選挙制度を提案したい。「政権選択」の概念は曖昧に使用されてきたが、ここでは、有権者が総選挙において首相・与党・政策体系を決定できることであると定義したい（cf. 政治改革推進協議会（民間政治臨調）1997: 5; 高橋 2006: 64-67）[10]。他方、「民意反映」の概念も曖昧に使用されてきたが、ここでは、有権者が議会の政党構成を総選挙で直接に決定できることであると定義したい。このように定義された政権選択も民意反映も、有権者が政権構成と議会構成を自己決定することを意味し、民主主義の本質が有権者による集合的自己決定であるとすれば、否定することのできない価値を有しているといえるであろう。

本書で私は、多数派優遇式比例代表制（proportional representation with a majority bonus）を採用すれば、政権選択可能な小選挙区制／民意反映可能な比例代表制という二者択一的枠組みを乗り越えることができると論じたい。詳しくは第四章で説明するが、私が提案する多数派優遇式比例代表制では、政党は他党と政党連合を組むことができるが、有権者は政党連合ではなく一つの政党に投票する。第一位の政党連合または連合を組まない政党（以下、政党連合等）に五五％の議席を配分する一方で、それ以外の政党連合等には四五％の議席を配分する。各政党連合内では得票数に比例して議席を配分する。こうすれば、政党には二大連合にまとまる誘因が作用するため、中道右派連合と中道左派連合の二大連合政党制が成立しやすくなり、有権者はいずれかの政党連合を選択できるとともに、政党も選択できるようになるであろう。言い換えれば、政権選択と民意反映を両立させることができるようになるであろう。

ところで、日本において多数派優遇（多数派プレミアム）を紹介した功労者は、国立国会図書館の芦田淳である。芦田は『選挙学会紀要』に掲載した「イタリア二〇〇五年選挙制度改革に対する一考察――「政権選択と選挙制度」の視点から」（二〇〇七年）において、「今回の制度は問題のある制度と言わざるを得ない」と結論づけつつも、「国民の多様な意思を反映させながら、政権選択を可能にするという意味では、プレミアム付比例代表制は、制度として必ずしもあり得ないものではない」と述べている（芦田 2007: 100）[11]。拙稿「市民自治と代表制の構想」（二〇〇九年）で明記したように、私はこの芦田の一文に示唆を得て、多数派優遇の研究に取り組み始めた（岡﨑 2009: 3）。そして、修正を加えた多数派優遇式比例代表制を提唱するにいたっている。その影響もあるのかもしれないが、政治学者の中北浩爾、待鳥聡史、大山礼子も多数派優遇式比例代表制に言及している（中北 2014: 103–104; 待鳥 2015: 226–227; 大山 2018: 150）。しかし、彼らが多数派優遇式比例代表制を提唱しているわけではなく、多数派優遇式比例代表制が論争の的になっているわけでもない。

これにたいして、海外では多数派優遇式比例代表制への関心が高まっている。ニルス＝クリスチャン・ボーマンとマット・ゴルダーが二〇一三年に公表した「民主的選挙制度データセット」には「多数派優遇」という項目は入っていなかったが、二〇二二年に更新したデータセットでは入っていることが、そのことを示している（Bormann and Golder 2022: 4）。なかでもドイツでは、多数派優遇式比例代表制を主張するフォルカー・ベストと、それが「結果価値の平等」という原則を著しく侵害すると批判するヨアヒム・ベーンケが論争を繰り広げ（Best 2015; Behnke 2015; Best 2016）、多数派優遇式比例代表制に注目が集まっている。その背景には、ドイツでは、多くの政党が議席を獲得するようになるなか、各党が総選挙前に連立相手を明示しないことが増え、総選挙から「政権選択的な意味合いが薄れつつある」という事情がある（河崎 2015b: 22）。ドイツに限らず、西欧の比例代表制諸国では単独政権ではなく連立政権が通例になり（Hobolt and Karp 2010: 300–301）、連立政権の枠組みは総選挙後の連立交渉によって決まるようになっている。[12] しかも連立交渉は長期化しており、ベルギーでは、二〇一〇年六月の総選挙後、連立交渉がまとまらず、連立政権の発足までに五四一日も要したのである。[13]

さて、ドイツにおいて多数派優遇式比例代表制を提唱するフォルカー・ベストは、ドイツでは「連立形成危機」が生じており、選挙制度改革がなければ同じ危機を繰り返すと診断して、第一位の政党連合等が四〇%以上を得票した場合、それに五一%の議席を保障する多数派優遇式比例代表制を提唱している（Best 2020: 369, 381–382）。ペギー・マタオシェクも博士論文において主要な選挙制度を比較検討し、政党連合に五二・五%の議席を保障する多数派優遇式比例代表制を提唱している（Matauschek 2021）。これにたいして、シュテッフェン・ガングホフは、多数派優遇式比例代表制ではなく、ドイツの小選挙区比例代表併用制にオーストラリアの選択投票制的な移譲メカニズムを組み合わせた選挙制度を提案している（Ganghof 2016; Ganghof 2021: 134–137）。ベストの構想については第六章で検討し、ガングホフの構想については第四章補論で検討することにしたい。

4　抽選制議会

本書ではまた、新しい政治改革を遂行するために、衆議院の選挙制度改革にとどまることなく、参議院を抽選制の市民院に改組することも提案したい。「政治改革」においても参議院の選挙制度改革が視野に入っていなかったわけではないが、後回しにされたことは否めない。しかし、いわゆる「ねじれ国会」に示されるように、衆議院と参議院は切っても切り離せないため、新しい政治改革では、衆議院だけでなく参議院の改革も視野に収めなければならない。その際、私は、選挙制を自明の前提とすることなく、参議院を抽選制の市民院に改組する構想を提示したい。抽選制の市民院では、議員は選挙によってではなく抽選によって選出される。そして、衆議院の審議を聴いて、衆議院が審議を尽くしたかどうか、その決定が市民感覚に反していないかどうかを判断し、時に法案拒否権を行使する。加えて、衆議院が立法に取り組もうとしない場合に衆議院に立法を勧告したり、不祥事を起こした衆議院議員が辞職しようとしない場合に解職したりできるようにする。

こうした抽選制の市民院は、多数派優遇式比例代表制の衆議院とも調和するであろう。五五％の議席を持つ与党と、四五％の議席を持つ野党が比較的対等に審議する衆議院は、市民院が衆議院の決定の是非を判断するのに好都合である。逆に、法案拒否権などを有する市民院があればこそ、衆議院の審議が活性化するであろう。こうして本書では、選挙制の衆議院と抽選制の市民院が相乗効果をもたらすことを指摘して、衆議院の選挙制度改革にとどまらないラディカルな政治改革を提唱したい。

第三節　本書の方法と構成

以上に述べたように、衆議院の選挙制度として多数派優遇式比例代表制を採用するとともに、参議院を抽選制の市民院に改組する――そうした代議制民主主義の改革を支える政治理論を提供することが、本書の課題である。現代日本における代議制民主主義の刷新を提案し、平成デモクラシーとは一線を画す新しい時代のデモクラシーの政治理論書となることを目指している。

その際、主として、私が規範的制度論（normative institutionalism）と呼ぶ方法に基づいて考察を進めていくことにしたい。この方法は、丸山眞男の「制度の精神」論にインスピレーションを受けたものである。丸山によれば、制度は、それを動かす精神を備えている。制度を制度論的に分析し、精神を思想史的に分析しただけでは不十分である。「制度と精神」ではなく「制度の精神」、すなわち制度をつくり、それを動かす精神を分析することが必要だというのである（松沢／植手編 2006: 216–218. cf. 丸山 1961: 36）。丸山自身は、「制度の精神」という観点は、辻清明の制度論・機構論と南原繁の政治哲学・政治思想史から「挟撃」されて「苦しまぎれに出てきた」と述懐している（松沢／植手編 2006: 217）。それゆえ、方法として十分に体系化されているとは言いがたい。そこで私は、この方法を発展させ、次のように定式化することにしたい（その際、「物質」の対概念になることの多い「精神」ではなく、「制度」と対概念になることの多い「思想」という概念を用いることにしたい）。規範的制度論とは、制度がいかなる思想によって設計されたのかを解明するとともに、その思想を批判的に検討し、より良い制度を設計しようとする議論である。こうした規範的制度論は、制度の経路依存性を重視し、制度的過去から制度的現在を説明しようとする歴史的制度論（cf. ピアソン 2010）とは次の二点で異なっている。規範的制度論は、第一に、制度と思想の内的関連を分析する。第二に、制度の思想を検討し、よりよい制度を設計しようとする。歴史的制度論が過去の制度と現在の制度の因果分析に取り組むとすれば、規範的制度論は制度と思想の構造分析に取り組むといえるであろう。

規範的制度論では、制度の望ましさをどのように論じるのであろうか。拙稿「現実政治と政治理論」（二〇一四年）で論じたように、規範的命題は、(1)前提となる価値判断、(2)制度・政策に関する事実認識、(3)制度・政策に関する価値判断に分解できるであろう。たとえば、

(1) 有権者が総選挙で政権を選択できることが望ましい。
(2) 小選挙区制では有権者は政権を選択できるが、比例代表制では政権を選択できない。
それゆえ、
(3) 比例代表制よりも小選挙区制のほうが望ましい。

この場合、(1)の規範的命題に関しては、ありうる批判を考えだし、それに反論することができれば、(1)の規範的命題の説得力を増すことができるであろう（仮想批判・反論の方法）。(2)の経験的命題に関しては、それと矛盾しそうな事実を否定することができれば、(2)の経験的命題の説得力を増すことができ

るであろう（岡﨑 2014: 113–114. ただし、やや修正している）。本書では、こうした規範的制度論に基づいて、現代日本の代議制民主主義を分析するとともに、改革案を提示したい[14]。

最初の三章では、「政治改革」とその帰結を扱いたい。まず、原点となった「政治改革」の六年間を概観し、並立制が党利党略、個利個略を有する政治アクター間の権力闘争の産物だっただけではなく、政権選択可能な小選挙区制を志向する勢力と民意反映可能な比例代表制を志向する勢力の思想闘争の産物でもあったことを示したい（第一章）。加えて、並立制の主たる思想的基礎が政権選択論であり、従たる思想的基礎が民意反映論であるという解釈を補強するために、第一二八回国会（細川内閣期）における国会審議を詳細に分析することにし（第二章）、その後、「政治改革」以降、政権選択可能な二大政党制に近づいていったが、現在では一連合優位政党制が成立し、政権選択も民意反映も難しくなっていることを明らかにしたい（第三章）。

それに続く三章では、衆議院の選挙制度について、政権選択可能かつ民意反映可能な選挙制度として、多数派優遇式比例代表制を提案し、小選挙区制論者や比例代表制論者から投げかけられるであろう諸批判に反論し、多数派優遇式比例代表制を擁護したい（第四章）。加えて、有望な代替案（単記限定移譲式比例代表制）と比較し、多数派優遇式比例代表制の説得力を高めたい（第四章補論）。その後、多数派優遇式比例代表制の制度設計のために、名簿式比例代表制、単記移譲式比例代表制、小選挙区比例代表併用制を解説・検討した後、多数派優遇式併用制の制度設計を示したい（第五章）。最後に、私が提案する多数派優遇と阻止条項が日本国憲法に違反していないかどうかの合憲性審査をおこない、それらが日本国憲法に違反しないと論じるであろう（第六章）。

次に、衆議院とペアをなす参議院を、抽選制の市民院に改組することを提案する。そこでは、法案拒否権・立法勧告権・衆議院議員解職権を持つ市民院の青写真を描くことになるであろう。そして、多数派優遇式比例代表制の衆議院と抽選制の市民院が相乗効果を発揮すれば、現代日本の民主主義が再生するであろうことを示したい（第七章）。加えて、抽選制には民主主義的可能性だけではなく自由主義的可能性もあることを指摘し、抽選制を行政や司法における権力濫用を防ぐために使用することも提案したい（第七章補論）。

最後に、本論の内容を要約するとともに、新しい政治改革の展望を示して、本書を締め括ることにしたい。

注

（1） 広義の「政治改革」は、平成時代における様々な「統治機構改革」を指す（待鳥 2020）。また、狭義の「政治改革」（一九八九年から九四年）も、選挙制度改革を中心にしていたとはいえ、選挙制度改革に還元することはできない（的場 2003）。そのことを承知しつつも、本書において「政治改革」という場合、狭義の「政治改革」、しかも主として選挙制度改革を意味するものとする。

（2） 総務省選挙部 2024: 5 から岡﨑が計算した数字である。

（3） ただし、最近のインタビューでは、河野洋平が「政治の現状を見ると、あの選挙制度の改革は失敗だったと思います」と酷評するのにたいして、細川護熙は「この〔選挙〕制度のすべてが間違いとも言い切れないでしょう」と述べ、改善の余地を認めつつも、並立制を擁護している（久江／内田編著 2024: 15, 35）。

（4） 選挙制度の不均一性を指摘する者がすべて、衆議院に合わせる形で参議院や地方議会の選挙制度の不均一性を解消することを提唱しているわけではない。上神貴佳は、不均一性は解消されるべきものではなく、利益集約・表出機能を強化すべきであるとしている（上神 2013: 232, 253）。砂原庸介は、地方議会の選挙制度を非拘束名簿式比例代表制へと改革して「政党というまとまり」を作った後、改めて国会を比例代表制にするか地方議会を多数代表制にするかを選択することを提案している（砂原 2015: 230. cf. 砂原 2017: 177–178）。選挙制度の不均一性に関する研究状況については、小川 2017a; 小川 2017b を参照。

（5）待鳥聡史は近年の論考では、マルチレヴェルミックスの不整合を変革（またはその影響を低減）することは実現可能性に乏しいとして、やや悲観的な見方を示している（待鳥 2022: 151）。

（6）待鳥聡史は、政党が一つしかないのは問題であるが、なぜ二つよりも三つ以上のほうがよいと言えるのか、と疑問を呈している（待鳥 2018: 94–95）。この議論にも一理あるが、二つの理由で同意することはできない。第一に、二大政党制では、有権者の選好を適切に代表することはできない。だからこそ、既存の二大政党に失望し、新党を支持する有権者が出現している。第二に、比例代表制は、議会政党数を選択する力を有権者に付与する選挙制度である。たしかに、ほとんどの国で比例代表制は多党制をもたらしているが、有権者に多党制を強制しているわけではない。有権者が二大政党制を望むのであれば、有権者は二大政党制を選択するであろう。有権者が政党システムを自由に選択できる選挙制度のほうが望ましい（Okazaki 2019: F17）。待鳥は「私が政治学者をやっていて一番分からないことの一つが、なぜ多くの政治学者は小政党による多党制が好きなのか、なぜ比例論者になるのかということなんです」と率直に語っているが（待鳥／河野 2024: 25–26）、これら二つが待鳥にたいする応答である。

（7）小林良彰は「投票制度改革及び選挙制度改革」（二〇一八年）では、「定数自動決定式選挙制度案」（衆院選Ⅱ案）に至る途上で暫定的に採用しうる選挙制度として「投票数基準並立制選挙制度案」（衆院選Ⅰ案）なるものを提唱している（小林 2018: 19–21）。

（8）山口二郎は『政治改革』（一九九三年）では、ヨーロッパ諸国では中間的な政党が二大政党の一つと連合を組むことで政権交代が生じるが、通常は第一党が政権の中心となるため、政権の構成は国民の意図を反映しているとしていた。また、中道政党がバランスをとっているため、急激な転換によって大混乱に陥ることが避けられているともしていた（山口 1993a: 173–174）。

（9）加藤秀治郎は、参議院の通常選挙も政権選択選挙であるという重要な問題提起をしている（加藤 2022: 30–31）。

(10) その際、事前的政権選択と事後的政権選択を区別する必要があるだろう(cf. 空井 2010: 145)。前者は、有権者が政党(連合)の政権公約(マニフェスト)を比較し、どの政党(連合)を次の与党(連合)にするかを判断することであり、後者は、有権者が与党(連合)の業績を評価し、引き続き政権を委ねるか否かを判断することである。前者は、G・ビンガム・パウエル・ジュニアの「同定性」(identifiability)の概念に対応し、後者は同じく「答責性」(accountability)の概念に対応すると考えて差し支えないであろう(Powell 2000: Chapters 3–4)。

(11) 芦田淳は近年の論考では、多数派優遇式比例代表制(多数派プレミアム付比例代表制)は運用上の困難を伴うとはいえ、「代表性と統治能力(安定性)のよりよい均衡」を図る制度であり、小選挙区制に比べて得票率と議席率の乖離が抑制されているとして、より高く評価するようになっている(芦田 2018b: 109; 芦田 2018c: 111–113)。

(12) ただし、すべての比例代表制諸国がそうというわけではない。ダイラン・ディフォードは、デンマーク、ノルウェー、スウェーデンといったスカンジナヴィア諸国では、ドイツ、オランダ、オーストリアなどとは対照的に、中道右派連合と中道左派連合という二大連合政党制(two-bloc system)が成立しているとする。ディフォードによれば、二大連合政党制は、二党制における政権選択と多党制における政党選択を結びつけるものであり、「稀ではあるが、真のいいとこ取り」である(Difford 2021)。ただし、西欧一七カ国の量的研究とスウェーデン(二〇一八―一九年)の質的研究をおこなったハンナ・ベック等によれば、総選挙前に政党連合が成立していたとしても、それらが過半数の議席を獲得するのに失敗した場合には連立交渉が始まり、政権樹立が長引くことがあるという(Bäck et al. 2024: 106–107)。

(13) トゥールビョン・ベルイマン等が西欧一七カ国(クロアチアを含む)の連立政権を調査したところ、次の政権が発足するまでに要した日数は平均すると五五日前後であり、一九九〇年代以降に一〇〇日を超える経験をした国も一〇カ国に達したことが判明した(Bergman et al. 2021: 691–694)。

(14) ただし、すべての章が規範的制度論に基づいているわけではない。第一章と第二章は規範を検討する章、第三章は規範に照らして現状を診断する章、第四章、第四章補論、第五章、第七章、第七章補論は規範に照らして制度を設計する章である。第六章は憲法理論であり、必ずしも規範的制度論とはいえないが、規範的制度論を方法とする本書全体の部分をなしている。

第一章　「政治改革」再訪

第一節　問題設定

本章では、一九八八年から九四年の「政治改革」を振り返ることにしたい。「政治改革」については、すでに幾つもの研究書や研究論文が公刊されている（たとえば、大嶽 1995 = 1997; 河野 1995; 前田 1996; 成田 1996; 成田 1997; 田中 1997; 佐々木編著 1999; Wada 2004; 臼井 2005; 内山 2005; 羽原 2007; 森 2009; 吉田徹 2009: 第二章 ; 中北 2012: 第一章 ; 吉田健一 2018; 待鳥 2020: 第二章 ; 川上 2022: 第一章）。しかし、田中宗孝『政治改革六年の道程』（一九九七年）を除けば、その多くは「政治改革」を政治過程論的に解釈しており、自由民主党「政治改革大綱」や第八次選挙制度審議会の答申などは参照していても、国会審議等で展開された思想闘争には踏み込んでいない。『政治改革六年の道程』にしても、国会審議等の経過や主要な発言を整理・紹介するにとどまっている。だが、党利党略、個利個略に基づくアクター間の権力闘争に焦点を当てた政治過程論的解釈だけでは、並立制の思想的勝利という側面を見落とすことになりかねない。

それ以上に重要なのは、並立制の思想的基礎を捉えることができず、今後の選挙制度改革の足掛かりにしえないことである。

本章で明らかにするように、並立制は、党利党略、個利個略によって選挙制度を主張する政党や政治家間で繰り広げられた権力闘争の産物だっただけではない。それはまた、政権選択可能な小選挙区制を主張する自民党と、民意反映可能な比例代表制を主張するそれ以外の政党との思想闘争の産物でもあった。たしかに、成立した並立制が二つの思想のあいだの妥協的・折衷的な選挙制度であったことは否めない。しかしだからといって、それが「理念なき選挙制度」（加藤 2003: 193）だったわけではない。国会審議が示しているように、並立制は、政権選択論を主たる思想的基礎、民意反映論を従たる思想的基礎として誕生した選挙制度なのである。

それゆえ、本章では「政治改革」の政治史だけでなく、その政治思想史を描きだすことにしたい。まず竹下内閣・宇野内閣期に、政治腐敗や冷戦終結を背景に、選挙制度改革としての「政治改革」という土俵が作られるとともに、政権選択を主、民意反映を従とする思想の上に並立制という選挙制度が設定された（第二節）。海部内閣期では、衆議院の選挙制度を並立制に改革するか、中選挙区制を維持するかという自民党内の対立軸が現れ、混とんとした状況だった。しかし宮澤内閣期になると、政権選択可能な小選挙区制か民意反映可能な比例代表制かという対立軸が鮮明になった（第三節）。細川内閣期には、政権選択を重視するか否か、都道府県単位にするか全国単位にするか、一票制にするか二票制にするかという対立軸が鮮明になった。そして、権力闘争と思想闘争の結果、小選挙区三〇〇議席、比例代表二〇〇議席（一一ブロック単位）、二票制という並立制が成立したのである（第四節）。このように本章では、「政治改革」の六年間を権力闘争史としてだけでなく思想闘争史としても描くことにしたい（事実関係については、主として、田中 1997; 佐々木編著 1999; 後藤 2014; 石川／山口 2021 のほか、21世紀臨調―政治改革ライブラリー［http://www.secj.jp/s_library/s_library.html］を参照）。

第二節 「政治改革」の始動

1 「政治改革」の背景

衆議院の選挙制度を小選挙区制ないし並立制に変えようとする動きは、鳩山一郎内閣期や田中角栄内閣期にもあったが、いずれも中選挙区制を変えることはできなかった（cf. 阪上 1990: 13; 石川／山口 2021: 76-77, 126）。しかし、一九八八年から九四年の「政治改革」により、衆議院の選挙制度は中選挙区制から並立制へと改革された。その要因としては、次の二つを挙げることができるであろう。一つは、政治腐敗という国内的要因であった。五五年体制では、自民党の政治家は個人後援会を維持するために多額のカネを必要とした。また、政権交代が生じなかったため、政治腐敗が是正されにくかった。日本が「経済大国」になり、空前のバブル経済に沸いていたことも政治腐敗に拍車をかけた。そうしたなか、一九八八年六月にリクルート事件が発覚し、「政治改革」の機運が高まったのである。[1] 政治腐敗をなくそうとして「政治改革」を唱えたのが、武村正義をはじめとする自民党の若手政治家だった。武村はユートピア政治研究会を結成し、八八年一二月に「政治改革への提言」を公表したり、八九年三月に政治資金の平均収支を公表したりして「政治改革」を主導する（cf. ユートピア政治研究会編著 1989; 武村

2006: 144–155; 御厨／牧原編 2011: 36–47）。[2] 後に武村は自民党を離党、新党さきがけを結成して、細川連立政権を支えていくことになる（cf. 牧原 2013）。

他方、冷戦の終結という国際的要因も「政治改革」を後押しした。ソビエト連邦では、一九八五年三月にミハイル・ゴルバチョフがソビエト共産党書記長に就任し、ペレストロイカ（改革）とグラスノスチ（情報公開）を推進した。八九年には東欧革命が勃発し、一一月には冷戦の象徴だったベルリンの壁が崩壊した。たしかに、中国では八九年六月に天安門事件が発生し、東アジアにおける冷戦構造は残ったものの、西側陣営と東側陣営の対立という冷戦構造が崩壊したのである。加えて、九一年一月には湾岸戦争が勃発し、日本には「国際貢献」が求められるようになった。こうしたなか、一党優位政党制のままでは、新しい世界に適応していくことはできないとされ、「政治改革」が唱えられたのである（cf. 成田 1997: 40–42）。その代表的論者である小沢一郎は『日本改造計画』（一九九三年）において、冷戦終結後の世界に対応するためには、中選挙区制によって支えられてきた「ぬるま湯構造」を打破して、政治にリーダーシップやダイナミズムを取り戻すことが必要であるとして、衆議院の選挙制度として小選挙区制を導入すべきだと主張したのである（小沢 1993: 65–71. cf. 五百旗頭ほか編 2006: 70–72, 97–98）。[3] その一方で、「金のかからない選挙とかを言っているわけじゃない。金なんかある意味では何ぼかかったっていいと言うんですよ」と述べていたことも見逃せない（朝日新聞政治部 1991: 200. cf. 五百旗頭ほか編 2006: 71）。後に小沢は自民党を離党、新生党を結成して、武村とともに細川連立政権を支えていくことになる。

「政治改革」は、武村正義の潮流と小沢一郎の潮流という別々の潮流が合流したところに成立した

（大嶽 1997: 4; 山口 1997: 12-17）[4]。両者は緊張をはらみつつ「政治改革」とその後に影響を及ぼしていくことになる。ただし、こうした二つの潮流を把握しただけでは「政治改革」を理解したことにはならない。「政治改革」は、なぜ六年も続いたのか。また、なぜ六年もかかったのか。後藤田正晴は、リクルート事件以降も不祥事が続発したため、六年もエネルギーが持続した一方で、政治家個人の政治生命に関連するため、六年も要したとする（後藤田 1998: 239-240）。六年もエネルギーが持続したのは、日本社会が躁状態だったことも関係していたであろう。一九八〇年代後半から九〇年代前半の日本社会は、バブル経済に浮かれていた時代であった。中野孝次『清貧の思想』（一九九二年）がベストセラーになったことは、そのことを逆説的に示している（中野 1992）。また、八九年一月に昭和天皇が亡くなり、昭和から平成へと移った時代でもあった。すでに述べたように、冷戦終結という歴史的激動の只中にあり、日本社会も無縁ではありえなかった。「熱病」に浮かされたとも言われる熱い時代であり[5]、そうした日本社会の躁状態がなければ、六年とも一八〇〇日とも言われる長く苦しい政治闘争は続かなかったであろう。その間、幾多の改革案が浮かんでは消えていったのである（表1－1）。

2 自民党政治改革委員会と第八次選挙制度審議会

「政治改革」の発端となったのは、八八年六月に発覚したリクルート事件である。リクルート事件とは、江副浩正・リクルート会長が値上がり確実なリクルートコスモス社の未公開株を政治家や官僚などに販売し、「濡れ手で粟」と言われた利益を供与した事件である。七月には、中曽根康弘・前首相、安倍晋太郎・自民党幹事長、宮澤喜一・副総理＝大蔵大臣の各秘書がリクルートコスモス社の株式を売買

表 1-1　選挙制度改革小史

		選挙制度	総定数	小選挙区	比例代表
竹下内閣・宇野内閣					
1989 年 05 月	自民党 政治改革大綱	並立制	471 人以下	–	–
海部内閣					
1990 年 04 月	第八次選挙制度審議会 第一次答申	並立制	500 人程度	6 割	11 ブロック 4 割
1990 年 12 月	自民党 政治改革基本要綱	一票制 並立制	471 人	300 人	全国 171 人
1991 年 08 月	海部内閣案	並立制	471 人	300 人	全国 171 人
宮澤内閣					
1993 年 04 月	自民党案	小選挙区制	500 人	500 人	–
1993 年 04 月	社会党・公明党案	併用制	500 人	200 人	12 ブロック 300 人
1993 年 04 月	民間政治臨調 提言	連用制	500 人	300 人	都道府県 200 人
細川内閣					
1993 年 09 月	細川内閣案	並立制	500 人	250 人	全国 250 人
1993 年 10 月	自民党案	一票制 並立制	471 人	300 人	都道府県 171 人
1993 年 11 月	連立与党修正案	並立制	500 人	274 人	全国 226 人
1994 年 01 月 1994 年 03 月	公職選挙法改正	並立制	500 人	300 人	11 ブロック 200 人
2000 年 01 月	公職選挙法改正	並立制	480 人	300 人	11 ブロック 180 人
2013 年 06 月	公職選挙法改正	並立制	475 人	295 人	11 ブロック 180 人
2016 年 05 月	公職選挙法改正	並立制	465 人	289 人	11 ブロック 176 人

出典：田中 1997 などを参考に岡崎作成。

していたことが報じられ、一二月には宮澤喜一・副総理＝大蔵大臣、長谷川峻・法務大臣が相次いで辞任した。その後、自民党の藤波孝生・衆議院議員や公明党の池田克也・衆議院議員が起訴されただけでなく、文部官僚・労働官僚、NTT幹部なども起訴され、日本政治を揺るがす一大スキャンダルに発展したのである（cf. 江副 2010）。

こうしたなか、八八年一二月二七日、自民党総裁直属の機関として政治改革委員会が設置され、会長には後藤田正晴[6]、事務局（次）長には武村正義が就任した（cf. 武村 2006: 150）。竹下登首相は八九年元日に「政治改革元年」を宣言し、一月二七日に首相の私的諮問機関として「政治改革に関する有識者会議」を設置した。座長には林修三・元内閣法制局長官、座長代理には政治学者の京極純一・東京女子大学学長が就任した。その「「政治改革に関する有識者会議」提言」（八九年四月二七日）は、しかし、具体的な選挙制度改革を示すことはなかった（政治改革に関する有識者会議 1989）。これにたいして、自民党政治改革委員会は「政治改革大綱」（八九年五月二三日）を公表し、中選挙区制を廃止して小選挙区制を導入する――ただし、比例代表制の加味を検討する――ことなどを提言したのである[7]。「政治改革大綱」は、中選挙区制を廃止する論拠として、個人本位の選挙において「同士打ち」が生じ、選挙にカネがかかることだけでなく、野党が大政党にまとまる誘因が働かないため、「政権交代」の可能性が見出しにくいことを挙げている。武村正義によれば、後藤田正晴が武村にたいして、「政治改革大綱」のなかに「政権交代という言葉を入れろ」と指示したという（御厨／牧原編 2011: 48–49）。「政治改革大綱」によれば、中選挙区制下においては、政党本位でなく個人中心の選挙となりがちである。多数党をめざすかぎり、おなじ政党のなかでの同士打ちはさけられない。このことは、日常政治活動や選挙運動の重点を政策以外におく傾向に拍車をかけ、利益誘導の政治や、後援会組織の維持と膨大な有権者への手当のため、多額の金がかかる選挙を生む原因となった。さらに、これらが高じ、政治腐敗の素地をまねくなど、国民の代表として行動すべき政治家の資質、活動のかなりの部分をそこなうにいたっている。／一方で、この制度における与野党の勢力も永年固定化し、政権交代の可能性を見いだしにくくしている。こうした政治における緊張感の喪失は、党内においては派閥の公然化と派閥資金の肥大化をさそい、議会においては政策論議の不在と運営の硬直化をまねくなど、国民の視点でなされるべき政党政治をほんらいの姿から遠ざけている。／選挙区制の抜本改革は、現行制度のなかで永年過半数を制してきたわが党にとって、痛みをともなうものである。しかしわれわれは、国民本位、政策本位の政党政治を実現するため、小選挙区制の導入を基本とした選挙制度の抜本改革にとりくむ。そのさい、少数世論も反映されるよう比例代表制を加味することも検討する。（自由民主党 1989: 7–8; 佐々木編著 1999: 45–46）

こうして「政治改革大綱」は、国民本位、政策本位の政党政治を実現するためには衆議院の選挙制度を改革しなければならないという土俵を作ったのである。注意すべきは、「政治改革大綱」が「政治改革の内容」として「選挙制度の抜本改革」以外にも「政治倫理の確立」「政治資金をめぐるあたらしい秩序」「国会の活性化」「党改革の断行」「地方分権の確立」を列挙していたことである。しかし、小選挙区制や並立制に批判的な野党各党などから、政治改革を選挙制度改革に「矮小化」しているという批判を招くことになる。

さて、「政治改革大綱」――自民党は「その後の政治改革の方向を決定づける画期的な提言」だったと評価する（自由民主党編 2006b: 122）――を挟み、竹下内閣は宇野内閣へと交代した。竹下内閣は、同内閣が導入した消費税が不人気だったほか、竹下がリクルートコスモス社から献金を受けていたこと、「竹下の金庫番」と言われた青木伊平秘書が自殺したことが報じられたため、八九年四月二五日に退陣を表明した。伊東正義が総理・総裁に就くのを固辞したため、中曽根派の宇野宗佑が総理・総裁の座を引き継ぐことになった。六月三日に宇野内閣が発足すると、六月一九日に自民党政治改革推進本部（伊東正義・本部長、後藤田正晴・本部長代理）が発足し、六月二八日には第八次選挙制度審議会（小林與三次・会長）が発足した。しかし、就任早々に宇野の女性スキャンダルが報じられたこともあり、宇野内閣の支持率は低迷した。

そうしたなか、八九年七月二三日の参院選では、土井たか子率いる日本社会党が改選第一党になった。土井の言葉を使えば「山が動いた」のである。注目すべきは、二六ある一人区において、自民党がわずか三議席しか獲得できなかったことである。このことははからずも、小選挙区制では政権交代が生じやすいという印象を与えることになった[8]。たとえば、政治学者の京極純一は「私は小選挙区にしたほうがいいのではないかと思うのです。昨年の参議院選挙の教訓の一つは、一人区で争えば、野党が勝つことがあるということでしょう」と語っている（京極／高畠 1990: 68）。読売新聞社も、八九年参院選のデータで試算したところ、並立制の下では社会党が圧勝するという結果を公表した（読売新聞社編 1990:

288–289)。

ところで、「政治改革大綱」は中選挙区制を否定する論拠は示したが、有力な代替案である小選挙区比例代表併用制（以下、併用制）を否定する論拠は示さなかった。[9] 併用制とは、すべての議席を政党票に比例して各党に配分し、小選挙区で当選したその政党の候補者に優先的に議席を配分する仕組みである。小選挙区制を活用しているとはいえ、基本的には比例代表制である（第五章第四節第一項を参照）。そうしたなか、併用制を否定する論拠として政権選択論を打ちだしたのが、第八次選挙制度審議会の第一次答申「選挙制度及び政治資金制度の改革についての答申」（九〇年四月二六日）である。[10]

第八次選挙制度審議会の会長には、自治事務次官や日本テレビ社長などを経て、読売新聞社社長、日本新聞協会会長を務める小林與三次が就任した。[11] また、主として選挙制度を担当する第一委員会の委員長には、政治学者の堀江湛・慶応義塾大学法学部教授が就任した。過去の選挙制度審議会と異なり国会議員が加わらなかったのは、党利党略によって答申の取りまとめが困難にならないようにするためであり（cf. 読売新聞社編 1990: 278; 佐々木編著 1999: 48–49; 及川 2021 (2): 168）、全国紙五紙をはじめとする主要な報道機関から委員が入ったのは、世論を味方につけるためだったとされる（cf. 読売新聞社編 1990: 278; 佐々木編著 1999: 48; 及川 2021 (2): 174）。[12] 第八次選挙制度審議会は政治家抜きで審議を重ねたが、自治省ペースで進んだようである。[13] その審議を踏まえた第一次答申では「「政治改革大綱」に比べて具体的な制度設計が示され」た（中北 2012: 36）。同答申では、選挙制度改革の骨子として、総定数が五〇〇議席、小選挙区が六割、比例代表（一一ブロック単位）が四割、二票制という案が提示されたのである（選挙制度審議会 1990: 5–7; 佐々木編著 1999: 55–58）。[14]

小選挙区が三〇〇議席になったのは偶然ではない。自民党は一九八六年総選挙（衆参同日選挙）で三二二人の公認候補者を擁立し、三〇〇人が当選した。追加公認を含めると三〇四人である。続く一九九〇年総選挙では、三三八人の公認候補を擁立し、二七五人が当選した。追加公認を含めると二八六人である。こうした自民党の候補者数・衆議院議員数を考えると、小選挙区が三〇〇はないと、比例代表に回らざるをえない自民党の現職議員や候補者が選挙制度改革に反対し、改革が挫折しかねない（cf. 成田 1996: 419）。第八次選挙制度審議会が小選挙区を三〇〇議席としたのには、そうした自民党の事情への配慮があったに違いない。しかし、そのことを露骨に口にするわけにはいかない。そこで、「小沢一郎の知恵袋」と称された平野貞夫・衆議院事務局職員（九二年参院選で当選）が捻りだした理屈が、三百諸侯という江戸時代の大名の数にほかならない（平野 1996: 30; 吉田健一 2021: 195）。森裕城が指摘したように、小選挙区の数が三〇〇になったため、その規模の候補者を擁する自民党が並立制にスムーズに適応できた一方で、雑多な候補者を寄せ集めた「急ごしらえの巨大政党」には大きな負荷がかかることになるであろう（森 2018: 19–21, 22–25）。

さて、第一次答申の選挙制度改革案は、九四年一月に細川・河野会談で合意された最終案とほぼ同一の内容であった。そのことを考えれば、第八次選挙制度審議会の制度設計が果たした役割は大きい。しかし、制度設計以上に重要なのは、第八次選挙制度審議会が並立制の思想として政権選択論を打ちだしたことである。第一次答申によれば、

〔小選挙区制と比例代表制の〕組合せ方式としては、いわゆる並立制と併用制があるが、並立制は、

政権の選択についての民意を明確なかたちで示し、政権交代による緊張をもたらすという小選挙区制の特性に、少数勢力も議席を確保しうるという比例代表制の特性を加味しようとするものである。／併用制は、多様な民意をそのまま反映し、少数勢力も議席を確保しうるという比例代表制の特性を重視するものである。しかしながら、これを重視するがゆえに、併用制には、小党分立となり連立政権となる可能性が高い《ママ》」また、連立政権となる場合には政権を担当する政党が国民によって直接選択されるのではなく、政党間の交渉によって決定されてしまうという問題があることに加え、議席の配分の方式から生ずる結果として議員の総定数を超える、いわゆる超過議席を生ずる場合もあるという問題がある。（選挙制度審議会 1990: 5; 佐々木編著 1999: 54–55. 傍点は引用者）

3　政治学者の役割

こうした並立制の思想的基礎付けに大きな役割を果たしたのが、第八次選挙制度審議会で第一委員会委員長を務めた堀江湛である。堀江は八五年一〇月から九三年九月まで慶応義塾大学法学部長の職にあり、八七年五月から八九年五月までは日本選挙学会理事長を務めた（慶応義塾大学法学研究会 1996: 286）。その堀江は、第一次答申直後の論考「政治改革進めやすい制度へ」（一九九〇年六月）において政権選択論を明言し（堀江 1990a: 133–135）、その後の論考でも政権選択論を繰り返したのである（堀江 1990b: 22; 堀江 1990c: 24, 28; 堀江 1991: 1; 堀江 1993a: 18–20; 堀江 1993b: 41; 堀江 1995: 38–39, 46–47）[15]。

堀江以外にも並立制の導入に大きな役割を果たした政治学者がいた。その筆頭格は、テレビにもしばしば登場していた福岡政行であろう（福岡 1989; 石川／福岡 1991; 福岡 1993）。福岡は「私は選挙制度改革派であり、今日の小選挙区比例代表並立制の導入を推進した。当時の「ニュースステーション」という番組で一〇分程度のコーナーを設けてもらい、選挙制度改革の必要性を説いていた」と証言している(福岡 2012: 31)[16]。また、当初は比例代表制を主張していた佐々木毅や山口二郎も並立制を容認するようになり、並立制の導入に少なからぬ役割を演じた[17]。

しかし政治学者の多くは、小選挙区制や並立制を理想としていなかった。日本選挙学会会員を対象とした「選挙制度改革に関する有識者調査」(一九八九年一二月~九〇年一月)では、「衆議院議員選挙の選挙区制として望ましいもの」として、小選挙区制を最良とした者は一〇・四%、並立制を最良とした者は一一・三%にとどまる一方で、比例代表制を最良とした者は二四・八%、併用制を最良とした者は二一・七%に達した。中選挙区制を最良とした者も七・五%いた(日本選挙学会編 1990: 49)[18]。また、ほとんどの政治学者は「政権選択」を重視していなかった。「衆議院における望ましい選挙区制を考える上で最も重視する点」を尋ねたところ(三個選択)、第一位は「議席配分に民意ができるだけ正確に反映されるようにする」(五二・八%)であり、それに「政党・政策中心の選挙が行われるようにする」(五一・九%)、「政権交代を可能にする」(四七・二%)が続いた。政権選択論に該当する「政権担当政党の決定に民意が反映されるようにする」(一二・三%)は、「その他」を除く九個の選択肢中、八番目にとどまったのである(日本選挙学会編 1990: 50)。

それゆえ、小選挙区制・並立制と政権選択論にたいする激しい批判が生じたのは必然だった。その急先鋒だった石川真澄・朝日新聞編集委員は『選挙制度』(一九九〇年一一月)や『小選挙区制と政治改革』(一九九三年一〇月)などを公刊し、政権選択論に反駁を加えた。石川によれば、戦後イギリスでは第一党の得票率が過半数に達したことは一度もなく、政権党は「作られた多数派」である。それどころか、得票上の第二党が議席上の第一党になった場合さえある（石川 1990: 50; 石川 1993: 24-27）。他方、比例代表制では「連立政権が選挙後に各党の話し合いで政権を構成することが多いというのはほんとうである」が、「選挙前に各党が連合の話し合いと公約に努力することで、かなりの程度改善できる部分であって、基本的な欠陥ではない」（石川 1990: 54）。そもそも、日本国憲法では、国政選挙の第一義的機能は「政権」を選択することではなく「代表」を選出することである（石川 1993: 19-20）。石川は『朝日新聞』や『世界』などで並立制批判の論陣を張りつづけた。

政治学者の多くは、政権選択論に正面から対峙することはなく、それゆえ石川ほど理論的に洗練されていなかったが、小選挙区制や並立制には批判的であった。たとえば高畠通敏は『世界』や『エコノミスト』などで「政治改革」に反対する論陣を張った。いわく、選挙制度改革案は「党利党略まみれ」である（高畠 1991: 55）。選挙制度改革によっては政治改革をすることはできない（高畠 1992: 31; 高畠 1993: 228-229）。選挙制度改革の真の狙いは保守二党制の確立である（高畠／国正 1992: 44; 高畠 1993: 231）。「政治改革」は新保守主義革命であり、社会党は閣外協力に転じるべきだ（高畠 1994: 86）。その一方で、高畠が具体的な選挙制度改革案を提案することはなかった[19]。

これにたいして、比例代表制を唱えた代表的な政治学者が、堀江湛門下の小林良彰である。小林が提唱する定数自動決定式比例代表制では、政党の得票（政党票・個人票）を全国単位で集計し、各政党の得票数に比例して各政党に議席を配分した後、各選挙区における各政党の得票数に比例して各選挙区の政党に配分する。そして、個人票の多い順に当選者となるのである（小林 1991: 228-232; 小林 1992a: 36-

37; 石川／小林 1992: 92)。ここで注目すべきは、「政治改革」期の小林が政権選択論を無視していたことである。小林は「並立案が採用されている主な根拠として、定数是正の他に、金権政治の除去、政権交替の可能性、安定政権樹立、政策本位の選挙、中小政党の救済等が挙げられる」と要約し、政権選択には触れていない（小林 1992b: 4)。後に小林は、政権選択論を踏まえ、首相国民推薦制を提唱するが（序論第二節第二項を参照)、「政治改革」期には政権選択論を無視していた。第二に注目すべきは、小林が連用制（第一章第三節第二項を参照）を批判していただけでなく（小林 1993b: 41–42; 小林 1993c: 136–137)、併用制も批判していたことである（小林 1993a: 92–94; 小林 1993b: 41)。小林の併用制批判については、第五章第四節第二項で検討することにしたい。

第三節　政治改革関連法の廃案

1　海部内閣

宇野内閣が女性スキャンダルと参院選の大敗により早々と退陣した後、白羽の矢が立ったのが河本派の海部俊樹である。海部は選挙制度改革に熱心な政治家の一人だった（cf. 石原 1998: 28–29)。八九年八月一〇日に海部内閣が発足すると、一一月九日にはベルリンの壁が崩壊し、一二月二日には、冷戦の終焉を象徴するマルタ会談が実施された（ヤルタからマルタへ)。そうしたなか、一九九〇年総選挙（二月一八日施行）が実施され、自民党は追加公認を含めると二八六議席という安定多数を確保した。二月二八日に第二次海部内閣が発足し、自民党幹事長には、「政治改革」に熱心な竹下派の小沢一郎が就任した。小沢は、九〇年八月二日にイラクがクウェートに侵攻し、九一年一月一七日に湾岸戦争が勃発すると、幹事長として辣腕を振るった。しかし九一年四月、東京都知事選挙での混乱の責任をとって辞任し、小沢と同じ竹下派の小渕恵三が幹事長に就任したのである。

他方、野党第一党の日本社会党の側でも、九〇年三月、当選したばかりの一年生議員二七人がニューウェーブの会を結成した（岩田ほか 1991; ニューウェーブの会／高木編 1991）。八九年一一月に発足した全日本労働組合総連合会（連合）も、政治改革にコミットするようになった。連合会長の山岸章は、政権交代を可能にする野党結集を模索していた（山岸 1991: 174. cf. 山岸 1995a: 86, 138）[20]。たしかに、連合副会長の得本輝人は小選挙区制を主張し（得本／保岡 1990: 188–191; cf. 保岡 2008: 37）、同盟や友愛会議は併用制の導入に反対したが、それでも連合は九二年一一月に併用制支持を決定した。しかし細川内閣が成立すると、連合は並立制の導入に協力していくことになる（佐々木編著 1999: 394–396, 404–405, 412–414）。

第一二一回国会（九一年八月五日〜一〇月四日）では、冒頭の八月五日、海部内閣が政治改革関連三法案を国会に提出した。その一部をなす公職選挙法改正案では、第八次選挙制度審議会の第一次答申とは異なり、衆議院の総定数を公職選挙法本則の四七一議席に減らし、その代わりに比例代表をブロック単位ではなく全国単位に変更した。そして、全国単位にしたことに伴い、小党分立になることを防ぐために二％の阻止条項を導入したのである[21]。

衆議院政治改革特別委員会では、野党が並立制に猛反発しただけでなく、極めて異例なことに、自民党からも異論が続出した（田中 1997: 93）。有権者が国会議員を選べない拘束名簿式には憲法違反の疑いがあるのではないか（衆委 1991/9/13: 2）。人ではなく組織を選ぶ選挙制度、白黒をはっきり付ける選挙制度は日本文化に合わないのではないか（衆委 1991/9/13: 3, 8）。人事権や資金が政党幹部に集中し、政党幹部の独裁に陥るのではないか（衆委 1991/9/13: 3, 17–18）。一人区の奄美群島区が示しているように、小選挙区では買収が容易になり、かえってお金がかかるのではないか（衆委 1991/9/13: 4–6, 14–15, 17）。政権交代と政権・政局の安定は矛盾するのではないか（衆委 1991/9/13: 5–6）。小選挙区では死票が多く出るのではないか（衆委 1991/9/13: 11–12, 15）。質疑初日（九月一三日）に限っても、これだけの異論が続出したのである。

衆議院政治改革特別委員会の外でも、いわゆるＹＫＫ（山崎拓、加藤紘一、小泉純一郎）が「政治改革」に反対する旗幟を鮮明にした（加藤ほか 1991. cf. 小泉 1996: 第一部；山崎 2016: 36–88）。このように自民党からも激しい批判が噴出するなか、梶山静六・国会対策委員長が主導し、九月三〇日、小此木彦三郎・政治改革特別委員会委員長が審議未了・廃案の取り扱いとした。それを受けて海部首相は、衆議院の解散・総選挙を意味する「重大な決意」を口にしたと報じられたが[22]、竹下派や宮沢派などの反対にあったため解散・総選挙に踏み切ることができず、一〇月四日に退陣を表明した（海部 2010: 147–154. cf. 御厨／渡邉 1997: 79–83; 石原 1998: 29–31）。政治改革関連三法案の廃案は、政治家生命に直結する選挙制度改革がいかに困難であるかを如実に示す結果となった。

2　宮澤内閣

九一年一〇月一〇日、宮澤喜一、三塚博、渡辺美智雄の三人が小沢一郎事務所での「面接試験」に臨み、それを突破した宮澤喜一が自民党総裁に就任し、一一月五日に宮澤内閣が発足した。宮澤改造内閣で官房長官を務めた河野洋平や、宮澤内閣で官房副長官（事務）を務めた石原信雄が証言しているように、宮澤は「政治改革」に慎重であった（自由民主党編 2006a: 174; 御厨／渡邉 1997: 105）。事実、宮澤は首相就任前のインタビューにおいて「御承知のように私も〔政治改革に〕反対はしていません。私なりの意見は確かにございますが、党議で決めたことには従う、という姿勢でやってきました」と答えている（宮澤 1991: 124）。その一方で、若手議員が続々と団体を結成した。一一月一四日に超党派の若手議員が比較政治制度研究会（ＣＰ研）を結成し[23]、一二月一二日には、石破茂をはじめとする自民党の若手議員が「政治改革を実現する若手議員の会」の総会を開き、活動を本格化させた。翌九二年一月三〇日には、日本社会党が政治改革・腐敗防止プロジェクトを設置し、山花貞夫が委員長、佐藤観樹が事務局長に就任した（日本社会党政治改革・腐敗防止プロジェクト 1992: 41. cf. 堀込 2010: 47）。後の第一二八回国会（細川内閣期）では、山花は政治改革担当大臣、佐藤は自治大臣、堀込征雄は衆議院政治改革調査特別委員会委員として、国会審議をリードすることになる。

こうしたなか「政治改革」の機運が再び高まる事件が相次いで起きた。九二年一月一三日に阿部文男・元北海道沖縄開発庁長官が受託収賄容疑で逮捕され（共和汚職事件）、その翌日に渡辺広康・東京佐川急便元社長が特別背任容疑で逮捕された（東京佐川急便事件）。そして、佐川急便事件の公判で、竹下総裁誕生の際、自民党の「ドン」だった金丸信が右翼団体・日本皇民党による竹下の「ほめ殺し」を止めさせるために、渡辺社長を介して広域暴力団・稲川会に工作を依頼していたことも明るみに出たのである（皇民党事件）。

こうして「政治改革」の機運が再び高まり、九二年四月二〇日、「政治改革」の推進を目指す経済人や学者などが政治改革推進協議会（民間政治臨調）を結成し、亀井正夫・住友電工相談役が会長に就任した。民間政治臨調は一一月一〇日に日比谷野外音楽堂において「政治改革を求める国民集会」を開催し、国会議員一八八人が署名した「中選挙区制廃止宣言」を公表した。(24) 他方、政界でも新しい動きが生じ、九二年五月二二日に細川護熙・前熊本県知事が日本新党を結成し（cf. 細川 1992a）、一九九二年参院選（七月二六日施行）で四議席を獲得した。八月二七日、金丸信が佐川急便からの五億円の資金提供を認めて自由民主党副総裁を辞任し、九月二八日に略式起訴され、さらに一〇月一四日に議員辞職すると、それをめぐって竹下派（経世会）が分裂した。一〇月二八日、小渕恵三が経世会会長に就任する一方で、小沢一郎と羽田孜らは羽田派（改革フォーラム21）を結成したのである（cf. 五百旗頭ほか編 2006: 83-88, 91-95）。一一月三日には野党の日本社会党、社会民主連合（社民連）、連合参議院の二七人が政策集団シリウスを結成し、社民連の江田五月が代表幹事に、社会党の堀込征雄が事務局長に就任した（cf. 堀込 2010: 37-39）。江田は「私のシリウス宣言」において、衆議院の選挙制度として併用制を採用すべきだとしたのである（江田 1993: 51）。

しかし、自民党内では「守旧派」が優位に立っており、梶山静六・自民党幹事長は「政治改革」に積極的ではなかった（梶山 1994a; 梶山 1994b. cf. 石原 1998: 37-38）。第一二三回国会（九二年一月二四日～六月二一日）では、公明党や民社党の協力を得て、九二年六月一五日にＰＫＯ協力法が難産の末に成立したが、もう一つの懸案事項である「政治改革」は遅遅として進まなかった。九二年一二月一〇日に緊急政治改革関連法（九増一〇減の定数是正など）が成立し、翌九三年一月八日に自民党政治改革推進本部（宮澤喜一・本部長）が始動したが、「政治改革」が本格的に動き始めるには、「政治改革国会」と呼ばれた

第一二六回国会（九三年一月二二日〜六月一八日）を待たなければならなかった。その契機となったのが、九三年三月六日に金丸信・前自民党副総裁が脱税容疑で東京地検特捜部に逮捕されたことである。これを受けて、自民党は四月二日、総定数五〇〇議席の小選挙区制への改革を柱とする政治改革関連四法案を国会に提出した。単純小選挙区制にしたのは、並立制で妥協するための布石にしたい積極派と、野党が絶対に呑めない案を出すことで選挙制度改革を潰したい消極派との「同床異夢」だったとされる（佐々木編著 1999: 121. cf. 後藤 2014: 179）。

他方、選挙制度改革に慎重だった野党各党も、選挙制度改革という土俵に上がるようになった。公明党はすでに九一年六月に併用制を提案していたが、社会党も、九二年一〇月一三日に政治改革・選挙制度プロジェクト比例代表選挙検討小委員会の佐藤観樹座長が併用制を提案し、翌九三年二月一七日に代議士懇談会が併用制を大枠で了承し、四月一日の中央執行委員会が併用制を含む政治改革関連五法案を了承した（日本社会党五〇年史編纂委員会編 1996: 1124, 1133. cf. 社会党政治改革実現委員会政治改革・選挙制度プロジェクト 1993）。社会党が選挙制度改革へと舵を切った理屈が興味深い。社会党政治改革・選挙制度プロジェクトの委員長を務めた佐藤観樹によれば、中選挙区制は自民党にとっては「同士討ち」をもたらすが、社会党にとっては「共倒れ」をもたらす（佐藤 1993: 9–10）。こうして社会党と公明党は九三年四月八日、総定数五〇〇議席、小選挙区二〇〇議席、一二ブロック単位の併用制（小選挙区併用型比例代表制）を柱とする政治改革関連五法案を国会に提出したのである。

衆議院政治改革調査特別委員会では、各党が「選挙制度のベテラン議員をそろえ、「対案撃破」のシフトを敷いた」ことや（読売新聞社政治部編 1993: 72–73）、答弁者に反論・逆質問を認める自由討論方式が採用されたため（佐々木編著 1999: 131; 臼井 2005: 58–62; 自由民主党編 2006b: 215）、白熱した審議になった（田中 1997: 139–170）。委員会は原則として朝一〇時から昼休みを挟んで一八時まで続き、審議時間は一〇〇時間を超えたのである（cf. 衆委 1993/11/4: 2）。

自民党は、政権選択論を主たる論拠にして小選挙区制を擁護するとともに、併用制を批判した。それによれば、衆議院議員総選挙は何よりもまず政権を選択する選挙であり、そのためには併用制ではなく小選挙区制が望ましい（衆本 1993/4/13: 7, 13, 24–25; 衆本 1993/4/14: 9, 14; 衆委 1993/4/15: 7, 9, 11, 41; 衆委 1993/4/16: 2, 5–6; 衆委 1993/4/21: 31; 衆委 1993/5/14: 28–29）。こうした波状攻撃にたいして、社会党・公明党は、国会は第一義的には国権の最高機関、立法機関であり、民意を忠実に反映する比例代表制（併用制）を採用すべきだと反論した（衆委 1993/3/17: 8; 衆委 1993/4/15: 36; 衆委 1993/4/16: 5, 35; 衆委 1993/4/20: 27; 衆委 1993/4/21: 20, 33; 衆委 1993/4/27: 3; 衆委 1993/5/13: 8）。小選挙区制では「死票」が増え、民意を反映することができないというのである（衆本 1993/4/14: 7）。これにたいして自民党は、政権選択論から反論するだけでなく、「死票」や「民意反映」を再定義することでも反論した。それによれば、小選挙区制では「死票」が多いとされるが、たえず批判票として生きており、死んではいない（衆本 1993/4/14: 9, 12, 14; 衆委 1993/4/15: 21; 衆委 1993/4/16: 25; 衆委 1993/4/21: 12; 衆委 1993/4/26: 24, 27, 36; 衆委 1993/4/27: 7）。また、小選挙区制では「民意」が反映されないとされるが、本当の意味で民意を反映できるのは、政権交代・政権選択可能な小選挙区制だというのである（衆委 1993/4/15: 37; 衆委 1993/4/16: 25, 29; 衆委 1993/4/21: 12, 17, 33; 衆委 1993/4/26: 8）[25]。

社会党・公明党はまた、小選挙区制では政権選択はできないとも批判した。まず、どの政党も過半数の議席を獲得できなかった場合、有権者は政権を選択できない（衆委 1993/4/20: 16）。それどころか、イギリスでは保守党と労働党の得票率と議席率が逆転する現象が生じている（衆委 1993/4/20: 6, 19, 26; 衆委 1993/5/14: 14）。この批判にたいして自民党は、そうした逆転現象は、イギリスの一四回の総選挙のうち二回でしか生じていないと反論したのである（衆委 1993/4/20: 19）[26]。

他方、社会党・公明党は、民意反映論を主たる論拠にして、併用制を主張した（衆委 1993/3/17: 8; 衆委 1993/4/15: 36; 衆委 1993/4/16: 5, 35; 衆委 1993/4/20: 27; 衆委 1993/4/27: 3; 衆委 1993/5/13: 8）。これにたいして自民党は、比例代表制では総選挙後の連立交渉によって政権が決まるため、政権に関する民意は反映できないと批判した（衆本 1993/4/13: 8; 衆本 1993/4/14: 9; 衆委 1993/4/16: 2, 4–6; 衆委 1993/4/20: 9; 衆委 1993/4/23: 10）。それによれば、比例代表制では第三党がキャスティングボートを握る場合や（衆委 1993/4/15: 9, 38; 衆委 1993/4/16: 4, 29; 衆委 1993/4/21: 23; 衆委 1993/4/23: 8–10; 衆委 1993/4/26: 3–4, 9, 36–37; 衆委 1993/5/14: 11）、第二党と第三党が手を組んで政権を担う場合がある（衆委 1993/4/26: 9）。「犬はしっぽを振るが、この制度だとしっぽが犬を振る」というのである（衆委 1993/4/15: 38）。これにたいして社会党・公明党側は、総選挙前に政党連合を組めばよく（衆委 1993/4/15: 10; 衆委 1993/4/16: 4）、総選挙の前でも後でもオープンに連立交渉をすればよいと反論した（衆委 1993/4/16: 6; 衆委 1993/4/21: 24）。他方、併用制では、軸となる二大政党が形成され（衆委 1993/4/15: 19; 衆委 1993/4/16: 35; 衆委 1993/4/26: 30–31; 衆委 1993/4/27: 3; 衆委 1993/4/28: 18; 衆委 1993/5/14: 12）、比較第一党が政権の軸を担うため（衆委 1993/4/16: 4; 衆委 1993/4/20: 27; 衆委 1993/5/14: 7）、有権者は政権を選択できるとも反論したのである。

このように、第一二六回国会衆議院政治改革調査特別委員会では、政権選択可能な小選挙区制か民意反映可能な比例代表制かという争点が鮮明になった。そうしたなか、民間政治臨調が「政治改革に関し第一二六回国会において実現すべき事項に関する提言」(九三年四月一七日)を公表し、小選挙区比例代表連用制(以下、連用制)を提案した(佐々木/21世紀臨調編著 2013: 222–224)[27]。連用制を詳述した『日本変革のヴィジョン――民間政治改革大綱』(九三年六月)によれば、連用制は、並立制とは違い、小選挙区と比例代表を連動させる仕組みである。連用制でも並立制と同じように、有権者は小選挙区の候補者に一票、比例代表の政党に一票を投じるが、比例代表の議席を配分する際に修正ドント式を採用する。すなわち、各政党の得票数を一から割り始めるのではなく、都道府県における「政党の小選挙区での獲得議席プラス一」から割り始めるのである。こうすれば、小選挙区で当選者を出しやすい大政党は比例代表では不利になり、小選挙区で不利な小政党を比例代表で優遇することになる。連用制は、純粋な比例代表制である併用制と、小選挙区制を柱とする並立制の中間に位置する制度であり、与野党が長い間求め続けてきた合意可能な調停案」だというのである(民間政治臨調 1993: 60–68)。

九三年五月二八日、社会党をはじめとする野党は、連用制で妥協案をまとめることに合意し、六月四日には、小選挙区二七五議席、比例代表二二五議席の連用制を提案した。自民党にも並立制で野党と妥協する動きがあったが、六月一日、石原慎太郎・衆議院議員等が「真の政治改革を推進する会」を結成し、野党との妥協に慎重な姿勢を見せた。宮澤首相は、その前日の五月三一日夜のテレビ番組「総理と語る」(テレビ朝日系列)において、インタビュアーの田原総一朗に詰め寄られ政治改革を実現する決意を表明していた(cf. 田原 2006: 275–279)[28]。しかし、梶山静六・自民党幹事長らの抵抗に遭い、六月一六日、今国会での断念を表明した。これを承けて、六月一八日、社会党、公明党、民社党が宮澤内閣不信任決議案を衆議院に提出し、自民党羽田派が造反したため、内閣不信任決議は可決された。宮澤内閣がその二時間後に衆議院を解散すると、[29] 武村正義ら一〇人の衆議院議員が自民党を離党し、二一日に新党さきがけを結成した。翌々日の二三日には、自民党を離党した羽田派の四四人が新生党を結成した。すでに発足していた日本新党を含めて、空前の「新党ブーム」が巻き起こったのである。

第四節　政治改革関連法の成立

一九九三年総選挙（七月一八日施行）の結果、自由民主党は二二三議席を獲得し第一党にとどまったが、過半数には届かなかった。もっとも、自民党を離党した候補者を除けば、解散前に比べて議席を減らしたわけではなかった。一方、野党第一党の日本社会党は、解散前の一三四議席から七〇議席へと議席を大きく減らした。過半数に手の届かなかった自民党が新党さきがけと連立政権を組むという憶測もあったが、小沢一郎の主導で、日本新党の細川護熙を首相に担ぎ、共産党を除く野党が結集する連立政権構想が浮上した（cf. 五百旗頭ほか編 2006: 109–117; 細川 2010: 10–11; 御厨／牧原編 2011: 124–129）。こうして九三年八月九日、七党一会派――社会党、新生党、公明党、日本新党、民社党、新党さきがけ、社民連、民主改革連合――に支えられた細川内閣が発足した。自民党が「万年与党」、社会党が「万年野党」の座を占める五五年体制が崩壊した瞬間であった。

皮肉なことに、政権交代が起こらないとされていた中選挙区制の下でも政権交代が起こった。しかしそれは、有権者の政権選択によってではなく、総選挙後の連立交渉によってであった。首相に選ばれたのは、自民党、社会党、新生党、公明党に次ぐ第五党にすぎない日本新党の細川護熙だった。また、圧倒的な第一党であった自民党は政権に加わらず、下野することになった。さらに、連立入りした社会党の山花貞夫・政治改革担当大臣（前社会党委員長）は一〇月四日の衆議院予算委員会において「社会党としては自衛隊の実態は違憲であると考える。しかし内閣としては連立政権の基本合意のなかで、これまでの国の政策を継承することを明確にしている」と答弁せざるをえなかった（日本社会党五〇年史編纂委員会編 1996: 1147）。このように、連立交渉により首相と与党が決まったこと、連立政権に入った社会党が主要な政策を転換したことは、政権選択論に説得力を持たせることになる。

さて、首相（細川）に関しては小沢一郎の果たした役割が大きかったが、政策（選挙制度改革）に関しては武村正義の果たした役割が大きかった（cf. 佐々木編著 1999: 162）。武村は七月二〇日夜のＮＨＫスペシャル「徹底討論・政治をどう変えるか・第二回」において、小選挙区二五〇、比例代表二五〇の並立制を口にし、野党各党が同調したのである（cf. 武村 1993: 149）。武村は後日、「自民党から社会党の間でどうにか合意ができそうな案」として提案したと語っている（衆委 1993/10/20: 16）。二三日には、日本新党と新党さきがけが小選挙区二五〇議席、比例代表二五〇議席の並立制を含む「「政治改革政権」の提唱」を公表し、各党に党議決定するように呼びかけた。社会党は苦渋の決断を迫られたが、他に選択肢はなかった（cf. 久保 1998: 24–27; 堀込 2010: 97–98; 薬師寺編 2012: 111–113）[30]。

こうした「この指止まれ」方式により、日本新党＝新党さきがけが選挙制度改革において主導権を握った（cf. 御厨／牧原編 2011: 122–124）。自民党も小選挙区制から並立制に戻ったため、選挙制度改革をめぐる対立軸は、小選挙区制（自民党）か併用制（社会党・公明党）かという対立軸から、小選挙区と比例代表を半々とする並立制（細川内閣＝連立与党）か小選挙区制を柱とする並立制（自民党）かという対立軸へと変化した。この対立軸の変化は思想闘争によるものではなく、キャスティングボートを握った新党さきがけの武村正義がその力を巧みに活用した結果であった。新党さきがけの田中秀征は、具体的な提案にこだわった武村のカンが改革を方向づけたと振り返っている（田中 1994: 102–103）。

第一二八回国会（九三年九月一七日〜九四年一月二九日）では、細川内閣は九月一七日、政治改革関連四法案を国会に提出し、自民党は一〇月五日、政治改革関連五法案を国会に提出した。細川内閣＝連立与党は、小選挙区二五〇と比例代表二五〇（全国単位）、二票制の並立制を主張した。他方、自民党は、小選挙区三〇〇議席、比例代表一七一議席（都道府県単位）、一票制の並立制を主張した。主たる対立軸は、自民党の穂積良行が整理したように、小選挙区と比例代表の定数をどうするか、比例代表の選挙区を全国単位にするか都道府県単位にするか、二票制にするか一票制にするか、という三点であった（衆委 1993/10/20: 28）。

第一に、小選挙区と比例代表の定数配分については、共産党を除く与野党が並立制の導入では一致するに至ったため、争点は政権選択を重視すべきか否かへと変化した（cf. 田中 1997: 250–251）。政府・与党は、政権選択可能な小選挙区と民意反映可能な比例代表を「相互補完」するために、小選挙区を二五〇、比例代表を二五〇にしたと説明した。他方、自民党は、衆議院議員総選挙は政権選択選挙であり、そうした「理念」ないし「哲学」に基づいて小選挙区を中心にしなければならないと主張した。この点は最も重要な対立軸であり、第二章で詳しく見ることにしたい。

第二に、比例代表の単位については、全国単位を主張する政府・与党と、都道府県単位を主張する自民党が対立した（cf. 田中 1997: 252–256）。政府・与党は、都道府県単位では二人区や三人区が大半を占めるため民意を反映することができなくなると批判した（衆本 1993/10/13: 13; 衆委 1993/10/21: 29; 衆委 1993/10/22: 27–28; 衆委 1993/10/26: 26, 34; 衆委 1993/11/4: 3–4）[31]。他方、自民党は全国単位では地方の代表を担保できず地方軽視になる（衆本 1993/10/14: 15; 衆委 1993/10/21: 28; 衆委 1993/10/26: 34; 衆委 1993/11/4: 11）、政治家の顔が見えず、政治家と有権者の距離が遠くなる（衆委 1993/10/18: 15; 衆委 1993/10/26: 24–25; 衆委 1993/10/28: 8; 衆委 1993/10/29: 22; 衆委 1993/11/4: 11）、多党化し政権が不安定になる（衆委 1993/10/26: 33; 衆委 1993/11/4: 11）、候補者名簿の順位付けが難しくなる（衆委 1993/10/20: 31）と批判した[32]。これにたいして政府・与党は、全国単位でも重複立候補や惜敗率を活用することで対処できると応じた（衆委 1993/10/18: 15; 衆委 1993/10/21: 29; 衆委 1993/10/26: 25, 34; 衆委 1993/10/28: 8; 衆委 1993/11/12 (2): 16）[33]。こうしたなか、自民党の河村建夫はブロック制で妥協できないかと提案している（衆委 1993/11/4: 31）。

第三に、投票方法を二票制にするか一票制にするかも大きな争点になった（cf. 田中 1997: 256–257）。二票制では、有権者は小選挙区と比例代表で別々の政党に投票することができるが、一票制では、小選挙区で投票した候補者の政党に比例代表で投票したと見なされる。この点について、二票制を主張する政府・与党は、一票制では小選挙区で無所属候補者に投票した有権者は比例代表では候補者を選ぶことができなくなると批判した（衆本 1993/10/13: 13）。また、一票制には憲法違反のおそれがあるため、海部内閣案は二票制を採用したと指摘した（衆委 1993/11/4: 3）。他方、自民党は、二票制では有権者が小選挙区と比例代表で異なる投票をすることが可能になり、政党本位・政策本位の選挙にならないし、小選挙区における政権選択が不明瞭になると批判を加えたのである（衆本 1993/10/13: 17; 衆委 1993/11/4: 11;

衆委 1993/11/5: 27; 衆委 1993/11/12 (2): 51–52)[34]。

こうした激しい論争が繰り広げられるなか、一一月一五日深夜の第一次細川・河野会談を経て[35]、連立与党は、小選挙区を二七四議席、比例代表を二二六議席に変更する修正案を国会に提出し、一一月一八日、衆議院本会議でこの修正案を可決した。しかし、参議院においては社会党議員に反対派が少なくなかった。参議院議員であり社会党書記長でもあった久保亘は、参議院で否決されれば原案よりも悪いものになると参議院議員総会で説得に当たったようだが（久保 1998: 53）、結局、九四年一月二一日の参議院本会議において一七人の社会党議員が造反し、政治改革関連四法案は否決された。このとき村山富市・社会党委員長は「しめた！」と思ったようであるが（NHK「永田町 権力の興亡」取材班 2010: 55; 薬師寺編 2012: 135;『朝日新聞』二〇一三年六月一五日朝刊）、久保が危惧したように、社会党にとって最悪の結果になった。

一月二六日以降、両院協議会が開催されたが、暗礁に乗り上げた。一月二八日深夜、土井たか子・衆議院議長の斡旋により第二次細川・河野会談が開かれたが、その結果は土井の意図とは正反対のものになった。第二次細川・河野会談直前、武村は細川に、小選挙区三〇〇議席、比例代表二〇〇議席まではやむをえないが、ブロック制には断固反対してほしい旨を伝え、細川も了承したようである（御厨／牧原 2011: 166）。ところが、小沢一郎・新生党代表幹事と森喜朗・自民党幹事長が舞台裏で交渉し、森の証言では「小沢さんが自民党案をほぼ丸のみして話がまとまった」という（森 2013a: 176. cf. 五百旗頭ほか編 2007: 153; 森 2013b: 228）[36]。結局、選挙制度は小選挙区三〇〇議席、比例代表二〇〇議席（一一ブロック単位）、二票制になった。森によれば、ブロック制で妥協した背景には「ブロック制にすれば、共産党と公明党はきつくなるんですね」という思惑があったようである（自由民主党編 2006a: 268. cf. 五百旗頭ほか編 2007: 153–154）。公明党書記長だった市川雄一によれば、連立与党内には「不満の感情」が強くあったが（市川 2014: 31）[37]、一月二九日、第二次細川・河野会談後の両院協議会の提案に従い、次期通常国会で修正することを前提に、公布日を「別に法律で定める日」に変更した以外は、与党修正案（小選挙区二七四議席、比例代表二二六議席）の通り、衆議院本会議と参議院本会議で可決・成立した。第一二九回国会（九四年一月三一日～六月二九日）で形だけの審議をし、九四年三月四日の参議院本会議で、小選挙区三〇〇議席、比例代表二〇〇議席（一一ブロック単位）、二票制の並立制が難なく可決・成立したのである。

小括

本章では、現代日本の政党政治の原点である「政治改革」を概観してきた。竹下内閣、宇野内閣期に、国民本位、政策本位の政党政治を実現するためには衆議院の選挙制度を改革しなければならないという「政治改革」の土俵が作られた。第八次選挙制度審議会第一次答申を踏まえて、海部内閣は並立制案を国会に提出したが、野党だけでなく自民党からも異論が続出し、廃案に追い込まれた。宮澤内閣期には、自民党の小選挙区制案と社会党・公明党の併用制案が正面衝突した。衆議院政治改革調査特別委員会では、自民党が政権選択可能な小選挙区制を擁護し、社会党・公明党が民意反映可能な併用制を擁護し、水準の高い政権選択・民意反映論争が繰り広げられた。しかし、民間政治臨調による妥協案（連用制）

も虚しく、宮澤首相は政治改革関連法の成立を断念し、宮澤内閣不信任案が可決された。九三年の政権交代後、細川内閣は当初、小選挙区二五〇議席、比例代表二五〇議席の並立制を提案していたが、小選挙区二七四議席、比例代表二二六議席へと修正するとともに、政権選択論の優位を受容した。参議院における否決後、細川内閣＝連立与党と自民党との劇的な妥協が成立し、小選挙区三〇〇議席、比例代表二〇〇議席（一一ブロック単位）、二票制の並立制が採用されたのである。

本章で見たように、小選挙区制を柱とする並立制は激しい権力闘争の産物であったが、国会審議が示しているように、政権選択可能な小選挙区制を志向する勢力と民意反映可能な比例代表制を志向する勢力の思想闘争の産物でもあった。小選挙区定数と比例代表定数の変遷を見ただけでは「政治改革」を理解することはできない。並立制が政権選択論を主たる思想的基礎とし、民意反映論を従たる思想的基礎としていることを捉えなければ、「政治改革」を理解することはできないし、新しい政治改革を構想することもできない。次章では、第一二八回国会における審議を詳細に分析することで、並立制が水準の高い思想闘争に基づいていたという解釈、並立制の主たる思想的基礎が政権選択論であり、従たる思想的基礎が民意反映論であるという解釈を補強したい。

注

（1）ただし、リクルート事件以前から「政治改革」の動きがあったことも見逃せない。特に、社会経済国民会議政治問題特別委員会（亀井正夫・委員長、岡野加穂留・副委員長）の『議会政治への提言――戦後政治の功罪と議会政治の将来』（一九八八年五月）が重要であろう（社会経済国民会議政治問題特別委員会 1988）。この提言は、自民党の保岡興治に大きな影響を与えたようである（保岡 2008: 32-34）。亀井正夫と「政治改革」の関係については、野口 2023 を参照。

(2) 武村正義によれば、「ユートピア政治研究会の提案は、ほとんど「政治改革大綱」におりこまれた」という(武村 2006: 152)。

(3) 『日本改造計画』の原稿は二十一世紀研究会に集った学者が執筆したが、小沢一郎が担当編集者とともに原稿やゲラを徹底的に推敲したようである(五百旗頭ほか編 2006: 95–96; 北岡 2023: 132; 豊田 2023: 178)。そうであるとすれば、『日本改造計画』は小沢自身の見解が示されたものであると解釈して差し支えないであろう。なお、御厨貴は、『日本改造計画』の政治の箇所は御厨と飯尾潤が執筆したと証言している(御厨/芹沢 2014 72)。

(4) 武村正義の『小さくともキラリと光る国・日本』(一九九四年一月)は、小沢一郎の『日本改造計画』(一九九三年五月)とともに「政治改革」を代表する書籍である(武村 1994; 小沢 1993)。

(5) 政治学者の内山融は「政治改革において、「熱病」のために問題と解決策の適合性が十分に精査されなかった」としている(内山 2005: 52)。

(6) 後藤田正晴は「政治改革」以前から中選挙区制を批判し、一票制の並立制を提唱していた(後藤田 1988: 48–50, 177–193)。成田憲彦は後藤田が果たした役割を重視し、「後藤田によって始められた政治改革は、後藤田によって完結されたと筆者は思う」としている(成田 1997: 54, cf. 34)。

(7) 「政治改革大綱」の舞台裏については、武村 2007: 154–160; 保岡 2008: 25–34; 御厨/牧原編 2011: 53–58; 篠原/大西編 2012: 25–31 を参照。保岡興治によれば、政治改革委員会の起草委員会委員だった保岡は、私案「今、なにを政治改革か」を執筆して後藤田正晴に提出した。私案と「政治改革大綱」は「まるで瓜二つといってよいほど共通して」おり、私案は「大綱の血肉」になったという(保岡 2008: 26–27, 32)。「今、なにを政治改革か」は、政治改革期に「中選挙区制度と政治の歪み」(保岡監修 1990: 68–108)として公表され、『政治主導の時代――統治構造改革に取り組んだ三〇年』(二〇〇八年)にも収められている(保岡 2008: 277–310)。武村正義によれば、保岡は後藤田のところには行っただろうが、保岡が党の会合で発言しても、それを「大綱」に入れようということになった記憶はない。また、同じく勉強熱心だった森清も、党の会合では影響力はまったくなかった(篠原/大西編 2012: 29–30)。森清は『選挙制度の改革』(一九八九年一〇月)を公刊し、小選挙区二回投票制を提唱したが(森 1989: 9,

13–22, 227–230, 243–244)、併用制が落としどころだと語るようになったという（石川ほか 1991: 133)。しかし、体調を崩した森は一九九〇年総選挙に出馬せず、政界を引退した。

（8）石川真澄は、一九八九年参院選では比例代表でも社会党が第一党になったこと、八三年、八六年、八九年参院選では自民党が過半数に達していなかったことを挙げて、比例代表制でも政権交代が起こりうると反論している（石川／新藤 1990: 109)。

（9）石川真澄は「審議会は小選挙区と比例代表の並立制を答申していますが、これは言葉をつくった人がうまいのかもしれない。並立制と併用制は音で聞けばほとんど同じで、ほんのちょっとの差だという印象があります（笑)。ところが実は大違いで、……」と指摘している（石川／新藤 1990: 115)。

（10）吉田徹（吉田 2009: 68–70）や中北浩爾（中北 2012: 36）は第一次答申に言及しているが、政権選択論には言及していない。川人貞史も、第一次答申を参照するように指示しているのみである（佐々木編著 1999: 452–454)。

（11）第八次選挙制度審議会委員を務めた播谷実・読売新聞社論説委員（当時）によれば、小林與三次は会長に就任したばかりの頃、「単純小選挙区制がいいんだが、そうもいかんだろうから、小選挙区と比例代表を六対四ぐらいにした並立制がいいと思うんだ」と語ったようである（播谷 2001: 281)。

（12）第八次選挙制度審議会の人選は、小沢一郎・官房副長官（政務）と石原信雄・官房副長官（事務）が主導したとされる（選択編集部 1990: 127–128)。

（13）第八次選挙制度審議会は非公開だったが、議事速記録は作成・保存されている。私が総務省に情報公開請求をしたところ、「審議会の回次、開催年月日、開催会場、議題及びページ数を除く全ての部分」が不開示となった（行政文書開示決定（総行選第一五号、令和六年三月一五日))。他方、関係資料は『選挙時報』第三八巻第七号（一九八九年七月）から第四〇巻第九号（一九九一年九月）に掲載されている。雑誌『選択』の記事によれば、審議の前半は「自治省選挙部が用意した資料の説明と質疑に費やされ」、「資料も委員会当日配布され」たという。また、自治省の役人が各委員に「根回し」、「特別の説明」をし、委員長報告の下書きなども「相当〝手伝い〟」をしたという（選択編集部 1990: 128)。最近、佐々木毅が「山岸章さん（連合初代会長）とか僕なんかが少し併用制のことを言って、一度決まりかけそうになったけど、どういうわけか、突然会議は閉会となった」という注目すべき証言をしている（佐々木／山口 2024: 77–78）。

（14）答申の内容は、一九八九年二月、小沢一郎が親しい記者に「私見」を解説した内容をメモしたもの（小沢メモ）に酷似しているという（選択編集部 1990: 128–129）。

（15）ただし堀江湛は「選挙制度改革のシミュレーション――小選挙区比例代表制に工夫を」（一九八九年七月）においては、併用制を退けていなかったし、政権選択論も提示していなかった（堀江 1989）。なお、この論考は『エコノミスト』八九年七月三日号に掲載されているが、それを脱稿したのは第八次選挙制度審議会の初会合（八九年六月二八日）よりも早かったであろう。

（16）ジャーナリストの横田一は、政治改革関連四法案が参議院で否決された日にニュースステーションに出演した福岡政行の発言を厳しく批判している（横田 1996: 184–190）。山口二郎も福岡と同じくテレビに出演していたが（山口 2023: 84-85, 100）、『民主主義のオデッセイ――私の同時代政治史』（二〇二三年）では奇妙なことに福岡に言及していない。

（17）佐々木毅は『いま政治になにが可能か』（一九八七年）では、衆議院の選挙制度を比例代表制に改革することを提唱していたが（佐々木 1987: 207–208）、『政治はどこへ向かうのか』（一九九二年）では、「中選挙区制は腐敗の温床であるのみならず、政治をわけの分からないものにし、結果として政治家と国民双方を退廃させるものとして、スクラップすべきではないか。比例代表制にするか小選挙区制にするかはそれから議論すればよいであろう」（佐々木 1992: 217）と論じるようになった。山口二郎も当初は西ドイツ型の併用制や都道府県単位の比例代表制などを提唱し（山口 1990: 28; 山口 1992: 81; 山口 1993a: 175–178. cf. 山口 2023: 83）、『政治改革』（一九九三年）では政権選択論への反論を試みていた（山口 1993a: 173–174）。ところが、自民党の一党支配体制を崩すことを最優先とする山口は、細川内閣が誕生すると並立制やむなしという立場へと変化していく（山口 1993b: 37; 山口 1993c: 55）。その後、山口は自己批判し（山口 1995: 8, 185–188; 山口 1997: 3, 26）、併用制への選挙制度改革を提唱するが（山口 1997: 201）、イギリスでの在外研究を経てイギリスの政党政治をモデルにするようになる。「我々は好むと好まざるとにかかわらず、当分小選挙区比例代表並立制という現在の選挙制度を前提として政党政治を考えなければならないのである」（山口 1998: 7）。

(18) その他を最良とした者が一・九%、無回答が二二・六%（二四人）だった。小数点第二位の処理のため、合計は一〇〇%になっていない。

(19) 高畠通敏は当初、オーストラリアの選択投票制が優れているとしつつも（高畠 1989a: 15; 高畠 1989b: 147; 京極／高畠 1990: 68）、第八次選挙制度改革審議会が併用制を答申するのであれば、社会党は中選挙区制に固執せずに、併用制を受け入れるべきであると主張していた（高畠 1989b: 147）。

(20) 「政界の仕掛け人」という異名を持つ山岸章は、九三年二月二〇日に自民党の小沢一郎と会談し、小沢と手を組んだ（cf. 山岸 1995a: 12–16; 山岸 1995b: 6–9; 平野 2008: 60–61; ＮＨＫ「永田町 権力の興亡」取材班 2010: 20–24）。

(21) 自民党政治改革基本要綱（九〇年一二月）では一票制となっていたが、一票制は違憲であるとする内閣法制局と自治省の反対に遭い、二票制に戻されたようである（佐々木編著 1999: 70）。

(22) 海部俊樹は後年、「私はこの時、「重大な決意」とは一度たりとも言っていない」と断言している（海部 2010: 149）。

(23) 比較政治制度研究会（ＣＰ研）は九三年二月一九日、「新政治システムについての提言」を公表し、小選挙区制と比例代表制の「混合型」を提唱したが、それが並立制なのか併用制なのかは曖昧なままだった（『朝日新聞』一九九三年二月二〇日朝刊）。なお、政治改革ライブラリーでは二月一八日となっている。

(24) 九二年一一月二五日、大前研一を代表とする平成維新の会が発足した。しかし、その主眼は規制緩和と地方分権（道州制）であり、選挙制度改革をはじめとする「政治改革」には必ずしも熱心ではなかった（cf. 大前／田原 1992: 2–4, 202–203）。

(25) その他、自民党の深谷隆司は、たとえ一つの政党でも様々なニーズ、民意に応えることができるし、応えなければ政権を維持することはできないと反論した（衆委 1993/4/23: 10）。

(26) その他、公明党の渡部一郎は、小選挙区制では激しい政権交代の結果、政策の継続性がなくなり、政治社会が不安定化すると批判している（衆委 1993/4/26: 4）。

(27) 民間政治臨調の第二委員会委員長を務めた堀江湛や民間政治臨調の事務局長を務めた前田和敬は、連用制はイギリスのハンサード協会の選挙制度改革案に示唆を受けたものであるとする（堀江 1993b: 45; 堀江 1995: 47; 佐々木／

21世紀臨調編著 2013: 135)。また、成田憲彦によれば、連用制を考案し命名したのは成田であるが、成田自身は連用制を提唱したわけではないという（成田 2017: 44)。

（28） 久米宏がキャスターを務める「ニュースステーション」（テレビ朝日系列）や筑紫哲也がキャスターを務める「筑紫哲也 NEWS23」（TBS系列）とともに、田原総一朗が出演する「朝まで生テレビ！」（テレビ朝日系列）や「サンデープロジェクト」（テレビ朝日系列）は大きな政治的影響力を持った（待鳥 2020: 27)。横田一によれば、テレビ朝日（全国朝日放送株式会社）が「椿発言」問題——椿貞良・取締役報道局長が九三年九月二一日の日本民間放送連盟の会合で、非自民連立政権の誕生を後押しする報道をしたかのような発言をし、一〇月二五日に衆議院で証人喚問された問題——で混乱した後、選挙制度改革の旗振り役をしたのは「筑紫哲也 NEWS23」だった（横田 1996: 164)。

（29） この解散は、憲法第六九条による解散ではなく憲法第七条による解散だった（衆本 1993/6/18: 12)。社会党の衆議院議員だった堀込征雄によれば、「恒例の万歳ではなく「六九条解散ではないか」という怒号に包まれた異常な本会議」だったという（堀込 2010: 92. cf. 佐々木編著 1999: 146)。

（30） ただし、石川真澄が言うように、社会党が非自民政権に閣外協力し、選挙制度改革などには是々非々で臨むという選択肢もあったかもしれない（石川 2003: 196)。

（31） それ以外にも政府・与党は、繰り上げ当選や再選挙になった場合に比例代表の議席をどうするのか、と一票制を批判した（衆委 1993/10/22: 12–13)。

（32） それ以外にも自民党は、小選挙区が都道府県単位で配分されていることを考えれば、小選挙区を補完する比例代表も都道府県単位であるほうが整合的であるとした（衆本 1993/10/13: 17; 衆委 1993/11/4: 11)。

（33） 政府・与党は、全国単位では地方軽視になるという批判、顔が見えなくなるという批判にたいする応答として重複立候補や惜敗率の活用を提案しているが、これは全国単位では順位付けが難しくなるという批判にたいする応答にもなりうるであろう。

（34） それ以外にも自民党は、小選挙区と比例代表は別々の建物ではなく、重複立候補や惜敗率でつながった二階建ての建物であるため、二票制ではなく一票制にしたと説明した（衆委 1993/10/22: 30)。

（35）第一次細川・河野会談の舞台裏については「政治改革トップ会談の舞台裏：上（再取材・細川政権）」（『朝日新聞』一九九四年六月二二日朝刊）を参照。

（36）第二次細川・河野会談の舞台裏については「政治改革トップ会談の舞台裏：下（再取材・細川政権）」（『朝日新聞』一九九四年六月二三日朝刊）を参照。平野貞夫は「森喜朗がそんなことできるわけはない。政治家の回顧録を事実と信じてはいかんよ」と釘を刺しているが（吉田健一 2021: 191）、当時の新聞報道でも森の名前が挙がっている。

（37）首相特別補佐だった田中秀征ですら、「ブロック比例」の導入という「唐突な結末にじだんだを踏んだものだ」と回想している（田中 1995: 192）。田中は武村正義との対談において「細川内閣が提案したものは八〇点近いものであったけれども、小選挙区の選挙区数が増えたということによって二〇点ぐらい下がって、ブロック制を導入したことによって三〇点ぐらい下がって、そういう点では相当異質なものになった」と厳しい評価を下している（武村／田中 1995: 121）。田中は現在、中選挙区連記制を提唱している（田中 2024: 66–68）。

第二章 「政治改革」の政治思想

第一節 問題設定

本章では、第一次細川・河野会談＝第一次修正前後の国会審議等を政治思想史的手法で再解釈し、政権選択論が勝利を収めた経緯を明らかにしたい。すでに見たように、「政治改革」は長い経過を辿った。そこでは、党利党略、個利個略を有する様々な政治アクター間の激しい闘争があったが、しかし、むき出しの権力闘争だったわけではない。それはまた、衆議院の選挙制度はいかにあるべきかをめぐる思想闘争でもあった。前章ではそのことを巨視的に考察したが、本章では微視的に考察することにしたい。その主たる舞台は、一九九三年九月一七日に開会した第一二八回国会、特に衆議院政治改革調査特別委員会であり、その主人公は細川護熙首相である。第一二八回国会では、政権選択論を唱える自民党政治家と、政権選択と民意反映の相互補完論を唱える細川等が激しい思想闘争を繰り広げた。そして、そうした思想闘争の結果、政権選択論が並立制の主たる思想的基礎、民意反映論が従たる思想的基礎になったのである。

しかし、政治家の思想を解釈することには固有の困難が伴っている（岡崎 2014: 102–103）。最大の問題は、政治家が表明した言葉をその政治家の思想として受け止めてよいのか、ということであろう。たしかに、政治家が書物を公刊していたとしても、政治家本人が書いたとは限らないし、ゴーストライターが書くことも多いであろう。しかし、政治家本人が原稿に目を通すことなく公刊するとは考えにくい。それでは、国会における大臣の答弁は、どうであろうか。この場合、官僚の書いた原稿を読んでいるだけのことも少なくない。そのため、その政治家自身の思想とはいえないのではないか、という疑問が生じるのは当然であろう。たしかに、政治家は大臣として、時に個人の思想に反したことを口にせざるをえないこともあるだろう。しかし、そのように切り捨ててしまってよいのであろうか。細川護熙という首相が国会という最も公的な舞台において、ある思想を表明した場合、その思想は細川個人の思想ではないかもしれないが、細川首相の思想であると見なすことができるし、見なすべきであろう（実際には、両者を区別できない場合も少なくない。そこで本章では「細川」と記すことにする）。

たしかに、国会で表明された思想は体系的な思想とはいえないかもしれない。しかし、政治思想史研究の対象を体系的な思想に限定しなければならない理由はない。いわんや、政治家が公的な場面で表明した思想が、政治思想史研究の対象になりえないはずがない。それどころか、政治的重要性という点では、孤独な理論家の書いた政治思想書に比べて、はるかに大きいといえるであろう。その際、細川本人も自身の発言の真意や重みを自覚していないこともあるだろう。そこにメスを切り込むのが政治思想史の課題である。解釈学が「著者自身が自分を了解していた以上によく、著者を了解すること」（ディルタイ 1981: 40）を目指すように、本章では、細川自身が自分を了解していた以上によく、細川を了解することを目指したい[1]。

まず、細川が当初、自民党が提起する政権選択論をまったく理解していなかったことを明らかにしたい（第二節）。次に、第一次細川・河野会談＝第一次修正の際に細川が突如として政権選択論を援用し、政権選択論が歴史的な一勝を挙げた事実を示す（第三節）。その後、細川が政府・与党の小細工に従い、すぐさま地方配慮論を採用するようになったが、政権選択論を撤回したわけではないことも明らかにしたい（第四節）。

第二節　政権選択論と相互補完論

1　連立与党案と自民党案

すでに述べたように、一九九三年六月一八日の宮澤内閣不信任案可決・衆議院解散、七月一八日の総選挙を経て、八月九日、日本新党の細川護熙を首相とする非自民連立政権が誕生した。社会党から六人、新生党から五人、公明党から四人、民社党から一人、新党さきがけから一人、社民連から一人、民間から二人が入閣し、しかも六党の党首が揃って入閣した（ただし、民主改革連合からは入閣しなかった）。また、社会党委員長は九月二五日の党大会で山花貞夫から村山富市に交代した）。首相の右腕となる官房長官に任命されたのは、新党さきがけの武村正義であり、政治改革関連四法案の矢面に立つ政治改革担当大臣と自治大臣に任命されたのは、それぞれ社会党の山花貞夫と社会党の佐藤観樹であった[2]。

細川は首相就任の記者会見（八月一〇日）において、政治改革関連四法案が「仮に年内に成立が出来なかった場合には何らかの政治的な責任をおとりになると解釈してよろしゅうございますか」との質問に「そういうことでございます」と明快に答えている（内閣総理大臣官房監修 1996: 174）。

しかし、細川自身が確固たる選挙制度改革案を抱いていたとは言いがたい。(3) 海部内閣期の一九九一年には、一〇〇点満点の制度はないため六〇点で合格であるとして、小選挙区三〇〇議席と比例代表三〇〇議席の並立制にし、その代わり参議院の定数を削減することを提案している（細川 1991a: 63; 細川 1991b: 211）。だが、宮澤内閣期の九二年には、中選挙区連記制を提唱するようになる（細川 1992a: 103–104; 細川 1992b: 36）。翌九三年には、定数自動決定式比例代表制や併用制がベターであるとしたが（細川 1993a: 159）、春になると、基本は併用制——ただし非拘束名簿式の——だが、小選挙区と比例代表の比率によっては並立制でもかまわないと述べるようになる（細川 1993b: 67）。ただし『中央公論』六月号に寄せた論考では、同じく併用制を提唱しているが、並立制への言及は消えている（細川 1993c: 70）。後に細川は、中選挙区連記制論者であったと打ち明けており（佐々木編著 1999: 207; 細川 2010: 512;『朝日新聞』二〇〇九年八月九日朝刊;『朝日新聞』二〇一一年一〇月八日朝刊）、事実そうした発言をしていたが、現実には政治状況に応じて激しく揺れ動いていた。細川は柔軟だったともいえるであろうが、悪く言えば芯がなかったともいえるであろう。そうした細川の態度が第一二八回国会における国会審議に影を落としていくことになる。

さて、連立与党は、投票方式を一票制にするか二票制にするかをめぐって内部対立していたが（武村 2006: 196–198; 御厨／牧原編 2011: 156–157）、八月二七日、小選挙区二五〇議席、比例代表二五〇議席（全国単位）、二票制という法案（以下、政府原案）を国会に提出することで合意した。とはいえ、依然として火種を抱えていた。武村正義・官房長官は自民党との妥協を模索し、小沢一郎・新生党代表幹事や市川雄一・公明党書記長は政府原案の強行採決も辞さない構えを見せていた（ただし、徐々に柔軟姿勢に転じていくようになる）。加えて、社会党には並立制を支持しない議員も少なくなかった。読売新聞社のアンケート調査では、社会党衆議院議員七〇人中六一人が回答を寄せ、「選挙制度はどう変えるべきか」という質問にたいして、併用制は二三人、連用制は一八人、その他が一五人だったのにたいして、並立制は五人にとどまったのである（『読売新聞』一九九三年七月二五日朝刊。cf. 読売新聞社政治部編 1993: 148）。

他方、自民党は、小選挙区三〇〇議席、比例代表一七一議席（都道府県単位）、一票制という法案（以下、自民党案）を国会に提出した。しかし自民党も一枚岩とは言いがたく、海部俊樹元首相を会長とする政治改革推進議員連盟が河野洋平・自民党総裁に妥協を迫る一方、改革に慎重な議員も少なくなかった。

こうしたなか、第一二八回国会政治改革調査特別委員会では、政府原案と自民党案をめぐって激しい思想闘争が繰り広げられた。岩井奉信が指摘するように、自民党が塩川正十郎、津島雄二、鹿野道彦、伊吹文明といった論客を揃えたのにたいして、連立与党側では論客が不足していたことは否めない（佐々木編著 1999: 181-182）。小選挙区と比例代表の定数配分に関して、政府は、これまでの議論・意見を踏まえて、民意を集約し政権を選択する小選挙区制と民意を反映する比例代表制を「相互補完的に」組み合わせたと繰り返し説明している[4]。たとえば、細川は一〇月一三日の衆議院本会議において、自民党の鹿野道彦の質疑にたいして次のように答弁している。

それから、二百五十、二百五十という根拠はいかなるものか、こういうお尋ねでございましたが、二百五十人ずつの同数といたしましたのは、小選挙区三百、比例百七十一という海部内閣で出されました政府案が廃案になりました経緯、それからさきの国会における御論議、その後の与党各党の御意見などを踏まえてのものでございまして、小選挙区制と比例代表制を同じ比重で組み合わせることによりまして、それぞれの制度の持つ特性を相互補完的に補っていこう、生かしていこう、そういう考え方に立つものでございます。……総選挙の意義を明瞭にするために、比例代表制の割合を下げる考えはないか、こういうお尋ねでございましたが、小選挙区と比例代表の定数につきましては、それぞれの制度の持つ特性を、先ほども申し上げましたように、相互補完的に生かしていこうという考え方に立って二百五十ずつとしたところでございますが、小選挙区の定数が比例代表制と同数でありましても、民意の集約あるいは国民の政権選択の意思が明確に示されるという小選挙区制の持つ特性は十分に発揮をされていくものである、そのように考えております。（衆本 1993/10/13: 10–11）

これにたいして自民党は、細川内閣案には「哲学」（ないし「理念」「定見」）がないと攻め立てた（衆本 1993/10/14: 11; 衆委 1993/10/18: 20; 衆委 1993/10/19: 21; 衆委 1993/11/16: 6）。伊吹文明いわく、「我々は、このお茶を飲めば熱い、だから少し今その前にあるお水を足して、そして飲める温度にしてという妥協であれば結構です。しかし、コーヒーを飲みたい方とお抹茶を飲みたい方がいるからといって、コーヒーとお抹茶を両方まぜて飲むというような妥協はやはりできない」（衆委 1993/10/19: 26. cf. 衆委 1993/10/19: 33; 衆委 1993/10/27: 2）。返す刀で自民党は、小選挙区制を主とする並立制の「哲学」として、政権選択論を採用した。一〇月一三日の衆議院本会議で、公明党の森本晃司の質疑にたいして、自民党の伊吹文明は次のように答弁している（ただし森本は、自民党案の一票制や都道府県単位には疑義を呈したが、小選挙区と比例代表の定数配分については言及していない。伊吹はそれにもかかわらず答えている）。

次に、この四百七十一を小選挙区と比例区に分けた考え方でございますが、これは後ほどお話を申し上げますけれども、私たちが衆議院の選挙、つまり総選挙をどのようなものと位置づけているかという哲学によると思います。すなわち、衆議院の選挙の一番大きなポイントは、政権の選択、どのような政党、あるいは政党の組み合わせでも結構でありますが、に政権をゆだねるかという国民の選択を問う選挙であろうと思っています。であるとするならば、国民の選択が最も集約をした形で衆議院に反映される小選挙区をやはり基本とするというのが私たちの基本的哲学であります。という観点に立って、小選挙区を三百、比例区を百七十一としたものであります。（衆本 1993/10/13: 16）

歴史の皮肉といえるであろうが、すでに見たように、日本新党と新党さきがけがキャスティングボートを握って非自民連立政権が誕生したこと、社会党の閣僚が自衛隊を事実上合憲であると答弁したことは、政権選択論に説得力を持たせたといってよい。このことは、第一二八回国会における選挙制度改革をめぐる審議にも影響を与えていくことになる。たとえば、自民党の保岡興治は衆議院本会議において、次のように追及している。

政党は、基本となる政策を明確にして、国民の負託を受け、政治を行うことがその命、存在意義ではないでしょうか。／例えば、さきの予算委員会での我が党の同僚議員の質問に対する社会党の閣僚の答弁を聞いておりますと、社会党の基本政策と思われる自衛隊は違憲であるという党是あるいは個人の政治信念と全く相反する政策を受け入れて閣僚の席に着いておられます。これは明らかに政党政治の筋道を大きく逸脱するもので、社会党は党を解党するか党是を変更するかして連立に参加すべきであり、それができないなら連立を組むべきではありません。（拍手）（衆本 1993/10/13: 20）

2　細川と政権選択論

致命的だったのは、細川が政権選択論をまったく理解していなかったことである。細川は、九月二二日の衆議院本会議では橋本龍太郎（衆本 1993/9/22: 1）、額賀福志郎（衆本 1993/9/22: 11）から、一〇月四日の衆議院予算委員会では津島雄二（衆予算委 1993/10/4: 24–25）から、一〇月一三日と一四日の衆議院本会議では鹿野道彦（衆本 1993/10/13: 8–9）、保岡興治（衆本 1993/10/13: 20）、今津寛（衆本 1993/10/14: 3）から政権選択論を突きつけられていた。にもかかわらず細川は、一〇月一八日の衆議院政治改革調査特別委員会の段階ですら、政権選択論のイロハすら理解できないでいたのである。少し長くなるが、決定的に重要な答弁なので引用することにしたい。

○石破委員　私は、できるだけ二大政党に近いものであってほしいと思っているのですよ。つまり、できてみなければどういう組み合わせになるかわからない、選挙が終わって、どう組み合わせが行われるかは全く有権者の及び知るところではないということで本当によいのであろうか。連用制が出てきたときも、これはいかがなものなのかなということを私は表明をさせていただいた。それは、確かに民意が鏡のように反映されるかもしらぬ。連用制というのはそういうものでございますね。併用制もそうであります。特に、併用制や純粋比例というのはそうだ。しかしながら、それは確かに民意を鏡のように反映はするが、しかしどこかがキャスチングボートを持つことによって、その党の利益が一番強く出て、ほかにもっと支持をしておる政党があるにもかかわらず少数党の利益が一番クリアに出てくるということは、国民全体の意識とはそごが出るのではないか。／しからば、総理が穏健な多党制というふうにおっしゃっておられますが、穏健な多党制、五党とか三党とかおっしゃいましたが、穏健な多党制ということと、国民がどういう政権ができるかということを知ることの担保、その辺の兼ね合いはいかがなものでございましょうか。
○細川内閣総理大臣　ちょっと質問の御趣旨がよく私もつかみかねるのですが、それは、よろしいですか、ちょっともう少し補足していただけませんか。
○石破委員　穏健な多党制というものは、できてみなければどういうことになるかわからない、少数党がキャスチングボートを持ち、ある党がここと組みます、ここと組みます、そういうことによって全くがらっと違った政権があらわれるということではないでしょうか、そういうことを申し上げておるのであります。一票を入れるときに、政権かくあれかし、国家かくあれかし、そういうふうな国民の願いがなるべく政権に反映されるようにするのが、国民の主権の行使の仕方ではないかということを申し上げておるのであります。
○細川内閣総理大臣　まだよくちょっとわかりませんが、おっしゃる意味は多分、数が少し多過ぎる、もっと穏健な多党制、まあ三つから五つぐらいのものになった方が国民の国家意思の選択というものは、決定というものはやりやすいのではないか、こういう御趣旨だろうと思いますが、それはおっしゃるとおりだと思います。（衆委 1993/10/18: 38）(5)

石破茂(6)は噛んで含めるように説明しているのに、細川は「二」と「三」のあいだにある断絶を理解していない。石破が「できるだけ二大政党に近いものであってほしい」と明言しているのに、細川は「三つから五つぐらいのもの」と受けとめているのである。驚くべき無理解と言わずして何と言おうか。

ここで、細川は石破の質疑をはぐらかすために無理解を装っていたのではないか、という疑問が生じるかもしれない。たしかに、細川が質疑の内容を意図的に誤解して、それに正面から応答しなかった可能性も否定できない。しかし、細川は無理解を装っていたのではなく本当に理解していなかったと解釈すべきであろう。そのように解釈しなければ、その日の晩、細川が信じがたいほど楽観的であり、事実認識の歪んだ日記を認めていた事実を説明できないからである。細川日記には次のように記されている。

いよいよ政治改革特別委員会で法案の審議入り。／格別の難問はなし。専ら自民党と妥協する意志

ありやなしやのみを尋ねらる。（細川 2010: 122）

細川のために弁明すれば、細川が政権選択論を理解していなかったのは、細川が第一二六回国会（一九九三年一月二二日〜六月一八日）では衆議院議員ではなく参議院議員だったことにも起因していたのであろう。すでに見たように、第一二六回国会衆議院政治改革調査特別委員会では、政権選択可能な小選挙区制を主張する自民党と、民意反映可能な比例代表制を主張する野党が激しい論争を繰り広げていた。同理事会の「論点の整理（未定稿）九三年五月二六日」では、「政権の国民による直接選択」は「認識が概ね一致すると見込まれる事項」には入らなかったが、「歩み寄りが必要と考えられる事項」にはリストアップされたのである（堀込 2010: 82–84）。同委員会での政権選択・民意反映論争があったからこそ、後房雄が解釈するように、野党が並立制を受け入れる条件が整ったのであろう（後 2009: 48–49）。仮に細川が同委員会に加わっていたとすれば、第一二八回国会における審議は少し異なったものになっていたかもしれない。

第三節　政権選択論の勝利

1　政府原案修正へ

細川は当初、政府原案通りに成立させることを考えていたが、徐々に修正へと傾いていく。官房長官の武村正義は「この国の政治の基本に関わりますから、多数決で通すわけにはいかない。自民党と歩み寄らなければいけない」と考えていたようである（御厨／牧原編 2011: 157）。他方、小沢一郎・新生党代表幹事は一〇月中旬には原案通りで強行採決することを主張していたが（細川 2010: 110, 122, 134）、一〇月二五日の政府与党首脳会議では「次第に修正も可との口ぶりに」変化したようである（細川 2010: 138）。細川自身も、小沢や市川雄一・公明党書記長に同調していたが（細川 2010: 110, 119, 122, 134）、一〇月二九日の日記には変化が見られる。「新生党の平野貞夫参院議員を通じ、小沢氏に政治改革法案を何ら譲歩なしに強行突破という訳にもいかぬのではないかと伝えおりしところ、小沢氏も納得して、さっそく久保〔亘〕氏と折衝してくれている由」（細川 2010: 145）。首相秘書官だった成田憲彦は「総理はいろいろ考え、合意できるかどうかは別にして、自民党と話し合いもしないのでは国民の理解が得られないと考えるようになっていました。……連立が自民党との修正協議に舵を切ったのは、総理の意向によるところが大きかったです」と証言している（細川 2010: 146）。

加えて、成田憲彦が証言するように、細川は国民だけでなく土井たか子・衆議院議長のことも慮ったのであろう（成田 1997: 50）。衆議院政治改革調査特別委員会で強行採決をすれば土井は衆議院本会議のベルを鳴らさないだろう、と見られていた（『読売新聞』一九九三年一一月二日朝刊、『朝日新聞』一九九三年一一月八日朝刊、一一月二三日朝刊）。事実、一一月一日午前、土井は細川に電話をかけ、「政治改革法案で強行採決はやらない」旨を伝えていたようである（細川 2010: 150）。政治改革関連四法案を成立させようとすれば、自民党との修正協議を始めるしかなかった。土井がどのように考えていたのかは分からないが、結果としては、小選挙区の数を増やす修正を後押ししたことは否めない。

こうして、与野党間では連立与党の市川雄一と自民党の森喜朗が協議を開始した。また、細川も河野洋平・自民党総裁とのトップ会談に意欲を示す一方、社会党にたいしても修正に応じるよう働きかけた。新聞報道によれば、村山富市・社会党委員長は一一月一〇日の細川との会談において、小選挙区二五〇と比例代表二五〇の修正には難色を示したが、ブロック制の採用については柔軟な姿勢を示した。『日本社会党五〇年史』によれば、社会党はブロック制への変更には応じられても、小選挙区と比例代表の定数配分の修正には応じられないとの立場を採っており、第一次細川・河野会談前日の一一月一四日における細川との会談でも、村山富市・社会党委員長は「定数修正に反対するとの社会党側の立場をつたえたうえで対応を首相に一任した」とされる（日本社会党五〇年史編纂委員会編 1996: 1148）。しかし細川日記によれば、細川は、村山が「小選挙区二八〇では自分が腹を切らねばならず、何とか二七〇あたりでと言いつつ二七五までは覚悟しているが如き態なり」と受け止めたようである（細川 2010: 173）。

舞台裏では、自民党の重鎮・後藤田正晴が小選挙区二八〇議席、ブロック制という案で根回しをしていたようである。武村正義の証言では、武村の報告を聞いた細川も「「その辺でまとまればいいですね」とうなずいていた」（『朝日新聞』一九九四年六月二二日朝刊。cf. 成田 1996: 445-451）。ところが、細川は別の決断をする。細川日記によれば、一一月一三日の夜、小選挙区の定数を二七四議席、比例代表の定数を二二六議席に修正する決断を下したのである。

同夜遅く、成田秘書官と小選挙区・比例の配分は二七四：二二六でいくとの作戦を立つ。／都道府県への配分四七をまず総定数五〇〇から引き、残りをフィフティ・フィフティとし、それに四七を加えしものを小選挙区の数とせしもの。理屈は無論あとから考えたるものなれど、与野党案を足して二で割るというやり方には予てより批判あり。また小選挙区の数が二七五を超えれば社会党がもたず、何よりも自民党を分裂に導くためには、自民執行部が呑まず且つ自民党内改革派が乗り得る案でなければならぬ、と知恵を絞った結果なり。成田氏にも固く口止めし、政府、与党幹部にも一切伏せることとす。（細川 2010: 172-173）

細川日記によれば、一月前の一〇月一六日夕方、細川は海部俊樹元首相と秘密裏に会談していた。その日の晩、細川は「政府案は海部内閣案などを踏まえしものであり、社会党内の状況から定数などの修正は難しき旨伝う」と記す一方、「二五〇と三〇〇を足して二で割るが如き、説得力なき妥協は避くべしとの指摘も受く。尤もなり」と記している（細川 2010: 119-120）。成田憲彦は、細川から「小選挙区二六〇前後で端数のついた数字、合理的根拠のある数字を考えるようにという指示が、一〇月の中旬頃私にありました」と証言しているが（成田 1996: 419）、小選挙区二七四議席、比例代表二二六議席という巧妙な数字はその成果にほかならない。

一一月一三日の日記で注目すべきは、細川が「何よりも自民党を分裂に導くためには、自民執行部が呑まず且つ自民党内改革派が乗り得る案でなければならぬ、と知恵を絞った結果なり」（細川 2010: 173）と記していることである。この日記が示しているように、細川が小選挙区の比重を増やす決断をしたのは、自民党の改革派と合意して政治改革関連四法案を通そうとしたからだけではなく、自民党の分裂を誘おうとしたからでもあろう。こうした策略は自民党の分裂を引き起こすにとどまらず、参院社会党の造反と連立与党の分裂を引き起こすことになるが、細川はそのことを予想していなかったのであろうか。

細川は「それにしても社会党というところは、自民党同様、内部は諸説紛々、まとまりを欠き複雑怪奇、全くよくわからぬ政党なり」と記しており（細川 2010: 173）、社会党に不安を感じていたであろうが、第一次細川・河野会談前日の一一月一四日に村山富市・社会党委員長や与党代表者会議と会談し「一任を受」けていたため、それほど心配していなかったのかもしれない。

2　第一次細川・河野会談

細川は一一月一五日深夜、小選挙区二七四議席、比例代表二二六議席という案を抱いて第一次細川・河野会談に臨んだ。対する河野洋平・自民党総裁は、小選挙区二八〇議席、ブロック制で妥協できると思い、会談に出席したようである（『朝日新聞』一九九三年一一月一九日朝刊、一九九四年六月二二日朝刊）。ところが、細川の肚は決まっており、会談は物別れに終わった。河野洋平の回想では、

細川さんは割と固くて、僕が何を言っても駄目ですと。まとまらないなら、明日の本会議で決めますという話だったんです。／会談に行く前に、自民党の政治改革本部長だった後藤田さんから、河野さん、大体まとまるから行ってみてくれと言われていたのに、全然まとまらなかったんですよ。
（衆議院事務局編 2023: 119）

一回目のトップ会談では、今も話があったように、細川さんは非常に固かったんですよ。僕は、後藤田さんから言われていて、どこかで合意ができるんじゃないかと思っていたけれども、細川さん

は自説にこだわって、どこも譲れないと言って妥協できなかったんです。／今にして思うと、やはり社会党がとても難しくて、表向きは政治改革だと言っていたけど、小選挙区制にすると激減することははっきりしているので、実際は小選挙区制に反対なんです。それで、小選挙区で減る分は比例で取る以外にないから、比例の数をできるだけ増やさないと社会党は納得しない。連立側で合意するためには、比例を増やすことが一番の解決策で、恐らく細川さんの気持ちはそれだったと思うんですが、連立を主導していた小沢・市川ラインが、この案で絶対譲る必要はないといって頑張ったものだから、細川さんは非常にかたくなになっていたんです。（衆議院事務局編 2023: 120）

河野は、細川が自民党を分裂に導くという策略を持っていたことに気づいていなかったし、インタビュー時点でも気づいていないようである。

さて、新聞報道によれば、第一次細川・河野会談直後（一六日未明）の記者会見において、細川は次のように説明している[7]。

『朝日新聞』一九九三年一一月一六日夕刊

細川　総定数は五〇〇とし、うち小選挙区の定数を二七四、比例代表の定数を二二六としたい。その根拠は、まず四十七都道府県に小選挙区の議席を一つずつ分ける。次に五〇〇からその四十七を引き、残りを（小選挙区と比例代表に）半分ずつに割る。小選挙区定数は、その数と四十七を足した二七四としたい。こうすることによって、小選挙区の定数二の県が政府案の七つから四つになり、一票の格差も一・八九倍から一・八六倍になる。自民党案では、一・八二倍だが、基本的に政府案の考えに沿って、ぎりぎりのところを考えると、こういう姿になる。

『読売新聞』一九九三年一一月一六日夕刊

首相　総定数は五百。配分は小選挙区が二百七十四、比例代表が二百二十六。政府原案では、総定数を半分ずつ、二百五十、二百五十に分けた。しかし、私が申し上げたいのは、まず、四十七都道府県に一人ずつ割り振り、その分を五百から差し引く、その残りを半分にし、小選挙区分に四十七を加えて、その結果が二百七十四だ。そうすることによって、小選挙区が二つの県が、政府原案の七つから四つに減る。格差が政府原案の一・八九倍から、一・八二倍に減る。

このように『朝日新聞』、『読売新聞』によれば、細川は小選挙区二七四議席、比例代表二二六議席の論拠として、小選挙区二議席の県を七県から四県に削減できること、そして一票の格差を一・八九倍から一・八六倍に縮小できることを挙げた(8)。しかし『毎日新聞』は、細川が別の論拠に言及したことも報じている。たしかに『毎日新聞』も、一面の記事や三面の表で小選挙区二議席の県の削減、一票の格差の縮小に言及している。しかしそれだけでなく、記者会見の要旨として次のように報じている。

『毎日新聞』一九九三年一一月一六日夕刊

――小選挙区二七四の考え方は。

足して二で割るということではなくて、自民党案が主張していた政権選択の意思を明確にするという色合いを強く出す。まず都道府県に割り当てて、都道府県の数を差し引いてその他をフィフティフィフティで割ったということ。

『日本経済新聞』一九九三年一一月一六日夕刊も「首相は「自民党の主張する政権選択の色合いを強く出すため」と説明するが、……」と解説しており、この記者会見において細川が政権選択論を援用したのは確かなのであろう。

いったい、どのように解釈すればよいのであろうか。具体的数字を挙げていることを考えると、細川は事務方の用意したペーパーを見て、小選挙区二議席の県が七県から四県に減り、一票の格差も一・八九倍から一・八六倍に減ると説明したのであろう。そして、『毎日新聞』の記事が一問一答形式になっていることを考えると、記者との質疑応答では、首相みずからの判断で政権選択論を援用したのであろう。

ここで注目すべきは、細川がその必要もないのに政権選択論を持ちだしたことである。小選挙区二議席の県の削減や一票の格差の縮小という論拠だけで十分だったはずである。それどころか、政権選択論を持ちだせば、なぜ最初に都道府県数四七を差し引くのか、整合的に説明できなくなる。それにもかかわらず、細川は政権選択論を援用したのである。なぜなのであろうか。政権選択論を援用した意図が細川日記に記されていない以上、推測するしかないが、すでに引用した「自民党を分裂に導くためには、自民執行部が呑まず且つ自民党内改革派が乗り得る案でなければならぬ」（細川 2010: 173）という細川日記の文章を踏まえれば、どこまで意識的であったかは別にして、細川は自民党の政権選択論を援用することで自民党の分裂を招こうとしたのかもしれない。だが、細川の意図はさして重要ではない。決定的に重要なのは、細川が政権選択論を援用した事実そのものである。政治家が何を言ったか（＝外的な行動）は、政治家が何を考えたか（＝内的な思想）よりも遥かに重いからである。政権選択論の激しい攻撃にさらされた細川がその政権選択論を援用したという事実は、政権選択論が歴史的な一勝を挙げたことを意味している。

ここで、細川は未明の記者会見において口を滑らせただけなのではないか、という疑問が生じるかもしれない。たしかに、その可能性がないわけではない。しかし、一一月一六日の国会答弁は、そうではないことを示している。細川は、同日午後四時二分に開議された衆議院政治改革調査特別委員会において、「議論の経過」や「世論の動向」を踏まえて譲歩したと述べた後、総定数と定数配分については、次のように説明している。

それから、総定数また配分につきまして、総定数は五百人ということで、配分につきましては、政府原案では総定数をフィフティー・フィフティーということにしていたわけでございますが、これを、各都道府県にまず一人ずつ均等に配分される小選挙区の議席というものを四十七、まず五百から引きまして、その残りの分を半分ずつにするということで、その差し引いた分の四十七をそれに加える、その結果、小選挙区が二百七十四、比例代表の定数が二百二十六ということになるわけでございますが、そういうことでいかがでございましょうか、こういうことを申し上げたところでございます。しかし、残念ながら、この点についても譲歩することはできないというお話でございました。（衆委 1993/11/16: 2）

この日本新党の茂木敏充の質疑にたいする答弁では、小選挙区二七四議席、比例代表二二六議席の計算方法が説明されているにすぎない。注目すべきは、修正案をどのように評価するのかという自民党の津島雄二の質疑にたいする答弁である。細川は、小選挙区二議席の県の削減や一票の格差の縮小には言及せずに、自民党の政権選択論に譲歩したと明言したのである。(9)

このことによりましても、民意の集約と反映という両方のポイントというものはお互いに相補う形で、そして自民党の方で主張しておられた、より強く政権の意思の選択ができるという点については、私どもとしても可能な限りの譲歩をさせていただいた、このようにお受けとめをいただければありがたいと思っております。（衆委 1993/11/16: 6）

このように細川は、記者会見だけでなく衆議院政治改革調査特別委員会においても自民党の政権選択論を援用した。細川はルビコン川を渡ったのである。とはいえ、細川がこの段階になっても政権選択論を理解していたかどうかは疑わしい。むしろ表面的なものにとどまっていたといえるであろう。細川は「選挙の前に政策協定をきちんと結んで選挙を戦うというのが本来のあり方であろうというふうに思います」（衆委 1993/11/16: 8）と認める一方で、総選挙後の政権・政策交渉も容認する発言をしているからである。

これも何回か本委員会でも御答弁を申し上げたと思いますが、選挙の前に各党がそれぞれの固有の政策というものを連立を組む場合には持ち寄って、そしてそれをすり合わせた上で政策協定をして連立を組むというのが本来の姿であろうと思いますが、今回はたまたまそういう形にはなりませんでした。そういうこともしかし往々にしてあり得ることではないかな、そのように思っておりますが、いずれにしても、各党の固有の政策というものは固有の政策として持ちながら、連立を組むに当たって基本的な合意というものを交わしたわけでございますから、その合意に従ってお互いにしっかりと提携をして進んでいくということは、これは私は許されることではないかというふうに考えているところでございます。（衆委 1993/11/16: 6–7）

政権選択論を理解していたとすれば、総選挙後の政権・政策交渉を「往々にしてあり得ることではないかな」などとは、口が裂けても言えなかったはずである。しかし、いくら表面的な理解であろうとも、小選挙区二七四議席、比例代表二二六議席を説明する際、細川が政権選択論を援用した事実は消しようがない。

我々は、小選挙区二七四議席、比例代表二二六議席という巧妙な数字の前に、第一次修正をともすれば巧妙な数字合わせと解釈しやすい。たしかに、すでに引用した一一月一三日付の細川日記が示しているように、そうした側面があったことは疑いない。しかしそれは、物事の半面にすぎない。もう半面では、細川による政権選択論の援用があった。我々は、九四年一月の参議院本会議における否決、第二次細川・河野会談における劇的合意——小選挙区三〇〇議席、比例代表二〇〇議席（一一ブロック単位）——に目を奪われやすいが、第一次細川・河野会談＝第一次修正こそが「政治改革」のターニング・ポイントであり、小選挙区制を柱とする並立制が思想的勝利を収めた決定的瞬間だったのである。小選挙区二五〇、比例代表二五〇から小選挙区二七四議席、比例代表二二六議席への定数配分の変更は激しい権力闘争の産物だっただけではなく、激しい思想闘争の産物でもあった。この思想的側面を無視しては「政治改革」を十分に理解することはできない。

第四節　政権選択論の運命

これで話は終わりではない。政府・与党は、第一次細川・河野会談のわずか数日後には、小選挙区二七四議席、比例代表二二六議席の論拠を政権選択論から地方配慮論へと何食わぬ顔で置き換えたからである。このことは、政権選択論が「三日天下」に終わったことを意味しているのであろうか。その後の国会審議を一瞥することにしよう。

新党さきがけの三原朝彦は一一月一六日の衆議院政治改革調査特別委員会の討論において、小選挙区二七四議席、比例代表二二六議席を説明する際、「国民の意思が明確に政権の選択に結びつく小選挙区制の持つ特性」と「民意を議席数に反映させるという比例代表制の持つ特性」を対比したうえで「前者にウエートを置いた」と明言している。

また、小選挙区と比例代表の定数配分につきましては、国民の意思が明確に政権の選択に結びつく小選挙区制の持つ特性と、民意を議席数に反映させるという比例代表制の持つ特性とを組み合わせつつ、前者にウエートを置いた小選挙区二百七十四人と比例代表二百二十六人の定数配分は、極めて適切なものと言えます。（衆委 1993/11/16: 15. 傍点は引用者）

ところが、日本新党の山崎広太郎はその二日後の一八日、衆議院本会議の討論において「バランスよく」という文言を挿入するとともに、「前者にウエートを置いた」という文言を「各地域にも適切に配慮した」という文言へと変更している。[10]

小選挙区と比例代表の定数配分につきましては、国民の意思が明確に政権の選択に結びつく小選挙区制の持つ特性と、民意を議席数に正確に反映させるという比例代表制の持つ特性とをバランスよく組み合わせつつ、各地域にも適切に配慮した小選挙区二百七十四人と比例代表二百二十六人の定数配分は、極めて妥当なものと言えます。（衆本 1993/11/18: 6. 傍点は引用者）

ここで注目すべきは、三原の文言と山崎の文言がほとんど同じことである。このことは、山崎が三原の原稿を下敷きにしていたことを意味している。しかしそれだけではなく、山崎が三原の文言の一部を意図的に変更したことも意味している。この変更は、いったい何を意図していたのであろうか。おそらく山崎は「バランスよく」という文言を挿入するとともに「前者にウエートを置いた」という文言を削除することで、小選挙区制を主としているという印象を薄めようとしたのであろう。

他方、「前者にウエートを置いた」という文言を「各地域にも適切に配慮した」という文言に変更した点については注意が必要であろう。たしかに、政権選択論を弱める意図を込めていたと解釈することもできるであろう。しかし、全国単位の比例代表制という政府・与党案を弁護する意図を込めていたと解釈したほうが自然かもしれない。山崎は「小選挙区と比例代表の定数配分」に続いて「比例代表選挙の区域」について論じた際、三原の原稿を下敷きにしつつも、都道府県単位の比例代表制という自民党案では「地域利害の代表となる危険性が大きくなることが予想されます」という文言を挿入しているからである（衆本 1993/11/18: 6）。山崎は、全国単位の比例代表では地域代表を出せない都道府県が出るのではないか、という批判をかわすために、小選挙区の定数を増やすことで地域代表を確保することができると暗に訴えかけようとしていたのではないだろうか。

山崎の意図はともかく、細川も一一月二六日の参議院本会議において、小選挙区二七四議席、比例代表二二六議席に修正した理由として「地方への配慮」を挙げている。細川は、自民党の坂野重信の質疑にたいして次のように答弁している。

　それから、中途半端な理念なき選挙制度ではないか、自民党案のような理念を持った制度とすべきではないか、こういった趣旨のお尋ねでございましたが、小選挙区と比例代表の定数につきましては、衆議院におきまして、委員会での論議における御意見などを踏まえて、政府原案より小選挙区の定数をふやして、小選挙区二百七十四、比例代表二百二十六とする修正が行われた次第でございます。この修正によって、地方公聴会なども含めまして、審議の過程でいろいろ出されました御意見も踏まえまして地方への配慮を行いますとともに、一方で小選挙区と比例代表のそれぞれの持つ特性を相互補完的に生かしていくという原案の基本的な考え方も原則的には維持されているものと考えている次第でございます。（参本 1993/11/26: 12. 傍点は引用者）[11]

このように細川も、小選挙区二七四議席、比例代表二二六議席の論拠を政権選択論から地方配慮論へと置き換えた[12]。しかし注意すべきは、この答弁でも政権選択の重視が撤回されているわけではないことである[13]。実のところ、細川は地方配慮論を採用したが、かといって政権選択の重視を撤回したことは一度もなかったのである[14]。地方配慮論も所詮は小細工にすぎず、政権選択論の勝利を覆すものではなかった。そもそも、誰にも気づかれないような論拠では、現実政治において力を持つはずなどない。その後、政権選択論は並立制の主たる思想的基礎になり、総選挙イコール政権選択選挙という観念が定着していくことになる。

小括

本章では、第一二八回国会の国会審議を詳細に分析してきた。本章で見たように、細川は当初、自民党が提起する政権選択論をまったく理解していなかった。しかし、第一次細川・河野会談＝第一次修正の際、突如として自民党の政権選択論を援用した。細川はすぐさま地方配慮論を採用したものの、この小細工も政権選択論の勝利を覆すものではなかった。守勢に回った細川が悪手に悪手を重ねた結果、政権選択論は、丸山眞男の言葉を借りれば「ズルズルべったりの」（丸山 1961: 11）勝利を収めたのである。

成田憲彦は「なぜ成立した政治改革案は、第八次選挙制度審議会案に回帰したのか。建前論からすれば、国民による直接の政権選択を可能にする選挙制度という側面が重視されたからということになろう。しかし政治改革の過程論からすれば、その直接の契機は与党社会党の一部も加担した参議院本会議での四法案の否決にあったことは言うまでもない」と述べている（成田 1997: 56）。しかし、細川や成田の意図では「政権選択」が「建前論」であったとしても、政権選択論が並立制の主たる思想的基礎になり、衆議院議員総選挙は政権選択選挙であるという観念が広まっていったのである。[15]

さて、こうした「政治改革」の政治思想史的再解釈から、我々はどのような課題を引きだすことができるであろうか。すでに見たように、細川は政権選択論に的確に反論できなかったどころか、それを援用していた。細川夫人は「細川は理屈は大嫌いな人で、行動、実践をしていくひとです。行動で人を説得するタイプですから、議論なんかしても何にもならないし、時間の無駄だと思っているひとなのです（笑）」（細川 1994: 185）と語っているが、そうした細川の性格も災いしたのであろう。[16] だが、すでに見たように、当時の代表的な比例代表制論者である石川真澄でさえ、政権選択論に的確に反論できていたとは言いがたい。仮に細川が周到に準備していたとしても、自民党の政権選択論を退けることは難しかったであろう。

注

（1）首相秘書官（政務）を務めた成田憲彦は、小説『官邸』を著している（成田 2002）。消費税増税という設定のフィクションであるが、細川内閣期の舞台裏のイメージをつかむのに有益であろう。

（2）佐藤観樹によれば、山花貞夫の政治改革担当大臣室は佐藤自治大臣室の隣に作られ、「ドア一つで行き来ができる」ようになっていた。そして、「ほとんど毎日、私も〔山花大臣や選挙部長などの〕中に入って、山花大臣と一緒に法案の作成作業を行った」という（佐藤 1995: 28–29）。

（3）中北浩爾は、日本新党、新党さきがけ（武村正義を除く）、社会党が選挙制度改革に熱心ではなく「固い信念」も「十分な戦略」も持たなかったとし、それに起因する「弱さ」のせいで自民党に譲歩することを余儀なくされたと解釈している（中北 2012: 58–59）。三党を十把一絡げにすることはできないであろうが、細川が譲歩した要因の一つではあったように思われる。

（4）ただし細川護煕は、公明党の太田昭宏の質疑に答えて「政権選択も民意の反映の一つのあり方であろう、このように私も思っております」とも述べている（衆委 1993/10/18: 6）。

（5）なお、細川護煕は自民党の大島理森の同様の質疑にたいしても「ちょっと私、御質問の趣旨がよくわからないので、ちょっともう一遍、恐縮ですが」と答えている（衆委 1993/10/18: 25）。

（6）石破茂は宮澤内閣不信任決議案に賛成し、一九九三年総選挙では無所属で立候補し当選したが、九三年七月二九日に自民党会派入りが認められた（『朝日新聞』一九九三年七月二九日夕刊）。

（7）『細川内閣総理大臣演説集』には、第二次細川・河野会談後の記者会見は収められているが、第一次細川・河野会談後の記者会見は収められていない。

（8）『読売新聞』では、一票の格差（較差）が一・八二倍になるとされているが、おそらく一・八六倍のほうが正しい数字なのであろう。『朝日新聞』だけでなく『毎日新聞』でも、修正案の一票の格差は一・八六倍になると報じられているし、『朝日新聞』では、一票の格差が一・八二倍になるのは自民党案であるとされているからである。

（9）この説明は奇妙である。小選挙区を増やす論拠にはなりえても、当時選択肢に上っていた小選挙区二七五議席、二八〇議席、三〇〇議席ではなく二七四議席にする論拠にはなりえないからである。二七四という数字を正当化するためには、たとえば一人別枠方式を持ちだすこともできたであろう。政府原案も自民党案も、各都道府県の小選挙区議席数については、各都道府県に一議席を配分した後、残りの小選挙区議席数を各都道府県に比例的に配分する方式を採用していた（衆委 1993/10/14 (2): 33, 74）。この一人別枠方式との整合性を保つために小選挙区の数を二七四議席に変更したと説明することもできたであろうし、そのほうが説得力を持ったであろう。

（10）このほか「適切」という文言が「妥当」という文言に変更されているが、この変更にはおそらく深い意味はないのであろう。なお、引用した箇所以外の討論では、山崎広太郎は長い前置きを追加したほか、三原朝彦の討論を下敷きにしつつ若干の変更を加えている。

（11）なお、社会党の上野雄文への答弁では「地方への配慮など」としている（参本 1993/11/26: 26）。

（12）参議院政治改革特別委員会の討論（公明党の白浜一良）や参議院本会議の討論（民主改革連合の中村鋭一）では、自民党への配慮という曖昧な表現に変更されている（参委 1994/1/20: 3; 参本 1994/1/21 (1): 4）。

（13）それどころか、細川護熙は依然として政権選択を重視しつづけていたと解釈できるかもしれない。細川は「小選挙区と比例代表のそれぞれの持つ特性を相互補完的に生かしていくという原案の基本的な考え方も原則的には維持されている」としている。「原則的には」ということは、裏を返せば「原案の基本的な考え方」とは若干の相違があることを示唆している。そうした若干の相違があるとすれば、政権選択の重視を措いてほかにはないであろう。

（14）細川護熙は九四年一月一〇日の参議院政治改革特別委員会において、共産党の立木洋の質疑に答弁し、衆議院議員総選挙における政権選択の重要性を強調している。たしかに、民意反映を重視する共産党への応答として政権選択の重要性を強調したにすぎないと解釈することもできるであろう。しかし、立木が「これまでの首相の答弁の内容と若干変わってきたようなニュアンスに私は今聞いたんですけれどもね」と述べたように、細川が以前に比べて政権選択を重視するようになったと解釈することもできるであろう（cf. 参委 1994/1/10: 25–26）。

（15）ここで私は、「首相である細川護熙が次第に政権交代を実現させるための改革という立場（政権選択論）に傾斜し、それが小選挙区の割合を高める形での自民党との妥協につながった」（待鳥 2020: 113）と言いたいのではない。すでに述べたように、細川が小選挙区の割合を増やす決断をしたのは、自民党の分裂を誘おうとしたからであろう。そして政権選択論の援用は、そうした策略を糊塗するためのものだったのであろう。ここで私が描いてきたのは、細川が政権選択論を援用したがために小選挙区制を柱とする並立制が勝利したという因果関係ではなく、政権選択論が並立制の思想的基礎になったという事実関係なのである。

（16）　細川護煕に関して、ジャーナリストの真神博は、細川には「よきに計らえ体質」があると分析する（真神 1994: 155–156）。「それぞれが細川に自分の正当性を訴える。それを細川がとりあえずは聞きおく。ところが確固たる基準がない。だから自分の発言や政策が右に左に揺れる」（真神 1994: 155）。日本新党にいた小沢鋭仁は、細川は自分の意見をはっきり言ってその責任を取ることはしないし、それと関連して、権力のある人を見定めて行動すると分析している（小沢 1994: 110–113, 121）。

第三章　「政治改革」の帰結

第一節　問題設定

本章では、「政治改革」が現代日本の政党システムに及ぼした影響を分析することにしたい。周知のように、衆議院の選挙制度が並立制になった後、政党システムの二大政党制化が進行し、二〇〇九年に政権交代が起こった（中北 2012: 107–111）。「政治改革」は、デュヴェルジェの法則の通り、現代日本の政党システムに大きな変化をもたらした。モーリス・デュヴェルジェによれば、小選挙区制（相対多数代表制）は二大政党制をもたらす傾向があり、比例代表制は多党制を、小選挙区二回投票制（絶対多数代表制）は連合型の多党制をもたらす傾向がある（Duverger 1986: 70 = 1998: 244–245）[一]。しかし、並立制がいかなる政党システムをもたらすかは自明ではない。中欧・東欧のポスト共産主義諸国の小選挙区比例代表混合制を分析したダニエル・ボクスラーは、混合制の下では政党システムの流動性が高く、並立制の帰結を予測するのは難しいとしている（Bochsler 2009: 756）。現代日本においても、二〇〇九年総選挙までは二大政党制化が進行していたが、二〇一二年以降の総選挙では自民党＝公明党が勝利し続けており、現代日本の政党システムは二大政党制化から逆行している。それでは、現代日本では、いかなる政党システムが成立しているのであろうか。そこでは、いかなる帰結が生じているのであろうか。

マスメディアでは、現代日本の政党システムは「一強多弱」と規定されることが多い。共同通信の川上高志は『検証 政治改革――なぜ劣化を招いたのか』（二〇二二年）において、「政治改革」の帰結を包括的に分析し、抜本的な政治改革の議論を始めることを提唱している。川上によれば、並立制のせいで野党が大きな勢力にまとまろうとする結果、政党の理念・政策が曖昧になり、有権者の選択肢は実質的に狭まっている。それ以外にも、自民党総裁・首相に権力が集中し、政治家も「小粒化」している。(2) また、得票率と議席率が乖離し「一強」ないし「一強多弱」になっている。こうした事態を打開するためには、民意反映を重視した選挙制度改革を検討すべきである。また、公職選挙法改正、政党改革、国会改革、政官関係改革など幅広い政治改革も検討すべきだというのである（川上 2022）。

政治学者のなかにも、現代日本の政党システムを「一強多弱」と規定する者が少なくない（久保谷 2016: 2; 山本 2021b: 203, 210, 235. cf. 境家 2023: 275）。五五年体制下の一党優位政党制が復活しているとする見解もある（山田 2017: 第六章; 境家 2023: 277–278, 281–284）。これにたいして、中北浩爾は『自公政権とは何か――「連立」にみる強さの正体』（二〇一九年）において、政治学者が中小政党の役割を軽視してきたことを批判し、自民党単独ではなく自民党＝公明党の「強さ」を指摘している。中北によれば、自公両党の政策距離は大きいが、それにもかかわらず自公政権は持続している。政策距離が大きいがゆえに、政策の包摂性・柔軟性が増していることも、連立政権の持続性にプラスに作用している。だが、政策距離の大きさが自公の対立、ひいては政権の瓦解をもたらさなかったのは、両党が政策調整の仕組みを確立してきたからである。それ以上に重要なのは、双方にとってメリットとなる緊密な選挙協力を築きあげてきたことである。他方、野党は分裂したままであり、現代日本の政党システムは「一党優位に近い二ブロック型多党制」（中北 2019: 99）になっているというのである（中北 2019）。

こうした中北の現状分析は的確であろうが、「一党優位に近い二ブロック型多党制」という概念は、非自民勢力の不十分なブロック形成（中北 2019: 110）、野党の分裂状況（中北 2019: 357–359）という現状をうまく表現するようにはみえない。また、政治学で定着しているジョヴァンニ・サルトーリの政党システム論ともうまく接合しない。自公連立と野党分裂という状況を示すためには、一党優位政党制の変種としての一連合優位政党制と概念化したほうがよいのではないだろうか[3]。そこでは、ヘゲモニー政党制とは異なり、政権交代が憲法上保障されているが、自民党＝公明党の政党連合の力が強いため、事実上、政権交代が起こりにくくなっているからである。

本章では、こうした研究状況を踏まえ、「政治改革」の帰結、特に政権選択と民意反映に与えた帰結を分析することにしたい[4]。まず、並立制の基本的仕組みが維持されていること、政権選択選挙という観念が日本政治に定着していることを確認する（第二節）。そのうえで、現代日本の政党システムが自民党と民主党の二大政党制化を経て自民党＝公明党の一連合優位政党制へと変貌し、政権選択も民意反映も困難になっていると論じたい（第三節）。

第二節　政権選択選挙

1　並立制の仕組み

まず、衆議院で採用された並立制の仕組みを確認しておくことにしたい（参議院の選挙制度については、第七章第三節第一項を参照）。「政治改革」により、衆議院の総定数五〇〇議席（現在は四六五議席）のうち、三〇〇議席（現在は二八九議席）を小選挙区で選出し、二〇〇議席（現在は一七六議席）を比例代表で選出するようになった。候補者は小選挙区または比例代表に立候補することもできるが、小選挙区と比例代表に重複立候補することもできる。供託の金額は、小選挙区に立候補する場合には三〇〇万円、比例代表に立候補する場合には一人あたり六〇〇万円であるが、重複立候補する場合には九〇〇万円ではなく六〇〇万円である（公職選挙法第九二条）。

有権者は投票日または期日前投票期間に、指定された投票所において、郵送された投票所入場券で本人確認を済ませた後、小選挙区用の投票用紙に候補者一人の名前を書いて投票する。次に、有権者は比例代表用の投票用紙に政党名を書いて投票する。（特定枠付の）非拘束名簿式を採用している参議院の比例代表とは違い、拘束名簿式を採用している衆議院の比例代表では、有権者は候補者名を書くことができない。

投票締め切り後直ちに開票作業がおこなわれる。小選挙区では、選挙区で最も得票数の多かった候補者が当選者となる。有効投票総数の過半数を要しない相対多数代表制である。ただし、当選者となるためには、その小選挙区の有効投票総数の六分の一以上を獲得しなければならず、どの候補者も法定得票数に達しなかった場合には再選挙となる（公職選挙法第九五条第一項第一号、第一〇九条第一号）。他方、比例代表では、各ブロックにおける各政党の得票数を議席数に変換するために、ドント式を使用する。すなわち、各政党の得票数を自然数（一、二、三、……）で割っていき、その数字（商）の大きい順に議席が配分される。議席の配分は、当該ブロックの定数が埋まるまで続く。そして、各政党の候補者名簿の順位に従って当選者が決定するのである。

このように、小選挙区の議席と比例代表の議席を別々に配分するのが、並立制と呼ばれる所以である。ただし、すでに述べたように、候補者が小選挙区と比例代表に重複立候補することも可能である。その場合、小選挙区で当選していれば小選挙区での当選者となるが、小選挙区で落選しても比例代表で「復活当選」する可能性がある。小選挙区で当選した重複立候補者を除いて、名簿順位が上の者から当選者となるからである。ただし、重複立候補する際、名簿順位を同一順位にすることも可能である。その場合、比例代表での「復活当選」の優先順位は、惜敗率によって決定することになる（公職選挙法第九五条の二第三項）。惜敗率とは、候補者が小選挙区でどれくらい惜しい負け方をしたかを示す数字である。惜しい負け方を客観的に測定するために、小選挙区で落選した候補者の得票数を、その小選挙区で当選した候補者の得票数で割り、この数字（惜敗率）が一に近い候補者ほど、惜しい負け方をしたと見なす。名簿順位が同一である場合には、この惜敗率を比べて、数字の大きい候補者、すなわち惜しい負け方をした候補者を優先的に「復活当選」させていくのである。

当初の投票方法は、投票用紙に印刷された候補者名や政党名の上に丸印を付ける記号式だったが、一九九五年の公職選挙法改正により、候補者名や政党名を手書きする自書式に変更された（cf. 原 2012a: 2–5）。そのため、どの候補者・政党に投票したのかが判然としない票も出やすくなり、その場合には票が案分されることになる。候補者Xに投票したのか候補者Yに投票したのかが判別できない票がある場合、その票はXとYに〇・五票ずつ均等配分されるのではなく、候補者Xの得票数と候補者Yの得票数に比例して比例配分されるのである。たとえば、候補者Xが候補者Yの二倍の得票数だった場合、案分票の三分の二が候補者Xに、案分票の三分の一が候補者Yに行くわけである。

以上の基本的な仕組みは維持されているが、その後、幾つかの制度改革がなされている[5]。第一に、「復活当選」のための法定得票率が設けられた。一九九六年総選挙で、小選挙区で有効投票総数の一〇分の一を獲得できずに供託金が没収された社民党の保坂展人が比例代表で「復活当選」した。こうした事態を受けて、二〇〇〇年に公職選挙法が改正され（公職選挙法第九五条の二第六項）、有効投票総数の一〇分の一を獲得できず、供託金没収になった候補者は「復活当選」できなくなったのである（cf. 原 2012b: 26–34）[6]。

第二の制度改革は、より大きな改革であるが、小選挙区定数と比例代表定数がそれぞれ削減されたことである。二〇〇〇年には比例代表定数が二〇議席削減され、小選挙区定数は三〇〇議席、比例代表定数は一八〇議席、総定数は四八〇議席になった（cf. 岡﨑／篠原 2010）。二〇一四年には、小選挙区における一票の格差を是正するために小選挙区定数が五議席削減され、小選挙区定数は二九五議席、比例代表定数は一八〇議席、総定数は四七五議席になった。さらに二〇一七年には、小選挙区が六議席削減されるとともに比例代表も四議席削減され、小選挙区定数は二八九議席、比例代表定数は一七六議席、総定数は四六五議席という中途半端な数字になっている。こうして、総定数に占める比例代表定数の割合は、当初の四〇%から三七・八%へと低下している。

第三の制度改革は、二〇一六年の法改正（衆議院議員選挙区画定審議会設置法及び公職選挙法の一部を改正する法律）により、各都道府県内の小選挙区の数を計算する方式と、各ブロックの定数を計算する方式が、最大剰余式からアダムズ式へと変更されたことである（cf. 原 2024: 23–30）。その契機となったのは、一人別枠方式に合理性はないとして、二〇〇九年総選挙における一票の格差を違憲状態であるとした最高裁判決（二〇一一年三月二三日）である。[7] 一人別枠方式とは、小選挙区を各都道府県に配分する際、四七議席を各都道府県に配分した後、残る議席を各都道府県に配分する仕組みである。佐藤観樹・自治大臣が答弁したように「小さい県への配慮」をするための仕組みだが（衆委 1993/10/26: 18）、一票の格差が生じやすくなる。二〇一一年最高裁判決を受けて、二〇一二年に一人別枠方式が廃止された。その後、衆議院議長の諮問機関である「衆議院選挙制度に関する調査会」（佐々木毅・座長）が一人別枠方式を廃止した後の議席配分方式を比較検討し、アダムズ式の導入を提言した。アダムズ式では、各都道府県の人口をある変数で割り、小数点以下は切り上げる。その合計が議席数と同じになるように変数を調整するのである（衆議院選挙制度に関する調査会 2016. cf. 品田 2016; 岩崎 2021: 第五章）。アダムズ式は二〇二二年の公職選挙法改正で採用され、いわゆる「十増十減」が実施されている。

2　政権選択選挙

並立制の主たる思想的基礎である政権選択論は、総選挙を重ねるにつれて、広く定着するようになった。すでに一九九六年総選挙において、加藤紘一・自民党幹事長が総選挙を「政権選択のための戦い」と位置づけていたが（『朝日新聞』一九九六年一〇月七日朝刊）、総選挙イコール政権選択選挙という観念が広まったのは、民由合併（民主党と自由党の合併）後の最初の総選挙である二〇〇三年総選挙であろう。『朝日新聞』で「政権選択」を本文または見出しに含む記事は、一九九六年には一八件、二〇〇〇年には六七件にとどまっていたが、二〇〇三年には六〇八件に跳ねあがったのである。同じ傾向は『読売新聞』でも見られる（図3－1）。

二〇〇三年総選挙において政権選択選挙という観念が広まった背景には、一つには、菅直人を代表とする民主党が、小泉純一郎を総裁とする自民党に対抗しうる政党に成長していたことがある。しかしそれだけではなく、最大野党の民主党、そして連立与党の自民党と公明党が「政権公約」（マニフェスト）を掲げて総選挙に臨んだことも大きな要因である（ただし、自民党は「政権公約」という言葉は使用したが、「マニフェスト」という言葉は使用しなかった）。

こうしたマニフェスト選挙を強力に推進したのが、政治改革推進協議会（民間政治臨調）の後継団体である新しい日本をつくる国民会議（21世紀臨調）である。21世紀臨調は「政権公約（マニフェスト）に関する緊急提言」（二〇〇三年七月七日）を公表し、総選挙では各候補者が抽象的な「選挙公約」を提示するのではなく、政党や政党連合が具体的な「政権公約（マニフェスト）」を提示するように、すべての政党に提言したのである。同提言によれば、

われわれの考えるマニフェストとは、政党が政権任期中に推進しようとする、政権運営のための具

図3-1　「政権選択」を含む新聞記事の数

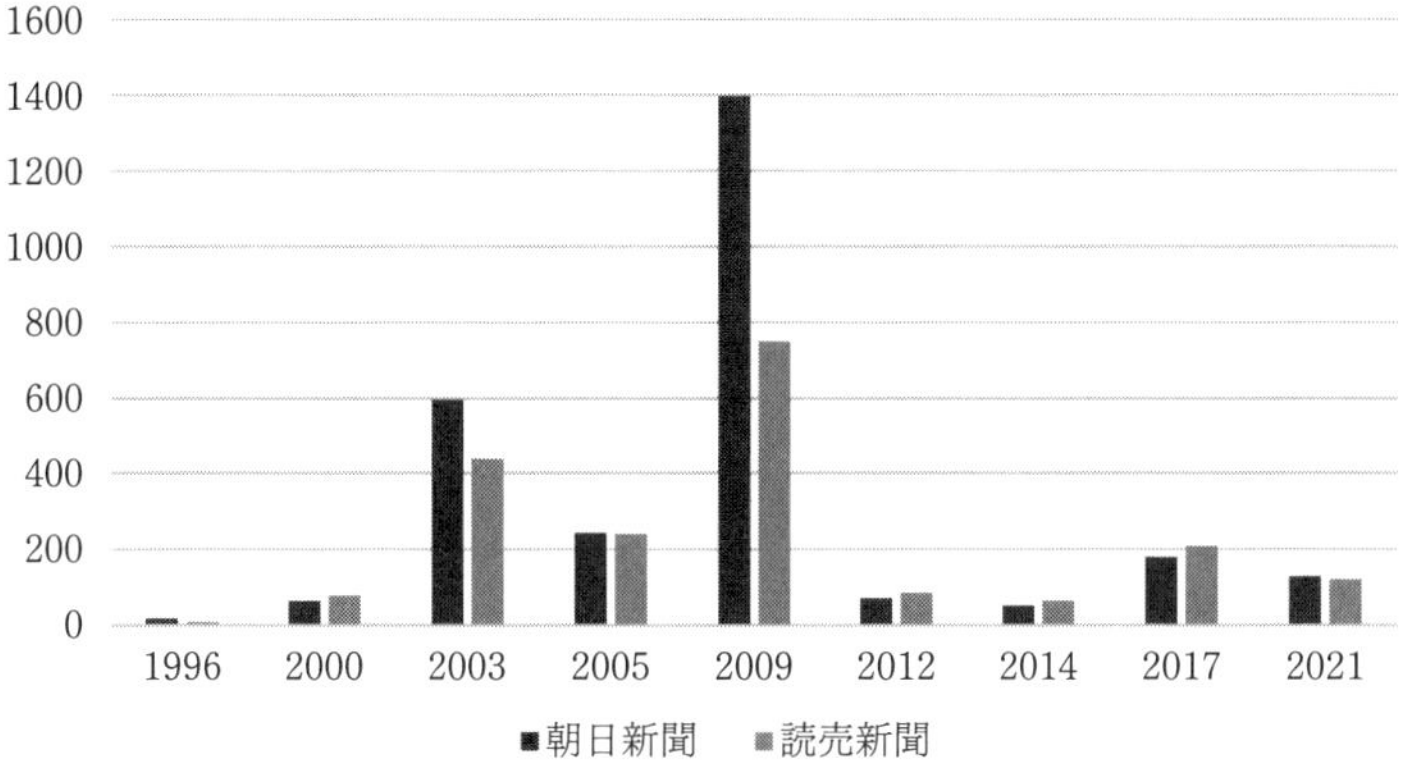

注：朝日新聞記事は「朝日新聞クロスサーチ」，読売新聞記事は「ヨミダス歴史館」で検索した。検索ワードは「政権選択」であり，検索期間は総選挙のあった年の1月1日から12月31日である。朝日新聞では「朝日新聞」のみを検索対象とし，「見出しと本文と補助キーワード」で検索し，読売新聞では「平成・令和検索」で「全文検索」をおこなった。

体的な政策パッケージのことであり、①検証や評価が可能であるような具体的な目標（数値目標、達成時期、財源的な裏づけ等）、②実行体制や仕組み、③政策実現の工程表（ロードマップ）をできうるかぎり明確なかたちで示した、「国民と政権担当者との契約」にほかならない。（新しい日本をつくる国民会議（21世紀臨調）2003: 4）

21世紀臨調は、マスメディアに政権公約（マニフェスト）を精査する報道を求めるとともに、冊子体のマニフェストを頒布できるように公職選挙法を改正することも求めた。すでに北川正恭・三重県知事がローカル・マニフェストを公表し、地方政治におけるマニフェスト運動を牽引していたが、21世紀臨調の尽力もあり、二〇〇三年に公職選挙法が改正された。その結果、補欠選挙を除く国政選挙において選挙運動期間中に冊子体のマニフェストを頒布することができるようになったのである（cf. 佐々木

2013)。

これに関連して、中北浩爾は、「マニフェスト選挙」と呼ばれた二〇〇三年総選挙を契機として、シュンペーター的な「エリート競争型デモクラシー」がダウンズ的な「市場競争型デモクラシー」に取って代わられたと解釈している。中北によれば、「エリート競争型デモクラシー」とは「政治的リーダーシップを可能とする安定した政府をもたらす」として小選挙区制を擁護するモデルであり、小沢一郎が提唱したものである（中北 2012: 14, 37–40)。他方、「市場競争型デモクラシー」は「有権者が合理的に投票行動を行うには、政権を構成する政党と政策を直接的に選択できなければならない」として小選挙区制を擁護するモデルであり、民間政治臨調＝21世紀臨調が提唱したものである（中北 2012: 14, 26, 96–97)。こうした「エリート競争型デモクラシー」から「市場競争型デモクラシー」への転機となったのが、二〇〇三年総選挙におけるマニフェストの導入だったというのである（中北 2012: 14)。

たしかに、政治改革推進協議会（民間政治臨調）と新しい日本をつくる国民会議（21世紀臨調）は、政権選択論の普及に大きな役割を果たした（cf. 新しい日本をつくる国民会議（21世紀臨調）編 2002: 115–116)(8)。しかし、第一章と第二章で見たように、並立制はそもそも「政権選択」を主たる思想的基礎としていたのであり、総選挙イコール政権選択選挙という観念は民間政治臨調＝21世紀臨調の発明品ではない。それゆえ、二〇〇三年総選挙の前と後は、断絶したものとしてではなく連続したものとして解釈しなければならないであろう。

しかし同時に、民間政治臨調＝21世紀臨調が総選挙イコール政権選択選挙という観念を定着させるとともに、政権選択に首相や与党の選択だけでなく政策の選択も含まれることを明確にしたのも確かである。民間政治臨調は、すでに「総選挙にむけての緊急アピール」（九六年一〇月一日）において、政権選択を「政権の選択」、「首相の選択」、「政策の選択」に分節化していた（政治改革推進協議会（民間政治臨調）1996: 1）。その延長線上に、民間政治臨調はイギリス発のマニフェストを受容したのであろう。たしかに、第一二八回国会においても「政策」選択という理念がなかったわけではないが、付随的であったことは否めない（衆本 1993/10/13: 9, 20–21; 衆委 1993/10/19: 9–10; 衆委 1993/10/28: 24; 衆委 1993/11/5: 5）。それゆえ、民間政治臨調＝21世紀臨調によるマニフェスト選挙の推進と、二〇〇三年総選挙以降におけるマニフェスト選挙の定着が「政権選択」概念を拡張したといえるであろう。

さて、中北が指摘したように、民間政治臨調が政権選択論を採用するようになり（中北 2012: 90–97）、現代日本の政党政治を思想的に支える役割を果たしてきた。前述の「総選挙にむけての緊急アピール」によれば、「今回の総選挙は、これまでの政治、行政、経済、社会、教育等の諸々のシステムが行き詰まりを見せている中での選挙であり、二〇世紀の日本を総括し、制度・政策の両面で「二一世紀への準備」を担う「政権を選択する」歴史的な意義をもつ」（政治改革推進協議会（民間政治臨調）1996: 1）。また、「構造改革を担う新しい政党と政治のあり方」（九七年五月三一日）によれば、現代日本の民主主義は「比例代表制型民主主義ゲーム」から「小選挙区制型民主主義ゲーム」へと転換している。そこでは、有権者は総選挙を通じて「二大政党ないし二大勢力（選挙連合）」を直接選択することができる。しかしそのためには、「政党は、事前に明確で信頼性のある政権構想（政権政策と首相候補）を明示し」なければならない（政治改革推進協議会（民間政治臨調）1997: 2, 5–7）。民間政治臨調を引き継ぐ21世紀臨調も、こうした政権選択論を堅持した（佐々木／21世紀臨調編著 2013: 第一部第二章）。後の議論との関連で、政権選択可能な政党システムとして「二大政党ないし二大勢力（選挙連合）」（政治改革推進協議会（民間政治臨調）1997: 5）や「二大政党なり二大ブロックの政党配置」（佐々木／21世紀臨調編著 2013: 39）が想定されていることに注意を喚起しておきたい。

もう一つ触れておくべきは、小泉政権期に「首相公選」がアジェンダに上ったことである（cf. 弘文堂編集部編 2001; 小田 2001; 大石ほか編著 2002）。首相公選論とは、大統領制や自治体の首長公選制のように、有権者が首相を直接に選択できるようにする構想である。中曽根康弘がすでに一九六〇年代に提唱していたが、小泉純一郎も「政治改革」期に首相公選制を提唱し（小泉 1996: 87-92）、九三年二月二三日に発足した「首相公選制を考える国会議員の会」（山崎拓・会長）に参加した。九三年の『読売新聞』世論調査（一九九三年四月八日朝刊）や『毎日新聞』世論調査（一九九三年四月二七日朝刊）では、首相公選制に賛成する回答者は過半数に達していた（cf. 待鳥 2020: 29）。小泉政権期に首相公選論が浮上した直接的な背景は、二〇〇〇年四月に小渕恵三首相が病に倒れた際、青木幹雄・官房長官をはじめとするいわゆる五人組が後継の総理・総裁候補者として森喜朗を決めたことであった。文字通り密室で決めたことにたいする国民の不満は大きかった(9)。こうして、森喜朗に続く小泉純一郎首相の私的諮問機関として「首相公選制を考える懇談会」（佐々木毅・座長）が設置され、二〇〇一年七月一三日に初会合が開かれたのである。

同懇談会の報告書（二〇〇二年八月七日）によれば、首相公選論は、国民のあいだにある二つの不満に対応するものであった。第一は、首相は形式的には国会によって指名されるが、実質的には「国民のあずかり知らぬところで、あるいは国民の手の届かないところで」決定されているという不満である。

第二は、首相の指導力（リーダーシップ）が弱いという不満である。懇談会は議論を重ね、次の三つの案を示した。第一案は、国会ではなく国民が首相・副首相を直接選挙で指名する大統領制型である。第二案は、憲法に政党条項を加えて国民が首相候補者選出に参加できるよう政党に義務づけるとともに、衆議院の選挙制度を二回投票式小選挙区制などに改革する議院内閣制型である。そして第三案は、第一案や第二案とは違い憲法改正はせずに、党首選出を広く国民に開放するよう政党に求める案である（大石ほか編著 2002: 156–193）。

こうした首相公選論は、しかし、急速に萎んでいった。実のところ、報告書が出された二〇〇二年八月七日の夕刊で『朝日新聞』は「首相公選制の論議自体、下火になっており、早急に政治課題となることはなさそうだ」と報じていた。現在、日本維新の会が首相公選制の導入を掲げているが（日本維新の会 2022）、他の政党は沈黙を守っている。それゆえ、首相公選制はマニフェストとは違い、日本政治に定着したとはいえない。しかし、首相公選論もまた「政権選択」概念の強化に一役買ったように思われる。たしかに、首相公選論と政権選択論とのあいだには根本的な相違がある。首相公選論（特に第一案）は、議院内閣制を大統領制化する憲法改革を通じて、有権者による首相の選択を可能にしようとするが、政権選択論は、議院内閣制の枠内での選挙制度改革を通じて、有権者による首相の選択を可能にしようとするからである（高橋 2006: 103）。しかし、首相公選論が有権者による首相の選択を打ちだした結果、「首相」選択が政権選択における重要な要素として明確化するようになったことは見逃せない。マニフェストが有権者の「政策」選択を強化するものだったとすれば、首相公選論は有権者の「首相」選択を強化するものだったといえるであろう。

第三節　一連合優位政党制の帰結

1　一連合優位政党制

並立制の導入後、小党を伴いつつも、二大政党制化が進行した。一九九六年総選挙後、小沢一郎率いる新進党が瓦解し、鳩山由紀夫と菅直人率いる民主党が野党第一党の地位を占めるようになった。一九九八年四月、すでに統一会派を組んでいた諸政党が民主党に合流すると、新しい民主党は二〇〇〇年総選挙において一二七議席を獲得し、野党第一党の地位を確たるものにした。そして、二〇〇三年九月に小沢一郎率いる自由党が民主党に合流すると、二〇〇三年総選挙でも民主党は躍進し、一七七議席を獲得しただけでなく、比例代表では自民党を上回ったのである。「小泉旋風」が巻き起こった二〇〇五年総選挙（郵政選挙）では一一三議席へと後退したものの、二〇〇九年総選挙において民主党は三〇八議席を獲得し、社民党や国民新党とともに民主党を中心とする連立政権を樹立した。この時期の政党システムは、純粋な二大政党制ではなく、「穏健な二大政党制」といえるかもしれない（野中 2011: 268）。

しかし、民主党を中心とする連立政権は長くは続かなかった[10]。鳩山由紀夫、菅直人、野田佳彦と首相が目まぐるしく交代した後、二〇一二年総選挙で民主党はわずか五七議席しか獲得することができず、自民党＝公明党が政権の座に返り咲いたのである。二〇一四年総選挙でも海江田万里率いる民主党は七三議席と低迷し、代表は岡田克也に交代した。二〇一六年三月、岡田克也率いる民主党は維新の党の一部を迎え入れて、党名を民進党へと変更した。その後、代表は蓮舫、前原誠司と交代し、二〇一七年総選挙直前、前原率いる民進党は、同党の衆議院議員立候補予定者が民進党を離党して、小池百合子率いる希望の党から立候補することを決定し、そこから排除された枝野幸男が立憲民主党を結成した。二〇一七年総選挙では立憲民主党が五五議席を獲得し、野党第一党の地位を占めた。その後、希望の党は民進党とともに国民民主党を結成したが、同党の支持率は低迷し、二〇二〇年九月、立憲民主党は国民民主党の多数派とともに、新しい立憲民主党を結成した。二〇二一年総選挙では、枝野幸男率いる立憲民主党は日本共産党などとの「野党共闘」に成功したが、日本維新の会などが台頭したこともあり、議席を減らすことになった。[11] 二〇一二年一二月から二〇二〇年九月まで第二次安倍政権が続いた後、首相は菅義偉、岸田文雄へと交代したが、自民党＝公明党が一貫して政権の座に就いている。こうして、政権交代可能な二大政党制の実現にはほど遠いのが現状である。並立制では「振り子現象」の振幅が大きく、政治家（〇〇チルドレン）が経験を積みにくいという批判が喧しかった時期もあるが（読売新聞政治部編著 2014: 61–65）、現在では、むしろ議席の固定化が目立つようになっている。

こうした政党システムの不安定性が、小選挙区と比例代表を含む並立制に起因することは、多くの政治学者が指摘するところである。たとえば待鳥聡史は、並立制は大政党の分裂を促進するとともに、「票の掘り起こし」のために小政党が小選挙区で候補者を擁立するのを促進するとしている（待鳥 2020: 123–124）。山本健太郎は、並立制では野党は大同団結しなければ選挙に勝てないが、大同団結すれば分裂のリスクを抱え込むことになるとしている。山本によれば、並立制では第三極の小政党にも議席を獲得する余地があるため、二大政党が「弱含み」であれば、次の選挙で生き残るために、新党を結成する議員が現れる。その後、二大政党の一つが態勢を立て直せば、野党が大同団結し、党内に路線対立を抱え込むことになるというのである(山本 2021b: 212-215. cf. 山本 2021a)。濱本真輔も、並立制では小選挙区制があるため政党の合併・連携という「求心力」が作用するとともに、比例代表制があるため独自路線の採用という「遠心力」も作用するとしている(濱本 2022: 197-199)。

自民党と公明党は長らく連立政権を形成し、切り離しがたくなっている。たしかに、両党のあいだには理念・政策上の違いがあり、時に対立が生じることもある。しかし、両党にとって選挙協力は死活的に重要であり、そう簡単には連合関係を解消しそうにない。自公政権を分析した中北浩爾によれば、自民党も公明党も、小選挙区における選挙協力(候補者調整と相互推薦)によって、小選挙区での当選者数を大幅に増やしている。[12] 加えて、公明党にとっては、小選挙区で自民党に協力する見返りに、比例代表では自民党支持層から一定の得票を期待することもできる。こうした自民党=公明党の選挙協力が有効なのは、自民党も公明党も固定票を持っており、しかも、自民党の個人後援会が農村部で強く、公明党の支持母体の創価学会が都市部で強いため「相互補完性が極めて高い」からである。加えて、地域社会において自民党の支援者と創価学会の学会員の融合が進んでいることも見逃せない(中北 2019: 第七章)。このように考えれば、中北が言うように、「自公政権は、一般に考えられている以上に安定的」だといえるであろう(中北 2019: 346)。

他方、野党の側では「権力という接着剤」(石川/山口 2021: 191)がないため、中小政党に分裂している。たしかに、並立制には小選挙区があるため、野党同士が手を組む誘因が作用する。事実、二〇〇三年には自由党が民主党に合流し(民由合併)、二〇〇九年の政権交代につながった。二〇一二年総選挙の後も、民進党への合流や立憲民主党への合流が生じた。しかし、そこにはジレンマが存在する。石川真澄と山口二郎によれば、「自民党に数の面で対抗するためには主義主張を異にする様々な政治家が集まらなければならないが、雑多な政治家が「非自民」という共通項だけで集まれば、その党は政策の不一致で悩むという逆説が、野党を悩ませ続けることになる」（石川／山口 2021: 191）。立憲民主党の場合、リベラルの理念・政策を堅持し、共産党とも連携しようとする党内左派と、理念・政策を中道化し、共産党とは一線を画そうとする党内右派が対抗し、絶えずブレているとの印象を与えてきたことは否めない。

その一方で、並立制には比例代表があるため、大政党にまとまらない誘因も存在する。政党合併どころか、選挙協力ですら容易ではない。並立制では、比例代表における得票率を上げるため、勝ち目のない小選挙区でも候補者を擁立する誘因が作用するからである（cf. Ferrara et al. 2005; 濱本 2022: 198–199）。[13] もちろん、二〇二一年総選挙のように「野党共闘」が成立する可能性もあるが、長年、連立を組んできた自民党と公明党でさえ、二〇二三年に東京都の小選挙区での選挙協力をめぐり確執が生じたことが示しているように、小選挙区の候補者調整は一筋縄ではいかない。

さらに難しいのは、仮に政党間で棲み分けができたとしても、有権者が協力するとは限らないことである。「野党共闘」が成立した二〇二一年総選挙では、共産党支持者の多くが立憲民主党候補者に投票した一方で、少なくない立憲民主党支持者が共産党候補者ではなく他党候補者に投票したことが報告されている（白鳥編著 2022: 151–152）。河村和徳と竹田香織が指摘するように、「選挙における政党連携の効果は、「一足す一は二」になるという単純なものではない。連携を組むことによって獲得できる票もあれば、失われる票もあるのである」（白鳥編著 2022: 231）。「野党共闘」の困難は、並立制の構造的な特質である。

加えて、政党助成制度も小党分立を助長している。政党助成金の要件は、国会議員五人または国会議員一人以上かつ国政選挙得票率二％である（厳密な規定については、政党助成法第二条第一項を参照）。その基準日が一月一日であるため、年末に国会議員五人以上で新党が結成されることも少なくない。山本健太郎の計算では、一二月に結成された「一二月新党」は一八・八％に上る（山本 2015: 484）。このことは、政党助成金が新党結成を促進していることを示している（cf. 山本 2015; 濱本 2022: 200; 濱本 2023; 浅井 2023: 52–53）。また、支持基盤の影響も見落とせない。野党第一党の立憲民主党の左派は共産党とも組もうとし、最大の支持基盤である連合の抵抗にあっている。他方、立憲民主党の右派は国民民主党や日本維新の会との連携を模索する。しかし、国民民主党や日本維新の会はむしろ自民党に接近し、野党ではなく「ゆ党」――与（よ）党と野（や）党のあいだ――ともいえる状態になっている。自民党と公明党の与党連合に比べて、野党各党は、政党の数も多ければ、理念・政策の隔たりも大きいのが現状である。[14]

こうして、自民党＝公明党が強固な政党連合を形成しているのにたいして、野党は中小政党に分裂した状態である。「政治改革」は二大政党制ではなく、一党優位政党制の変種としての一連合優位政党制をもたらしたのである（一党優位政党制から二大政党制化を経て一連合優位政党制へ）。そこでは、政権交代は憲法上保障されているが、自民党＝公明党の政党連合が強い連合を組む一方で、野党は分裂しているため、政権交代・政権選択の可能性が低くなっている。そればかりか、小選挙区制を柱とする並立制のせいで、得票率と議席率の乖離が甚だしく、民意反映も不十分な事態に陥っている。

2 政権選択

すでに見たように、並立制の下では二大政党制化が進行し、二〇〇九年総選挙と二〇一二年総選挙では、有権者が投票によって政権交代を起こした。二〇〇九年にいたる政党システムの変化は、モーリス・デュヴェルジェの言うところの機械的要因と心理的要因によって説明することができるであろう。デュヴェルジェによれば、機械的要因とは、選挙制度の作用により、二大政党以外の政党の議席率が得票率に比べて少なくなり、過少代表になることを意味する。他方、心理的要因とは、二大政党以外の支持者が自身の票が死票になるのを恐れて、二大政党のいずれかに投票するようになることを意味する。これら二つのメカニズムを通じて、小選挙区制（相対多数代表制）では二大政党に収斂しやすくなるというのである（Duverger 1954: 226 = 1970: 248）。

しかし、二〇一二年総選挙の後は自民党＝公明党が政権の座にとどまり、政権交代は起こっておらず、小選挙区制の影響というよりも並立制の影響が強く作用しているように思われる。二〇二一年総選挙では立憲民主党、共産党などの「野党共闘」が実現したが、野党の選挙協力は少なくとも議席のうえでは不発に終わった。その後、「野党共闘」は後退している。現在、立憲民主党と国民民主党の最大の支持基盤である連合は、共産党とは一線を画している（cf. 中北 2022: 381–383）。そのため、「野党共闘」が成立し、政権交代の可能性が生じる展望は見いだせない状況になっている。今後、変化する可能性がないわけではないが、与党の自民党＝公明党が衆議院の三分の二近くの議席を獲得する一方で、野党各党は分裂しているのが現状である。

衆議院全体から小選挙区に目を移してみても、多くの小選挙区では、総選挙前から当選者が事実上判明する無風区になっている。逆転可能性があるのが惜敗率九〇％以上であるとすれば、二〇二一年総選挙では、第一位の候補者と第二位の候補者の得票差が一〇％未満の小選挙区は六〇選挙区であり、二八九小選挙区の二〇・七六％にとどまった。また、自民党＝公明党以外の野党候補者の惜敗率が九〇％以上の小選挙区は三三選挙区であり、一一・四二％にすぎない。(15) 八割ないし九割の小選挙区は、逆転可能性の乏しい無風区ということになる。総選挙は政権選択選挙だと言われても、多くの小選挙区では、有権者は「政権選択」のリアリティーを感じられないに違いない。

こうした議論にたいしては、総選挙を繰り返せば、かつての民主党のように野党が一つにまとまり、イギリスのように政権交代・政権選択が起こると楽観視する人もいるであろう。しかし、日本とイギリスでは選挙制度が異なる。すでに見たように、並立制では、比例代表があるため、小政党が大政党に合併する誘因は大きくはない。それどころか、小選挙区で候補者を擁立したほうが比例代表での得票率が上昇するとされており（cf. リード 2003; 森 2005: 44-47）、小政党が選挙協力せずに、独自の候補者を擁立しようとする誘因が大きい。このように考えると、小選挙区制に比べて並立制の下では、政党合併の誘因だけでなく選挙協力の誘因も小さいといえるであろう。

加えて、日本とイギリスでは、有権者の地理的分布も異なる。イギリスでは、保守党と労働党が強力な地盤を築いた無風区が三分の二ほどあり、残る三分の一ほどが接戦区となっているため、二大政党による政権交代が繰り返された（そのイギリスでもスコットランド国民党などが台頭し、多党制化が進んでいる）。他方、日本では、長富一暁が分析するように、政党支持は全国均等に分布しており、しかも小選挙区の規模が大きく各選挙区が標準化されているため、小選挙区では第一党が有利になる（Nagatomi

2021: 114, 138, 245)。事実、関西地方で躍進している日本維新の会を除けば、多くの小選挙区で自民党＝公明党が地盤を築いており、野党が自民党＝公明党に善戦した接戦区は一割程度しかない。こうした状況では、一部の小選挙区で野党が勝利を収めたとしても、政権交代は起こりにくい。イギリスと日本では、選挙制度だけでなく政党支持の地理的分布も異なっており、小選挙区制を基盤とした政権交代・政権選択という観念は、ある種の幻想にすぎない。

3　民意反映

それでは、並立制の下では民意反映は実現できているのであろうか。たしかに、比例代表制があるため二大政党制になることはなく、小政党であっても衆議院に議席を占めることが可能である。しかし第一に、小選挙区制が柱となっているため、比例代表制による民意反映効果は弱まらざるをえない。小選挙区では、相対多数の票を獲得しないと当選することができないため、大政党に圧倒的に有利である。二〇二一年総選挙では、自民党は比例代表では三四・六六％の得票率だったにもかかわらず、総議席率では五七・一七％を占めた[16]。二〇二一年総選挙における各党の比例代表得票率と議席率を比較すると、自民党が比例代表得票率を大幅に上回る議席率である一方で、立憲民主党はほぼ同じ、それ以外の政党はことごとく議席率が比例代表得票率を下回っているのである（表3－1）。

第二に、比例代表制でもブロック制が採用されているため、大政党に有利に、小政党に不利になっている。たとえば、定数二〇〇議席の比例代表が全国単位だった場合、わずか〇・五％程度の得票率で一議席を獲得することができる。ところが、一〇のブロックに分割されており、各ブロックの定数が二〇

表 3-1　2021 年総選挙における非比例性

	得票数 @比例代表	得票率 @比例代表	議席数	議席率	議席率 (無所属を除く)
自由民主党	19,914,883.000	34.66%	259 (187)	55.70%	57.17%
立憲民主党	11,492,094.722	20.00%	96 (57)	20.65%	21.19%
公明党	7,114,282.000	12.38%	32 (9)	6.88%	7.06%
日本維新の会	8,050,830.000	14.01%	41 (16)	8.82%	9.05%
日本共産党	4,166,076.000	7.25%	10 (1)	2.15%	2.21%
国民民主党	2,593,396.241	4.51%	11 (6)	2.37%	2.43%
NHK と裁判してる党弁護士法 72 条違反で	796,788.000	1.39%	0 (0)	0.00%	0.00%
れいわ新選組	2,215,648.000	3.86%	3 (0)	0.65%	0.66%
社会民主党	1,018,588.000	1.77%	1 (1)	0.22%	0.22%
その他の政治団体	103,393.000	0.18%	0 (0)	0.00%	0.00%
無所属	—	—	12 (12)	2.58%	—
合計	57,465,978.963	100.00%	465 (289)	100.00%	100.00%

注 1：議席数の（　）は，小選挙区で獲得した議席数である（内数）。
注 2：四捨五入しているため，各党の得票率・議席率の合計は必ずしも 100.00%にはならない。
注 3：自民党は投開票日に，無所属の柿沢未途（東京 15 区），田野瀬太道（奈良 3 区）を追加公認した。
出典：http://www.soumu.go.jp/senkyo/senkyo_s/data/shugiin49/ から作成。

だった場合、五％程度の得票率がないと一議席を獲得することができない。実際、一九九六年総選挙の結果で試算した河野武司によれば、ブロック制では一議席も獲得できなかった新党さきがけ、新社会党、自由連合は、全国単位であれば、それぞれ二議席、三議席、一議席を獲得できたであろう。また、自民党、新進党、民主党は、全国単位であれば、それぞれ四議席、三議席、二議席を失ったであろう（河野 2003: 54-55）。ブロック制が大政党に有利に作用し、小政党に不利に作用することは疑いない。

こうして、並立制の下では、大政党の議席率が得票率を上回る一方で、小政党の議席率は得票率を下回っている。小選挙区制の機械的効果と心理的効果、そしてブロック制によって大政党に有利な議席配分になっているのである。

それに関連して、「カレーライスかライスカレーか」と言われたように[17]、二大政党間の政策距離が小さくなっている。小林良彰は『制度改革以降の日本型民主主義――選挙行動における連続と変化』（二〇〇八年）において、自民党候補者の公約と民主党候補者の公約のあいだに大きな相違はなく、しかもそれらが有権者の態度とは乖離しているとする（小林 2008: 128）。とはいえ、二大政党間の政策距離が完全に収斂しているわけではない[18]。谷口将紀は『現代日本の代表制民主政治――有権者と政治家』（二〇二〇年）において、東京大学谷口研究室・朝日新聞社共同調査データに基づいて、二大政党の政策距離が離れつつあることを明らかにしている。谷口によれば、有権者のイデオロギー分布はおおむね正規分布しており、特に右傾化しているわけではないが、二〇〇五年以降の自民党は大きく右傾化している。他方、二〇一二年に下野した後の民主党は、中位投票者を獲得しようとして中道化するのではなく、むしろ左傾化している。「自民党にせよ、民主党にせよ、党勢後退期や下野後に中位投票者に接近して得票極大化を図るという行動様式は、一般化していない」（谷口 2020: 250）。

ところで、「政治改革」期においては、小選挙区では死票は本当は死んではおらず、民意を反映させることができるという言説が見られた。たとえば保岡興治は「小選挙区制では死票が多いと言われるが、イギリスなどでは、たとえば五一票対四九票で当落が決まったとしても、批判票の多さによってその選挙区に常に緊張感がもたらされ、政治にあたって絶えずその批判票を考慮しなければならないから、四九票はそもそも死票ではないとされる」としていた（保岡監修 1990: 82-83）。しかし、すでに見たように、多くの選挙区は無風区になっており、そうした状況では、死票は死んではいないかもしれないが、生きているとも言いがたい。有権者の声に耳を傾けなければ次の総選挙で落選しかねない、という危機感は薄いからである。もちろん、接戦区では事情は異なるであろうが、多くの選挙区が無風区になっている現状では、死票は民意を反映させる力に乏しい。

小括

本章では「政治改革」が政党システムにもたらした帰結を分析し、一党優位政党制が二大政党制化を経て一連合優位政党制に変化していること、一連合優位政党制においては政権選択も民意反映も困難になっていることを明らかにした。並立制を含む小選挙区比例代表混合制は、小選挙区制と比例代表制の「いいとこ取り」（the best of both worlds）をした選挙制度であるという評価もあるが（Shugart and Wattenberg 2001: 595）、少なくとも日本の並立制を見るかぎり、両者の「悪いとこ取り」（the worst of both worlds）をした選挙制度であるといえるであろう（cf. Doorenspleet 2005）。

それでは、現代日本の政党政治が袋小路から抜け出すには、どのようにすればよいのであろうか。一つの選択肢は、「政治改革」が不徹底だったと総括し、政権交代可能な二大政党制を実現するために更なる制度改革を求めるものである。しかし、参議院や地方議会の選挙制度などを改革すれば、政権交代可能な二大政党制が成立するのであろうか。また、仮に成立したとしても望ましいのであろうか。私にはそうは思えない。有権者の価値観や利害が多元化しているにもかかわらず、小選挙区制を柱とする並立制によって二大政党制を人為的に作りだそうとしたことに、そもそも無理があったのではないだろうか。並立制を導入したこと自体がボタンのかけ違いだったのではないだろうか。だとすれば、新しい政治改革を遂行し、政党や有権者に無理を強いることのない選挙制度として比例代表制を採用したほうがよいのではないだろうか。

しかし、すでに見たように、単に比例代表制を提唱しただけでは、有権者は総選挙で政権を選択できないという批判に直面するに違いない。この批判を無視しては、新しい政治改革を遂行することは不可能であろう。そうであるとすれば、比例代表制論者は政権選択論を真摯に受け止め、政権選択可能な比例代表制を探究していくべきであろう。いったい、政権選択可能な小選挙区制／民意反映可能な比例代表制という二者択一的枠組みを乗り越えることはできないのであろうか。政権選択可能かつ民意反映可能な選挙制度は存在しないのであろうか。それを探究することが次章の課題である。

注

（1）デュヴェルジェの法則とその修正に関する重要文献は、Farrell and Shugart eds. 2012 に再録されている。デュヴェルジェの法則に関する学説史については、加藤 2003: 138–150; 小川 2017b: 18–19 を参照。

（2）舟槻格致は、平成の「政治改革」後、ベテラン政治家が急減したこと、新人議員が増加したこと、自民党支持者が無党派層を下回るようになったことを示して、政治家が「小粒」になったという指摘に根拠があると論じている（舟槻 2019）。

（3）「一連合優位政党制」という概念は、coalitional predominance や predominant coalition という Nwokora and Pelizzo 2014: 827, 834 の概念に示唆を受けたものである（岡﨑 2016: 72）。

（4）「政治改革」の帰結について、濱本真輔『現代日本の政党政治——選挙制度改革は何をもたらしたのか』（二〇一八年）は、議員行動や政党組織などへの帰結を分析しているが、政党システムへの帰結は「今後の課題」としている（濱本 2018: 266–267）。待鳥聡史『政治改革再考——変貌を遂げた国家の軌跡』（二〇二〇年）は、選挙制度改革が政党間競争、有権者の投票行動、大政党の組織構造、政策にもたらした想定内・想定外の帰結を簡潔に整理しているが（待鳥 2020: 116–129）、いかなる政党システムをもたらしているのかは明確ではない。『民主主義にとって政党とは何か——対立軸なき時代を考える』（二〇一八年）でも「二大政党と規模が全く異なる小政党が組み合わさった政党システム」という曖昧な規定にとどまっている（待鳥 2018: 186）。待鳥がサルトーリの政党システム論を退けて、「民主主義体制下における政党システムの区分は、二党制（二大政党制）と多党制のみで十分だと考えます」としていることに起因するのであろう（待鳥 2018: 80）。

（5）選挙制度以外の選挙改革としては、在外選挙制度の導入（一九九八年）と改正（二〇〇六年）、期日前投票制度の創設（二〇〇三年）、マニフェスト頒布の解禁（二〇〇三年）、インターネット選挙運動の解禁（二〇一三年）などがある。「政治改革」後の主要な改革については、『選挙時報』第六一巻第五号（二〇一二年五月）から第六四巻第五号（二〇一五年五月）に連載された佐々木勝実／原佳子「政治改革の経緯とその後の主な改正経過（二）〜（二五・完）」を参照。その後、その続編が『選挙時報』に連載されている。

（6）この法改正には後日談がある。二〇〇五年総選挙において、自民党は比例東京ブロックで八議席を獲得できるはずだった。ところが、名簿掲載者三〇人（比例単独六人、重複立候補二四人）中二三人が小選挙区で当選してしまったため、七人（比例単独六人、小選挙区で落選した一人）しか残っていなかった。そこで残り一議席は、次にドント式の商が大きかった社民党に配分されることになった。だが、社民党の比例一位の候補者・中川直人（重複立候補）が小選挙区（東京九区）で有効投票総数の一〇分の一を獲得できなかったため、比例二位（比例単独）の保坂展人が当選することになった。

（7）違憲状態という判決は、二〇一二年総選挙に関する最高裁判決（二〇一三年一一月二〇日）、二〇一四年総選挙に関する最高裁判決（二〇一五年一一月二五日）でも続くことになる。

（8）民間政治臨調の第二委員会（選挙制度改革および政治資金制度改革等に関する検討委員会）の委員長は堀江湛だった（民間政治臨調編 1993: 219）。しかし「民間政治改革大綱」（一九九三年）では、衆議院の新しい選挙制度の「五つの条件」に入っていなかったことが示しているように、政権選択論は重視されていなかった（民間政治臨調編 1993: 57–58）。それが前面に出るようになったのは「総選挙にむけての緊急アピール」（一九九六年）であろう（政治改革推進協議会（民間政治臨調）1996: 1）。

（9）森喜朗は後日、密室ですべてを決めたわけではなく両院議員総会で決定したと反論している（五百旗頭ほか編 2007: 219–231; 森 2013a: 213–214; 森 2013b: 271–275）。

（10）的場敏博は二〇〇五年総選挙後の時点で、日本の政党システムの不安定性を指摘していた。的場によれば、「このような政党システムを安定した一党優位システムとか、二党システムへの途上にあるシステムという具合に特徴づけることはできない。あえて特徴づけるならば、主要な諸政党すべてが、着地点がどこにあるかも定かでないままに流動する、極端に不安定な一党優位システムという以外にないだろう。そして、安定した二党システムの成立について語ることは、当分は不可能だろう」（的場 2012: 91）。

（11）境家史郎は、二〇二一年総選挙は「ネオ五五年体制化」を象徴し、それを完成させた選挙であったとしている（境家 2023: 290）。

（12）アダム・リフと前田耕も、自民党と公明党が連合を組むのは奇妙であるが、それにもかかわらず自公連立政権が持続してきたのは、小選挙区における選挙協力によって自民党も公明党も議席を獲得できるからであるとしている

(Liff and Maeda 2019)。

(13) ティモシー・S・リッチは並立制の汚染効果の要因として、比例代表制だけでなく一票制、阻止条項、義務投票制があることを指摘している（Rich 2015）。また、重複立候補制・惜敗率制も並立制の作用に影響を及ぼしていることが指摘されている。鹿毛利枝子は、重複立候補が小選挙区での「「死に票」を吸収する」ため、少なくとも当面は二大政党制化が抑制されるとし（鹿毛 1997: 328–330, 333–335）、鈴木基史も、重複立候補制・惜敗率制により有権者の戦略的投票・票分散が生じるため、二大政党制化が抑制されるとする（鈴木 1999: 33, 46）。他方、増山幹高は、重複立候補と復活当選により同一選挙区で二人の現職候補者が競合する場合には、二大政党制化が進むとする（増山 2013: 40）。大塚成美と稗田健志は「重複立候補制度が二大政党化を阻害する効果を発揮するのは、中規模以上の政党が多数参入してきた場合に限られる」とする（大塚／稗田 2017: 74）。おそらく重複立候補制・惜敗率制の効果は状況に依存するのであろう。

(14) 現在、立憲民主党と日本維新の会が激しく対立しているため、「野党分裂」というフレーミングに説得力を感じる人も多いかもしれない。しかし、自民党という保守政党と日本維新の会という第二保守政党が分裂している（保守分裂）とリフレーミングすることもできるであろう。そうすれば、新たな「野党共闘」の地平が開けるに違いない。

(15) 総務省 2021 から岡崎が計算した数字である。

(16) ただし、自民党支持者の一部が比例代表では公明党に投票していることも勘案しなければならない。

(17) 社民党の辻元清美が「自民党と民主党の違いは、カレーライスとライスカレー程度の違い。社民党は庶民の食べ物であるオムライスになろうと」と語ったのが始まりのようである（『朝日新聞』二〇〇五年八月一七日朝刊）。その後、辻元は社民党から民主党に移籍している。

(18) エイミー・カタリナックは、中選挙区制下の候補者のイデオロギー位置と並立制における候補者のイデオロギー位置を比較し、並立制の下では候補者のイデオロギー位置が収斂していると分析している（Catalinac 2018: 46）。

第四章　多数派優遇式比例代表制の構想

第一節　問題設定

本章では、政権選択可能な小選挙区制／民意反映可能な比例代表制という二者択一的枠組みを乗り越えるために、イタリアの選挙制度を参考に、多数派優遇式比例代表制という選挙制度の構想を提示したい。それに関連して、二大連合政党制という政党システムの構想も提示したい。

周知のように、議院内閣制下の総選挙は二つの機能を有している。一つの機能は、衆議院議員を選択することであり、有権者には衆議院の構成に民意を反映させることが期待されている。もう一つの機能は、間接的にではあるが首相を選択することであり、有権者には過半数の政党（連合）を選択することを通じて政権を選択することが期待されている。小選挙区制論者と比例代表制論者の理論的・実践的対立は、こうした総選挙の二面性に起因する。総選挙の政権選択機能を重視する者は小選挙区制を選好し、民意反映機能を重視する者は比例代表制を選好する。そして、いずれをも重視する者は、小選挙区制と比例代表制の「いいとこ取り」をしたとされる小選挙区比例代表混合制を選好するのである（Shugart and Wattenberg 2001: 595）。衆議院の並立制は、すでに見たように、政権選択可能な小選挙区制を主とし、民意反映可能な比例代表制を従とする、妥協的・折衷的な選挙制度である。

しかし、政権選択可能な小選挙区制／民意反映可能な比例代表制という二者択一的枠組みを乗り越える選挙制度はないのであろうか。一つの候補は、小選挙区二回投票制であろう。小選挙区二回投票制では、第一回投票においてどの候補者も過半数（絶対多数）を得票できなかった場合、上位二人が第二回投票（決選投票）に進み、そこで絶対多数を得票した候補者が当選者となる。[1] ここでは、第一回投票が民意反映機能を担い、第二回投票が政権選択機能を担うとされる（岡田 1990: 49；大山 2013: 146–147）。しかし、第一回投票では有権者の民意が表明されるにとどまり、それが必ずしも議席に反映されるわけではない。それゆえ、政権選択と民意反映を両立させているとは言いがたい。

それでは、小選挙区二回投票制以外の選択肢はないのであろうか。本章で私は、多数派優遇式比例代表制を採用すれば、二大連合政党制が成立しやすくなり、政権選択も民意反映も可能になると論じたい。序論で紹介したように、日本でも、多数派優遇式比例代表制に言及する政治学者も現れ始めているが、依然として周辺的な論点であることは否めない。他方、ドイツでは多数派優遇をめぐる論争が生じ、多数派優遇式比例代表制に注目が集まるようになっている。とはいえ、そのドイツでも議論は緒についたばかりであり、検討すべき論点が数多く残されている。本章では、こうした研究状況を踏まえ、イタリアの多数派優遇式比例代表制を参照した後（第二節）、多数派優遇式比例代表制と二大連合政党制の構想を提示したい。多数派優遇式比例代表制の下では、政党は二大連合にまとまろうとするため、有権者は政党を選択できるだけでなく、中道右派連合か中道左派連合かというように、政権も選択できることを示す（第三節）。次に、多数派優遇式比例代表制それ自体に向けられるであろう諸批判を検討したい。比例代表制論者は、多数派優遇が比例代表制の比例性を歪めていると批判するであろう。他方、小選挙区制論者は、多数派優遇式比例代表制が効率性、安定性、答責性という点で難点を抱えていると批判するであろう。私は、これらの批判を退けることで、多数派優遇式比例代表制を擁護したい。加えて、その検討を通じて、多数派優遇式比例代表制を修正することにしたい（第四節）。

第二節　現代イタリアの選挙制度と政党システム

1　前史

多数派優遇という仕組みは幾つかの国で採用されてきたが（cf. Poier 2001: Kapitel 13; De Lungo 2017: 2）、最も重要な国はイタリアであろう。[2]よく知られているように、一九二三年、ベニート・ムッソリーニ内閣が多数派優遇式比例代表制を採用した。このアチェルボ法（legge Acerbo）によれば、第一党が有効投票総数の二五％以上を獲得した場合、代議院の三分の二の議席がその政党に配分され、残る三分の一の議席が得票数に比例して、それ以外の政党に配分される。だが、第一党が二五％を獲得できなかった場合には、すべての議席が得票数に比例して各政党に配分される（水木 1967: 374–375; 西平 2003: 315–316; 池谷 2015a: 48; Poier 2001: 299; Regalia 2015: 134）。この多数派優遇式比例代表制を採用した一九二四年総選挙において、ファシスト党が三分の二の議席を獲得し、ファシズム体制を確立する契機となった。その後、一九二五年に小選挙区制に変更されたが、総選挙が実施されないまま、一九二八年に信任投票制に変更された。有権者は、ファシズム大評議会が作成した名簿に賛成するか反対するかしかできなくなったのである。一九三九年には代議院自体が廃止され、ファシズム大評議会に取って代わられた（水木 1967: 375; 池谷 2015a: 49–50; Poier 2001: 300; Regalia 2015: 134）。

このように、多数派優遇式比例代表制はイタリア・ファシズムで採用されたこともあり、忌避されてきた。しかし注意すべきは、多数派優遇式比例代表制を考案したのがファシストではなく社会主義者だったことである。すでに一九二〇年に社会主義者のジャコモ・マッテオッティが自治体議会選挙に多数派優遇式比例代表制を導入することを提案していた（Poier 2001: 299）。本章で明らかにするように、多数派優遇式比例代表制は政権選択と民意反映を両立させるものであり、ファシストや社会主義者だけでなく民主主義者も擁護することができるであろう。

第二次世界大戦後のイタリアでは、代議院の選挙制度として名簿式比例代表制が採用された。しかし一九五三年、キリスト教民主党を中心とする政権は左派政党や極右政党の台頭に対抗するため、多数派優遇式比例代表制を導入した。この俗称インチキ法（legge truffa）によれば、有効投票総数の過半数を獲得した政党――統一候補者名簿を作成した政党連合を含む――があった場合、その政党に六五％の議席が配分され、残る三五％の議席はそれ以外の政党に得票数に比例して配分される。だが、有効投票総数の過半数を獲得した政党がなかった場合には、すべての議席が得票数に比例して各政党に配分されるのである。一九五三年総選挙では、過半数を獲得した政党がなかったため、多数派優遇は発動されなかった。そのこともあり、一九五四年にインチキ法は廃止され、名簿式比例代表制が復活した（その後、一九五六年に名簿式比例代表制に修正が加えられ、一九九三年の選挙制度改革まで使用された）（水木 1967: 379–383; 池谷 2015b: 27–28; Regalia 2015: 135–136）。

しかし、一九九三年の選挙制度改革の結果、代議院の選挙制度は比例代表制から小選挙区比例代表連用制に変更された。マッタレッルム（Mattarellum）と呼ばれる一九九三年選挙制度の下では、二六のブロックごとに四分の三の議員を小選挙区で選出し、残る四分の一の議員を比例代表で選出した。比例代表では、全国四%以上を得票した政党に、政党票に比例して議席が配分されたが、小選挙区で当選者を出した場合、その小選挙区における次点候補者の得票数プラス一票（有効投票総数の二五%未満の場合には二五%の票）が、その政党の政党票から控除された（西平 2003: 327–350; 池谷 2015c: 31; Regalia 2015: 137）。民間政治臨調が提唱した連用制とは計算方法が異なるものの、趣旨は同じであり、大政党が有利になりすぎないように、小選挙区と比例代表を運用したのである（cf. 後 2009: 124）。一九九三年選挙制度は小選挙区制により総選挙前政党連合を促進したが、二〇〇五年選挙制度は多数派優遇により総選挙前政党連合を促進した。加えて、政党連合に加わった政党の阻止要件を低く設定したこと、まずは政党ではなく政党連合に議席（多数派優遇議席を含む）を配分したこと、政党間の候補者調整の必要がなくなったことで、総選挙前政党連合の形成を促進したのである（Di Virgilio and Kato 2011: 16, 21）。

ここで注意すべきは、一九五三年のインチキ法後、半世紀ぶりに多数派優遇式比例代表制が復活したわけではないことである。たしかに、国レベルではそのようにいえるが、地方レベルでは一九九三年に市（コムーネ）議会や県（プロヴィンチャ）議会に多数派優遇式比例代表制が導入され、一九九五年に州（レジオーネ）議会に多数派優遇式比例代表制が導入されていたからである（De Lungo 2017: 3）[3]。それゆえ、二〇〇五年の多数派優遇式比例代表制は、これら地方議会における多数派優遇式比例代表制の経験を踏まえたものだったのである。

2　二〇〇五年選挙制度

二〇〇五年、イタリアの上下両院に多数派優遇式比例代表制が導入された。この選挙制度改革は、ベルルスコーニ政権の党利党略によるものだったとされる（芦田 2006: 133; 芦田 2007: 92–93; 芦田 2008: 368–369）[4]。ロベルト・ダリモンテによれば、一九九三年選挙制度の下では、中道右派連合は小選挙区において有権者の票をまとめきれず、小選挙区の得票数は比例代表の得票数を大幅に下回っていた。ベルルスコーニ政権は小選挙区制を廃止して多数派優遇を導入することによって、中道右派連合の抱える脆弱性を克服しようとしたのである（D'Alimonte 2007: 57–58）。しかし、イタリア下院（代議院）における多数派優遇式比例代表制は、二〇一五年に改革されることになった。二〇〇五年の選挙制度（ポルチェッルム Porcellum と呼ばれる）も二〇一五年の選挙制度（イタリクム Italicum と呼ばれる）も多数派優遇式比例代表制ではあるが、両者のあいだには決定的な相違がある[5]。二〇〇五年の多数派優遇は政党連合型であり、第一位の政党連合または政党連合を組まない政党（以下、政党連合等）に優遇議席を付与する仕組みである[6]。これにたいして、二〇一五年の多数派優遇は政党型であり、第一位の政党に優遇議席を付与する仕組みである。二つの選挙制度を簡単に見ていくことにしたい。

二〇〇五年選挙制度では、各政党は名簿順位の付いた候補者名簿を提出するが、その際、他の政党と政党連合を組むことができる。すべての政党連合等は、首相候補者名を明記した政権公約を提出しなければならない。有権者は政党連合ではなく政党に投票する。(7) 在外選挙区の一二議席とヴァッレ・ダオスタ選挙区の一議席を除く六一七議席中、得票率第一位の政党連合等の暫定議席数が三四〇議席（六一七議席の約五五%）以上であれば、議席は得票数に比例して各政党連合等と各政党に配分される。しかし、暫定議席数が三四〇議席未満であれば、得票数で第一位の政党連合等が三四〇議席を確保するように、優遇議席が配分される。この優遇議席を除けば、議席は得票数に比例して配分される。(8) いずれの場合でも、政党が議席を配分されるためには阻止条項を突破しなければならない（第六章第三節第一項を参照）。この多数派優遇のおかげで、各政党には政党連合を組む強い誘因が生じる。政党連合を組まなければ、その政党は第一位の政党連合等にはなれず、議席を減らす可能性が高いからである。こうした選挙制度の下では、有権者は政党を選択することができるだけでなく、政権を選択することもできるであろう。ただし、拘束名簿式比例代表制であるため、有権者は候補者を選択することはできない（芦田 2006: 133–137; 芦田 2007: 91–92; 芦田 2008: 367–368; 芦田 2018c: 98–99. cf. 池谷 2015d: 29; Massetti 2006: 264–266; Newell 2006: 804–805; D'Alimonte 2007: 52–55; Pasquino 2007: 82–83; Wilson 2009: 217–218; Chiaramonte 2011: 100–102; Chiaramonte 2015: 15–16; Regalia 2015: 139–141; Passarelli 2018: 857–858; Labitzke 2022: 411）。

この二〇〇五年選挙制度に関して、後房雄は「確かに形式的には比例代表制を用いてはいるものの、実質はむしろ小選挙区制と同様の多数決制の選挙制度」であり「有権者の政党選択よりも政権選択を重視した多数決制という点で九三年導入の選挙制度と共通の性格を持つものであ」ると解釈している（後 2009: 192）。この解釈は、二〇〇五年選挙制度は完全比例代表制であるという誤解を正す点では重要であるが、それとは反対の落とし穴に陥っている。二〇〇五年選挙制度は、政権選択可能な小選挙区制と民意反映可能な比例代表制という二者択一を乗り越えるものであり、政権選択と政党選択（民意反映）のいずれかを重視した選挙制度ではなく、政権選択と政党選択（民意反映）のいずれをも重視した選挙制度であると解釈すべきである。

さて、このように政党連合等に優遇議席を付与するタイプの多数派優遇式比例代表制は、二大連合政党制をもたらすように作用し、中道右派連合と中道左派連合が政権を目指して競合するようになるであろう。事実、二〇〇六年総選挙では、ロマーノ・プローディ率いる中道左派連合が勝利を収め、二〇〇八年総選挙では、シルヴィオ・ベルルスコーニ率いる中道右派連合が勝利を収めた（cf. 芦田 2018c: 101–103; Newell 2006; Wilson 2009）。しかし、そうした二大連合型の競争は長くは続かなかった。二〇一一年一一月、経済危機のなかベルルスコーニ首相が辞任し、経済学者のマリオ・モンティが首相に就任し、非政治家内閣を組閣した。そして、モンティ首相が二〇一二年一二月八日に辞意を表明した後に実施された二〇一三年総選挙では、左派ポピュリズム政党の五つ星運動や、再起をはかるモンティ率いる中道連合が参入したため、中道右派連合と中道左派連合の二極型ではなく、「多極型」（Di Virgilio 2014: 41, 71）、「三極型」（Chiaramonte e Emanuele 2014: 248–249; Massetti 2018: 329）、「三・五極型」（Chiaramonte 2015: 18）という新しい競争構造が出現した。

二〇一三年総選挙の投票率は過去最低の七五・二％であり、下院における得票率は、ピエル・ルイジ・ベルサーニ率いる中道左派連合が二九・六％、シルヴィオ・ベルルスコーニ率いる中道右派連合が二九・二％、ベッペ・グリッロ率いる五つ星運動が二五・六％、マリオ・モンティ率いる中道連合が一〇・六％だった。[9] 第一位になった中道左派連合は、わずか二九・六％の得票率だったにもかかわらず、在外選挙区の一二議席とヴァッレ・ダオスタ選挙区の一議席を除く六一七議席中、優遇議席を含む三四〇議席を獲得したのである。その一方で、中道左派連合は上院においては過半数の議席を獲得できなかったため、中道右派連合や中道連合と手を組まざるをえなかった[10]。こうして、ベルサーニの跡を継いだエンリコ・レッタが大連立政権を樹立したのである（芦田 2013: 6; 芦田 2018c: 104–105; D'Alimonte 2013: 117; Garzia 2013: 1100–1103）。

ここで注意を促したいのは、二〇一三年総選挙が政党内閣の下での総選挙ではなく、イタリアの深刻な経済危機を背景に成立したモンティ非政治家内閣の下で実施された、極めて異例の総選挙であったことである。それゆえ、二大連合政党制が成立しなかったのも当然といえるであろう。二〇〇五年選挙制度の下で総選挙が繰り返されていれば、イタリアの政党システムは、新しい二大連合型競争へと再編されていたであろう。その理由は、いたって単純である。野党各党は、次の総選挙で勝利するために、政党連合を組む強い誘因を有しているからである。そうなれば、有権者は再び政党だけでなく政権も選択できるようになったであろう[11]。

たしかに、二〇〇五年選挙制度によって成立した政党システムが脆弱性を抱えていたことは否めない。ロベルト・ダリモンテは、それが「弱い二極構造」（bipolarismo debole）を持っていたとする。そこでは、小党分立や政党連合の異質性という問題が悪化するだけでなく、二極構造は与党に比べて野党には遥かに弱くしか作用しないというのである（D'Alimonte 2007: 67–70）。マルタ・レガリアは、二〇一三年総選挙で五つ星運動が台頭し政党システムが変化した要因として、イタリアの政党システムが構造化されていなかったことを指摘している。レガリアによれば、二〇〇五年選挙制度はイタリアの政党システムを二極構造へと変えたが、二〇一三年総選挙では、政党連合を越えて投票先を変える有権者も少なくなかった。このように政党システムが構造化されていなかったため、政党システムは「不完全な二極構造」(imperfect bipolarism) から「不完全な三極構造」(imperfect tripolarism) へと変化したというのである (Regalia 2018: 88–92)。レガリアはまた、総選挙後に議員や議員集団が所属政党を変更する「トランスフォルミズモ」が増加したことも指摘している (Regalia 2018: 92–94)。

イタリアにおいて多数派優遇式比例代表制が必ずしもうまく機能しなかったのは、イタリアを襲った深刻な経済危機に加えて、イタリアの政党システムが構造化されていなかったことや、トランスフォルミズモという議員の行動様式が大きく関わっており、二〇〇五年選挙制度の挫折をもって多数派優遇式比例代表制を安易に退けてはならない。イタリアの地方レベルでは、依然として多数派優遇式比例代表制が維持されているのである。

3　二〇一五年選挙制度

イタリア憲法裁判所は二〇一四年第一号判決において、二〇〇五年選挙制度が違憲であるとの判決を下した。同判決の契機となった二〇一三年総選挙では、すでに見たように、中道左派連合がわずか三〇%弱の得票で五五%の議席を獲得したのである。こうした選挙結果を受けて憲法裁判所は、二〇〇五年選挙制度の拘束名簿式とともに、多数派優遇がイタリア共和国憲法の第一条第二項(人民主権)、第三条(法の前の平等)、第四八条第二項(投票の平等)、第六七条(全国民の代表)に反するとして、違憲であるとの判断を下した。[12] ここで注意すべきは、同判決が多数派優遇それ自体を違憲としたわけではなく、最低得票率の定めのない多数派優遇を違憲としたことである（Corte Costituzionale 2014: 15–20. cf. 芦田 2018b: 108–109; 芦田 2018c: 107–108; 芦田 2018e: 54–55; 髙橋 2018: 260–261; Baldini and Renwick 2015: 164–165）。

この違憲判決を受けて、二〇一五年、下院の選挙制度が改革された。この選挙制度改革は、続く二〇一七年の選挙制度改革と同様、政治エリートと裁判官が主導したものであった（Massetti and Farinelli 2019: 152）。二〇一五年に制定された選挙制度では、政党は、二〇〇五年選挙制度の下でのような政党連合を組むことができなくなった。第一位の政党が有効投票総数の四〇%以上を獲得した場合、その政党には、海外選挙区の一二議席とヴァッレ・ダオスタ選挙区の一議席を除く六一七議席中、三四〇議席が保障される。しかし、四〇%未満だった場合には、第一位の政党と第二位の政党が第二回投票に進み、その勝者が三四〇議席を獲得する。第二回投票の有無にかかわらず、残りの議席は、阻止条項を突破した政党にたいして、第一回投票における得票数に比例して配分されるのである（芦田 2015: 12–13; 芦田 2018b: 110–117; 芦田 2018c: 108–109. cf. 池谷 2015e: 39–41; Baldini and Renwick 2015: 169, 172–173; D'Alimonte 2015: 287–289; Pasquino 2015: 296–297; Passarelli 2018: 858–859; Labitzke 2022: 415）。

しかし、イタリア憲法裁判所は二〇一五年選挙制度にたいしても違憲判決を下した。二〇一七年第三五号判決は、多数派優遇自体は合憲であるとし、また第一回投票で四〇%の要件を導入したことを評価する一方で、第一回投票の第一位の政党と第二位の政党が得票率にかかわらず第二回投票に進むこと、そしてその勝者に多数派優遇が適用されることは違憲であるとしたのである（Corte Costituzionale 2017: 276–287. cf. 芦田 2018b: 121–122; 芦田 2018c: 110–111; 芦田 2018e: 56–57; 髙橋 2018: 264–265; De Lungo 2017: 8–9; Labitzke 2022: 416）[13]。この違憲判決を受けて、イタリア議会は二〇一七年に選挙制度を改革し、小選挙区比例代表並立制（一票制）を採用したため、二〇一五年選挙制度の下では総選挙は実施されなかった（芦田 2018a. cf. 池谷 2018; 高橋 2018: 267–272; Chiaramonte and D'Alimonte 2018: 10–13; Labitzke 2022: 416–417）。

それゆえ、政党連合ではなく政党に優遇議席を付与するタイプの多数派優遇式比例代表制が政党システムにいかなる帰結をもたらすのかを推測するのは難しい。しかし、次のようなシナリオが最もありうるであろう。最初の総選挙では、どの政党も有効投票総数の四〇%を獲得できずに、上位二党が第二回投票に臨むであろうが、総選挙を繰り返すうちに、第一回投票で有効投票総数の四〇%を獲得するために、より大きな政党へと合併しようとする政党がでてくるであろう。もし一つの陣営だけが合併に成功したとすれば、政党型の多数派優遇式比例代表制は一党優位政党制をもたらす。しかし、一党優位政党制は長くは続かないであろう。というのは、野党には、次の総選挙で勝利を収めるために、もう一つの大政党へと合併しようとする強い誘因が働くからである。こうして、政党型の多数派優遇式比例代表制は、若干の小政党が存続しつつも、二大政党制を帰結するであろう(14)。

ここでは、有権者は政権を選択することはできるが、多くの政党のなかから選好する政党を選択することはできなくなる。たしかに、政党型の多数派優遇式比例代表制は、小選挙区制に比べれば、有権者の選択肢は広がるであろう。というのも、小政党も議席を獲得できるからである。しかし、政党連合型の多数派優遇式比例代表制と比べた場合、限られた選択肢しか与えられない。事実上、二大政党しか政権をとる可能性がないからである。政党型よりも政党連合型のほうが望ましいのは、このためにほかならない。政党連合型の多数派優遇式比例代表制は、民意反映と政権選択という、一見すると両立しえない二つの理念を両立させることができるであろう。

第三節　多数派優遇式比例代表制と二大連合政党制

1　多数派優遇式比例代表制

イタリアの選挙制度と政党システムを踏まえ、衆議院にふさわしい選挙制度として多数派優遇式比例代表制を提案し、それに対応した政党システムとして二大連合政党制を提案したい。

私が提案する多数派優遇式比例代表制は、比例代表制ではあるが、一工夫が施されている。そこでは、各政党は候補者名簿を提出する際、他の政党と正式に政党連合を組むことができる。政党連合等は、首相候補者名を明記した政権公約も併せて提出する。他方、有権者は、政党連合にではなく政党に投票する。そして、すべての議席――仮に四〇〇議席としよう――は、得票数に比例して各政党連合等に配分される。その際、第一位の政党連合等が二二〇議席（総定数の五五％）以上の暫定議席を獲得した場合には、議席は、阻止条項（全国二％）を突破した各政党に比例的に配分される（ただし、本章第四節第一項において、少数派優遇で相殺するという重大な修正を加える）。しかし、第一位の政党連合等が二二〇議席未満の暫定議席しか獲得できなかった場合には、第一位の政党連合等に優遇議席が追加され、二二〇議席が配分される。政党連合内部では、阻止条項（全国二％）を突破した各政党に比例的に議席が配分される。このように多数派優遇という例外はあるが、各政党の得票数に比例して議席が配分されるため、基本的には比例代表制であるといってよい。

その際、多数派優遇を五五％に設定しているのは、六〇％と五一％の中間を採っているからである。

六〇％を超える多数派優遇にした場合、比例代表制を逸脱するおそれがある。与党だけで憲法改正の発議ができる六七％は問題外であるが、六〇％を超えるような多数派優遇では、たとえば、第一位の政党連合等が四〇％の得票であるにもかかわらず六〇％を超える議席を獲得する可能性があり、一・五倍を超える非比例性が生じる。他方、五一％では、与党内のごく少数の欠員や造反によって政権が不安定になるおそれがある。また、常任委員会において与党が安定多数を占めることも難しくなる。それゆえ、適切な水準は六〇％と五一％の間にあることになり、五五％がキリのよい数字ということになる（第六章第二節第三項において、修正された多数派優遇を踏まえた論拠を改めて示すことにしたい）。

　現行の並立制が政権選択機能と民意反映機能を折衷した選挙制度であるとすれば、多数派優遇式比例代表制は両者を止揚した選挙制度である。[15] そこでは、政権選択可能な小選挙区制と民意反映可能な比例代表制を足し合わせるのではなく、政権選択可能な多数派優遇を民意反映可能な比例代表制に組み込むことで、政権選択と民意反映を両立させている。しかも、小選挙区制や並立制のように得票率と議席率が逆転することがないため、政権選択機能それ自体も強化している。それゆえ、政権選択論者が擁護すべきは小選挙区制や並立制ではなく、多数派優遇式比例代表制である。加えて、多数派優遇式比例代表制では、たとえ多数派優遇式併用制であっても、小選挙区で候補者調整をする必要がないため、政党連合を組む障害が少なく、二大連合政党制が成立しやすい。この点でも、政権選択論者が擁護すべきは小選挙区制や並立制ではなく、多数派優遇式比例代表制である。

2　二大連合政党制

さて、こうした多数派優遇式比例代表制を導入すれば、政権選択可能かつ民意反映可能な二大連合政党制の形成を促進するに違いない。多数派優遇式比例代表制の下では、各政党は、単独では第一位の政党連合等になりにくいため、政党連合を組もうとするであろう。そうした政治力学の結果、各政党は与党連合と野党連合にまとまるであろう。その際、各政党連合等に首相候補者を明記した政権公約を提出するように法律で義務づければ、有権者は、首相・与党・政策体系を選択することができる。と同時に、有権者は政党連合ではなく政党に投票し、優遇議席を除けば、議席は得票数に比例して各政党に配分されるため、政党に関する民意を衆議院の政党構成に反映させることもできる。もちろん、現実政治が理論通りに行くとは限らない。しかし、多数派優遇を組み込めば、制度によって二大連合政党制を促進し、有権者は政権を選択すると同時に政党を選択しやすくなるであろう。

二大連合政党制は、二大連合にまとまった穏健多党制である。そこでは、穏健多党制であるため、有権者の選択肢は二つに限られない。他方、二大連合にまとまっているため、有権者は、いずれの政党連合に政権を託すかを選択することもできる。この二大連合政党制はサルトーリの政党システム論にはないため（Sartori 1976 = 2000）、私は「サルトーリ再考」（二〇一六年）において、サルトーリの政党システム論を修正し、二大連合政党制をそこに位置づけた（表４－１）。この表の縦軸は幾つの政党があるかという政党に関する軸であり、横軸は政権交代が可能であるか否か、政権交代が可能であっても政権選択が可能であるか否かという政権に関する軸である。ここで政権交代とは、総選挙の結果、与野党が逆転することを意味している。

競合システムの非政権交代型には、一党優位政党制や穏健多党制（多極共存型）が該当する。一党優

表 4-1　政党システムの類型論

政党＼政権		政権非交代			政権交代	
		非競争	競争		非選択	選択
1		一党制	—	—	—	—
2				—	—	二大政党制
多	穏健	ヘゲモニー政党制	一党優位政党制	穏健多党制（多極共存型）	穏健多党制（連立交渉型）	穏健多党制（二大連合型）
	分極			—	分極多党制	—
	原子	—	—	—	原子化政党制	—

出典：岡崎 2016: 67

位政党制の典型は五五年体制下の日本であり、穏健多党制（多極共存型）の典型例はスイスである。スイスでは、主要四党が政権入りし、七つの閣僚ポストを「魔法の公式」に従って各政党に配分してきた。二〇〇三年以降は、キリスト教民主党が二閣僚から一閣僚になり、国民党が一閣僚から二閣僚になったため、国民党が二閣僚、社会民主党が二閣僚、自由民主党が二閣僚、キリスト教民主党が一閣僚となっている。この七人の閣僚が一年ごとに交替して、連邦大統領に就任する（Kriesi and Trechsel 2008: 75–77; Linder and Mueller 2021: 169, 190–191）。他方、政権交代可能な政党システムに目を移せば、政権選択が可能か否かで下位類型化することができる。すでに述べたように、政権選択とは、有権者が総選挙において、首相、与党、政策体系を決定できることである。

　さて、政権交代可能な政党システムであっても、二つに区別することができる。有権者が総選挙で政権を選択しやすい政権選択型と、政党間交渉で政権が決まりやすい政権非選択型である。政権選択型の一つは二大政党制であり、その典型例はイギリスである。[16] ただし、イギリスでも時に見られるように、得票率と議席率の逆転現象が生じたり「宙づり議会」になったりすることもある。その場合には、有権者は総選挙で政権を選択できなかったことになる。他方、穏健多党制（連立交渉型）では、総選挙後に連立交渉が始まるため、有権者が総選挙で政権を選択することは難しい。しかし、穏健多党制（二大連合型）では、総選挙前に二大連合——たとえば中道右派連合と中道左派連合——が成立しているため、有権者は総選挙で政権を選択することができるであろう。[17]

こうした修正類型論では、政権交代・政権選択を基準に穏健多党制を多極共存型、連立交渉型、二大連合型に下位類型化しているため、政権選択可能な二大政党制か民意反映可能な穏健多党制かという二者択一を乗り越え、政権選択可能かつ民意反映可能な政党システム、すなわち穏健多党制（二大連合型）を特定できるようになる。私が二大連合政党制で意味しているのは、この穏健多党制（二大連合型）にほかならない。[18]

第四節　仮想批判の検討

1　比例代表制論者による批判の検討

多数派優遇式比例代表制＝二大連合政党制の構想にたいしては、小選挙区制論者だけでなく比例代表制論者も批判を加えるに違いない。まず比例代表制論者は、多数派優遇式比例代表制は比例性を歪めるという理由で多数派優遇式比例代表制を批判するであろう。比例代表制それ自体を批判するのではなく、多数派優遇を批判するわけである。

比例代表制論者のなかには、政権選択という理念を重視しない人もいるであろうし、重視したとしても民意反映ほどには重視しない人もいるであろう。これにたいしては、政権選択／民意反映という概念的枠組みは、政権に関する民意反映／政党に関する民意反映という概念的枠組みと同一であることを明確にしておきたい（cf. 大山 2004: 154）。これは、決して言葉遊びではない。政権選択／民意反映という概念的枠組みは単純明快ではあるものの、「政権選択」も「民意反映」も広義の民意反映の一つであることが見えなくなりやすい。それゆえ、比例代表制論者の批判を招きやすい。しかし実際には「政権選択」は民意反映の一つであり、それゆえ、比例代表制論者も擁護すべき理念である。

次に、政権選択の理念に同意したとしても、多数派優遇によって政権選択することに同意しない比例代表制論者もいるであろう。私も、多数派優遇が通常、比例性を歪めるという経験的事実には同意したい。しかし、多数派優遇を受け入れられないとする彼らの規範的判断には同意しない。民主主義の他の理念を実現するためであれば、一定程度の非比例性は正当化できるからである。たとえば、阻止条項は比例性を歪めるものの、小党分立を避けるための合理的な仕組みとして受け入れられてきた。同様に、多数派優遇も、有権者が政権を選択できるようにする仕組み、言い換えれば政権に関する民意を反映できるようにする仕組みとして、十分な合理性があるように思われる(19)。

しかし、有権者が政権選択できるようになるのであれば、多数派優遇を導入することは正当であるというテーゼを受け入れない比例代表制論者もいるであろう。そうした人々でさえ多数派優遇を受け入れやすくする仕組みはないのであろうか。イタリアの国レベルではなく州レベルで採用されている多数派優遇式比例代表制をみれば、そうした仕組みがあることに気づくであろう。[20] たとえばトスカーナ州では、第一位の政党連合等の暫定議席数が六五％を超えた場合、それ以外の政党連合等には計三五％の議席が保障されるのである（芦田 2018b: 120; 自治体国際化協会 2022: 69）。[21] 州議会と州知事の選挙に関する州法の第一七条は、この仕組みを「少数派のための保障」（garanzia per le minoranze）と規定しているが、少数派優遇——「少数派プレミアム」（芦田 2018b: 120）——と規定したほうが、二つの非比例性を結びつけやすくなるであろう。

これを参考にして、私の構想では、第一位の政党連合等が五五％を超える暫定議席数だったとしても五五％の議席しか配分されず、それ以外の政党に四五％の議席が配分されることにしたい（表4－2）[22]。五五％と四五％の多数派優遇は、二つの点において限定されている。第一に、多数派優遇が五五％に抑えられている。過大な多数派優遇は、比例代表制それ自体を破壊せざるをえない。多数派優遇はいわば劇薬のようなものであり、摂取しすぎればその副作用に苦しむことになる。ムッソリーニが採用した多数派優遇式比例代表制がその例である。しかし、適切に摂取すれば、多数派優遇という薬は、民意反映と政権選択という二つの理念を両立させる良薬になるに違いない。第二に、多数派優遇は少数派優遇によっても限定されている。そこでは、多数派優遇の非比例性は少数派優遇の非比例性によって相殺されている。その意味において、少数派優遇の主たる機能は消極的なものであるが、それに加えて、より積極的な機能を付与することもできるであろう。少数派優遇は、有望な候補者をリクルートし、じっくり育てるのに寄与する。なぜならば、個々の候補者が落選するリスクを抑えるからである。加えて、少数派優遇は与党と野党の競争を維持するのにも寄与する。なぜならば、野党には必ず四五％の議席が配分

表 4-2　多数派優遇式比例代表制

第一位の政党連合等の暫定議席数が 55%未満の場合

政党連合	—	中道左派連合		中道右派連合	
政党	A 党	B 党	C 党	D 党	E 党
政党の得票数	1000 万票	1000 万票	3000 万票	4000 万票	1000 万票
政党連合等の得票数	1000 万票	4000 万票		5000 万票	
政党連合等の暫定議席数	40 議席	160 議席		200 議席	
多数派優遇	180 議席			220 議席	
政党連合等の議席数	36 議席	144 議席		220 議席	
政党の議席数	36 議席	36 議席	108 議席	176 議席	44 議席

第一位の政党連合等の暫定議席数が 55%を超える場合

政党連合	—	中道左派連合		中道右派連合	
政党	A 党	B 党	C 党	D 党	E 党
政党の得票数	1000 万票	1000 万票	2000 万票	5000 万票	1000 万票
政党連合等の得票数	1000 万票	3000 万票		6000 万票	
政党連合等の暫定議席数	40 議席	120 議席		240 議席	
多数派優遇	180 議席			220 議席	
政党連合等の議席数	45 議席	135 議席		220 議席	
政党の議席数	45 議席	45 議席	90 議席	183 議席	37 議席

注：総定数：400 議席，多数派優遇：220 議席，有効投票総数：10,000 万票。小数点以下は四捨五入。

されるからである。

こうした限定を設ければ、多数派優遇は比例代表制論者にも受け入れられやすくなるであろう。しかし、このように限定を加えると、別の方向から批判が生じるかもしれない。多数派優遇は、衆議院議員の三分の二という特別多数決の要件を無視しているのではないか。五五％の議席があれば、法案を通過させるのには十分であるが、憲法改正などで求められる三分の二には不十分である、と。この批判は、一見すると説得力があるようにもみえるが、私はこの批判には同意しない。たしかに、三分の二という特別多数決が課せられている場合、五五％の多数派優遇の下では、与党だけで憲法改正の発議をすることは不可能である。しかし、与党と野党が共同して憲法改正を提案することは妨げられていない。それどころか、こうした共同提案は立憲主義を促進するため、極めて望ましい。立憲主義の核心は、憲法上の制約によって与党の権力濫用を制限することだからである。

2 小選挙区制論者による批判の検討

次に、小選挙区制論者から投げかけられるであろう批判を検討することにしたい。小選挙区制論者によれば、多数派優遇式比例代表制の下では、有権者は連立与党を選択することができるであろう。しかし、連立政権を構成する政党は、様々な理念や政策を掲げている。そうした異質性のせいで、効率的な意思決定は難しくなるであろう。また、連立与党内で対立と妥協が頻繁に生じれば、連立政権は不安定になるであろう。加えて、どの政党が主として政府のパフォーマンスに責任を負っているのかも特定できなくなるであろう（cf. Lardeyret 2006: 87)。たしかに、これらの批判は比例代表制の多くのタイプに多かれ少なかれ当てはまるが、多数派優遇式比例代表制には必ずしも当てはまらない。そこには、これらの難点を克服するのに寄与するメカニズムが、完璧にではないが内在しているからである。それらを順番に検討していくことにしたい。

⑴ 効率性　連立政権は単独政権に比べて非効率（inefficient）であるとされることが少なくない。それによれば、単独政権では与党間調整が不要であり、迅速な意思決定をしやすい。しかるに連立政権では、決定に至るまでに多くの時間と労力を費やさなければならない。そこでは、小党であっても連立離脱をチラつかせることで、自党の政策を呑むように連立相手に迫ることができるからである。読売新聞政治部の言葉を借りれば、「キャスチングボート政治」が常態化すれば、「決められない政治」も常態化し、「政治の停滞」を招くというわけである（読売新聞政治部編著 2014: 124–126）。

加えて、連立与党は連立相手と協調する必要があると同時に、次の総選挙では連立相手と競争する必要もある。ラニー・W・マーティンとゲオルク・ヴァンベルクは、連立与党は「連立政権のジレンマ」（Martin and Vanberg 2011: 3–4）を抱えていると指摘している[23]。彼らによれば、「連立政権に加わった政党は共同で政策を形成するが、別々に責任を問われる。それぞれの政党は、それ自身の看板の下で票を求めて競合しなければならない」（Martin and Vanberg 2011: 3）。そして、「うまく統治するためには、連立相手は、相互受容という集合的利益と自身の特殊な政策目標を追求するという個別的誘因とのあいだに内在する緊張関係を克服できなければならない」（Martin and Vanberg 2011: 4）。

たしかに、連立政権に加わった政党はそうしたジレンマを抱えているが、多数派優遇式比例代表制ではそれほど深刻化しないに違いない。第一に、離脱のコストはあまりにも大きい。与党の一つが連立政権から離脱すれば、その政党は次の総選挙では単独で戦わなければならなくなる。もちろん、別の政党連合に加わることもできないわけではないが、別の政党連合も易々とは受け入れないであろう。そうしたリスクがあるがゆえに、小党は連立政権から離脱することをチラつかせて、自党の政策を呑むように連立相手に迫ることを控えるであろう。第二に、各党は総選挙前に締結した連立協定に拘束されているため、自党の政策をゴリ押しすることはできないであろう。仮にそうした行動をとれば、その政党は、他の連立与党からの信頼を失うだけでなく、支持者からの信頼も失うからである。多数派優遇式比例代表制では、総選挙前に締結した詳細な連立協定書を期待できるがゆえに、連立政権における政策決定の効率性も期待できるのである。要するに、既存の政党連合を維持する必要性と、総選挙前の連立協定という制約が、連立政権が迅速に意思決定するのを可能にする内在的なメカニズムである。

(2) 安定性

連立政権は、単独政権に比べて不安定（unstable）であるとされる。それによれば、単独政権は、与党に派閥対立がなければ、不安定性を免れる。しかし連立政権は、連立与党間の対立ゆえに不安定になりやすいというのである。

比例代表制論者のなかには、そうした比例代表制＝連立政権の不安定性という主張を退ける者もいる（e.g. Farrell 2011: 214–217）。たしかに、デイヴィッド・M・ファレルがレイプハルトに依拠して示したデータ（Farrell 2011: 216）によれば、比例代表制諸国における連立政権がすべて不安定というわけではない。しかし同データは、スイスやオーストリアといった少数の例外を除いて、比例代表制諸国における連立政権が小選挙区制諸国における単独政権に比べて短命であることを示している。

連立政権と結びついた不安定性は、しかし、多数派優遇式比例代表制には必ずしも当てはまらない。

たしかに、イタリアのプローディ政権は、与党間の対立によって崩壊した（Wilson 2009: 216–217. イタリアにおける政権の安定性の歴史的な変化については、Chiaramonte 2015: 21–23 を参照）。しかし、多数派優遇式比例代表制には、連立政権を安定させる二つの内在的なメカニズムが存在する。効率性の場合と同じく、一つは、次の総選挙で勝利を収めるためには既存の政党連合を維持する必要があることであり、もう一つは、総選挙前の連立協定書によって制約されていることである。連立協定書に関して、スヴェンヤ・クラウスは、連立協定の存在、特に包括的な連立協定書があれば、「早期の政権崩壊というリスク」が減少することを実証している（Krauss 2018）。[24] また、ハイケ・クリューヴァー、ハンナ・ベック、スヴェンヤ・クラウスは、連立協定書の長さだけではなく、対立する政策が盛り込まれているとき連立政権が存続しやすいことを実証している（Klüver et al. 2023: Chapter 7）。

こうした研究成果を踏まえれば、鳩山政権が迷走し社民党が離脱したのは、一つには、「政策協議では、外交・安全保障を中心に三党の主張がぶつかったが、最後は抽象的な表現で折り合った」（『朝日新聞』二〇〇九年九月一〇日朝刊、社説）ことに起因していたと解釈することができるであろう。事実、民主党幹事長として連立交渉に当たった岡田克也は、社民党と国民新党との連立政権合意書と政策合意は四〜五日で作成し、普天間問題だけでも二〜三日かかったが、普天間基地の県外移設といった具体的な表現を入れずに合意したと証言している（薬師寺 2012: 35）。

こうした総選挙後の連立交渉と比べて、総選挙前の連立交渉には二つの有利な条件が備わっている。第一に、総選挙後の連立交渉では時間的余裕がないため、拙速な連立協定になりやすいが、総選挙前の連立交渉では時間的余裕があるため、各政党は巧緻な連立協定を結びやすくなることである。第二の条件は、総選挙前の連立交渉では、総選挙後の議席数が確定しておらず、小政党がキャスティングボートを握れるかどうかが分からないため、大政党が小政党のゴリ押しに屈し、不本意に譲歩するのを避けることができることである。

さらに、連立政権の安定性を補強する可能性のある追加的な装置も存在している。たとえば阻止条項を導入すれば、与党の数を減少させることで、連立政権の安定性に寄与するであろう。また、建設的不信任を導入すれば、野党が野合して政権を倒すのを阻止することができるであろう。周知のように、ドイツではワイマール共和国の反省を踏まえ、議会が次の首相を過半数で選出しないかぎり、首相不信任案を可決することはできない。一九八二年にヘルムート・コールが次の首相に選出され、ヘルムート・シュミット首相が罷免されたのが、不信任決議案が可決された唯一の事例である。一九七二年のヴィリー・ブラント首相の不信任決議案は、首相候補者のライナー・バルツェルが過半数を獲得できなかったため、否決された（河島 2022: 41–42)。こうした建設的不信任制度は、ドイツ（一九四九年）に続いてスペイン（一九七八年）、ハンガリー（一九九〇年）、スロヴェニア（一九九〇年）、ポーランド（一九九二年）、ベルギー（一九九五年）、イスラエル（二〇一五年）でも採用されており、通常の不信任制度を採用する国に比べて政権が持続しやすいことが実証されている（Rubabshi-Shitrit and Hasson 2022: 583, 586–587)。さらに、連立が解消された際に優遇議席を返還させるようにすれば、連立政権から離脱するのを思いとどまらせることができるであろう。[25] これらの措置はいずれも、連立政権の安定性を高めるのに寄与するに違いない。

(3) **答責性**　最後に、連立政権は単独政権に比べて答責性（accountability）に劣るという批判を検討したい。それによれば、単独政権では、どの政党が政府のパフォーマンスに責任を有しているかは自明である。他方、連立政権では、政策は与党内の妥協の産物であることが多いため、責任の所在は明らかではない。さらに悪いことに、与党内の妥協は舞台裏でなされることも少なくない。これに関連して、スティーブン・フィッシャーとサラ・B・ホボルトによる重要な経験的研究が存在する。それは、連立政権と選挙答責性の関係を検討したものである。彼らによれば、選挙答責性を確保するメカニズムである事後的投票は、単独政権よりも連立政権のほうが弱い。また、連立政権内では、事後的投票は、首相を出している政党にたいするもののほうが、それ以外の与党にたいするものよりも強いというのである(Fisher and Hobolt 2010: 367–368)。この経験的知見は、多数派優遇式比例代表制にも当てはまるのであろうか。多数派優遇式比例代表制の下での連立政権は、単純な比例代表制の下での連立政権に比べて結束力が強いように思われる。なぜならば、連立与党は、共通の首相候補者と共通の政策体系を掲げて総選挙を共に戦ってきたからである。もちろん、特定の政策に関しては、対立や妥協もあるだろう。しかし、すでに言及した二つのメカニズムにより、そうした対立と妥協は頻繁には生じないであろう。一つは、既存の連立の枠組みを維持する必要であり、もう一つは総選挙前の連立協定による制約である。多数派優遇式比例代表制の下では、連立政権は相対的に凝集性が高いため、有権者はどの政党が主として政府のパフォーマンスに責任を負っているかを特定することができるし、次の総選挙で政権与党を下野させることができるであろう。

小括

本章では、政権選択可能な小選挙区制／民意反映可能な比例代表制という二者択一的枠組みを相対化し、政権選択可能かつ民意反映可能な選挙制度を構想することを試みてきた。そして、イタリアの二〇〇五年選挙制度を参考に、多数派優遇式比例代表制という選挙制度の構想を提示した。すなわち、第一位の政党連合等に五五％の議席を配分し、それ以外の政党連合等に四五％の議席を配分するのである。こうした多数派優遇を比例代表制に組み込めば、二大政党連合を軸とする二大連合政党制が成立しやすくなり、そうなれば、政権選択も民意反映も可能になるであろう。多数派優遇式比例代表制にたいして、比例代表制論者は多数派優遇が比例代表制の比例性を歪めていると批判するであろうが、多数派優遇を限定するとともに少数派優遇で相殺することで、そうした批判を退けた。他方、小選挙区制論者は、多数派優遇式比例代表制が効率性、安定性、答責性という点で難点を抱えていると批判するであろうが、これらの諸批判も退けたのである。

このように本章では、政権選択可能かつ民意反映可能な選挙制度として多数派優遇式比例代表制を提案したが、一口に比例代表制といっても様々な形態がありうる。衆議院の比例代表制では拘束名簿式比例代表制が採用され、参議院の比例代表では特定枠付の非拘束名簿式比例代表制が採用されているが、比例代表制の形態はそれらに限られない。世界各国では、様々な形態の比例代表制が採用されている。その多様性を無視して、多数派優遇式比例代表制の制度設計をすることはできない。次章では、日本の衆議院を念頭において、多数派優遇式比例代表制の具体的な制度設計を提示するが、しかしその前に、多数派優遇式比例代表制にたいする有力な代替案と比較し、多数派優遇式比例代表制の思想的基礎を強化することにしたい。

注

（1）ただし、フランス国民議会の選挙制度は小選挙区二回投票制の「絶対多数代表・相対多数代表版」（Farrell 2011: 46）であり、若干異なっている。すなわち、第一回投票で有効投票総数の過半数かつ登録有権者の二五％以上を得票した候補者がいなかった場合、登録有権者の一二・五％以上を得票した候補者が第二回投票に進み、相対多数を得票した候補者が当選者となる。

（2）現在、国レベルではギリシャ議会やサンマリノ大評議会で多数派優遇式比例代表制が採用されている（http://mattgolder.com/elections）。地方レベルでは、フランスの州やコミューンで多数派優遇式比例代表制が採用されている（cf. 山下 2007: 第二編）。

（3）イタリアの市、県、州の選挙制度については、自治体国際化協会編 2022: 68–73 を参照。州の選挙制度についてのみごく簡単に説明すれば、南チロル自治州を除いて、多数派優遇式比例代表制が採用されており、州知事選挙で勝利した候補者と連結した政党連合等に優遇議席が追加配分される。ただし、一定の議席が追加配分されるだけの州もあれば、州議会で多数派になるように優遇議席が追加配分されるが、一定の要件を満たした場合に限られる州もある。また、そうした要件を課すことなく（ただし、トスカーナ州では決選投票を要する）、多数派になるように優遇議席が追加配分される州もある（Massetti 2018: 330–333）。

（4）アラン・レンウィックは、与党間にも利害の相違があったことを指摘している（Renwick 2010: 125–127）。

（5）ジャンフランコ・パスキーノは、二〇〇五年選挙制度と二〇一五年選挙制度との相違は小さいので、後者は Porcellum に倣い Porcellinum（small pig）と呼ぶべきだとしている（Pasquino 2015: 297）。

（6）二〇〇五年選挙制度では、政党連合を組む誘因が強く作用することを考えれば、政党連合を組まない政党が第一党になることは考えにくい。私が二〇〇五年選挙制度を政党連合型と見なすのは、そのためである。

（7）「候補者名簿」のほうが正確であり、「政党」という用語は正確ではない。二〇〇五年選挙制度や二〇一五年選挙制度では、複数の政党が統一候補者名簿を作成することが可能だからである。しかし、読者の理解しやすさのために、ここでは「政党」という用語を使用することにしたい。

（8）各政党連合等が全国レベルで獲得した議席を各選挙区に配分する手続きについては、芦田 2006: 136 を参照。

（9）得票率は、在外選挙区の一二議席とヴァッレ・ダオスタ選挙区の一議席を除く数字である。

（10）下院と上院の「ねじれ」は、下院の多数派優遇が全国単位で発動されるのにたいして、上院の多数派優遇は州単位で発動されることに起因している（芦田 2006: 144; 芦田 2007: 99; 芦田 2008: 373; 芦田 2018c: 105–107）。

（11）ただし、野党が政党連合を組む誘因の強さは、多数派優遇の程度といった制度的要因だけでなく、野党間のイデオロギー距離といった非制度的要因にも左右されるであろう。野党間のイデオロギー距離が大きくなればなるほど、政党連合の誘因は小さくなるであろう。

（12）この違憲判決により、イタリアの選挙制度はいったん Consultellum になった（Labitzke 2022: 414–415）。

（13）この違憲判決により、イタリアの選挙制度はいったん Legalicum になった（Labitzke 2022: 416）。

（14）複数の政党が統一候補者名簿を作成できるようにすれば、統一候補者名簿で総選挙に臨んだ後、議会内では別々の会派に分かれるというシナリオも考えられないわけではない（cf. De Lungo 2017: 11）。しかし、政党間で候補者数・名簿順位を調整するのは至難の業であろうし、仮に調整できたとしても、有権者は統一候補者名簿に投票できるだけであり、政党に投票することはできない。

（15）カミーユ・ブドックとニコラ・ソジェは、フランスとイタリアの地方選挙を研究し、多数派優遇式比例代表制は混合制の一種として分類されなければならないとしている（Bedock and Sauger 2014: 99–101, 108）。しかし、そうした規定では、政権選択可能な小選挙区制と民意反映可能な比例代表制を「折衷」したにすぎない混合制（特に並立制）と、両者を「止揚」した多数派優遇式比例代表制の相違を見落とすことになるであろう。

（16）ただし、イギリスの政党システムは穏健多党制化しつつあり、様々な概念規定が試みられている。それらの規定については、Quinn 2013: 378–379; 近藤 2017: 190–191, 199–200 を参照。

(17) 篠原一は「穏健な多党制の下でも、政党関係が左右にブロックされているか、あるいは中小政党が団子のように配列されているかによって、連合の型は様々に異な」ると指摘している（篠原 1984: 47-48）。それぞれ二大連合型と連立交渉型に対応するのであろうが、政権選択・民意反映論争を踏まえた下位類型化ではない。

(18) 修正類型論に関する叙述は、岡﨑 2016: 67-69 に加除修正を加えたものである。

(19) 芦田淳は、政権の安定性という目的のためには、多数派優遇が「ある程度合理的なものである」ことを認めている（芦田 2008: 372-373）。

(20) この点を定式化する際、芦田淳先生のご助言をいただいた。

(21) 少数派優遇を設定する場合、三五％とする州が多いが、三〇％とする州もある（芦田 2018b: 120; 自治体国際化協会編 2022: 69）。

(22) この修正された多数派優遇式比例代表制を多数派限定優遇式比例代表制（Proportional Representation with a *limited* majority bonus）と命名していたが（Okazaki 2019; Okazaki 2021; Okazaki 2022; 岡﨑 2023a）、あえて概念的に区別する必要はないと判断するにいたった。

(23) ただし、ラニー・W・マーティンとゲオルク・ヴァンベルクは、強い立法上の諸制度があれば、多党統治の下でも有権者は政策形成に影響を及ぼすことができると論じている（Martin and Vanberg 2011: 165）。

(24) トゥールビョン・ベルイマン等によれば、西欧諸国における連立政権の比較研究をしたところ、連立協定書の分量（単語数）は平均すると、一九五〇年代には八〇〇語前後だったが、二〇〇〇年代末以降は二万語を超えるようになっている（Bergman et al. 2021: 705-706）。また、ハイケ・クリューヴァー等によれば、西欧・東欧諸国の連立政権の比較研究をしたところ、連立協定書の分量（単語数）は平均すると、一九四〇年代には一一三一語だったが、一九七〇年代に五四三六語、二〇〇〇年代以降は一万六一六六語になっている（Klüver et al. 2023: 74-75）。数値に相違はあるが、いずれの研究も、連立協定書が長くなっていることを示している。

(25) ジョヴァンニ・サルトーリは「与党連合が崩壊したときは、［多数派］優遇の恩恵を受けていたすべての政党から［多数派］優遇が剝奪される」という規定を提案している（Sartori 1997: 7 = 2000: 8）。ただし、サルトーリが二〇〇五年に採用された多数派優遇式比例代表制に批判的であったことに留意してほしい（cf. Massetti 2006: 266-267）。

第四章補論　単記限定移譲式比例代表制の検討

本補論では、政権選択可能かつ民意反映可能な選挙制度として、多数派優遇式比例代表制よりも優れた選挙制度がないかどうかを検討したい。そうした代替案と比較しなければ、多数派優遇式比例代表制は強固な思想的基礎を築くことはできないからである。第四章補論では、多数派優遇式比例代表制の説得力を高めるために、政権選択と民意反映を両立させる可能性を持つ有望な代替案を考案し、それと比較検討することにしたい(1)。

1　ガングホフの選挙制度設計

ここで手がかりとなるのは、シュテッフェン・ガングホフの制度設計である。ガングホフは比例代表制と多数代表制を組み合わせるべく、ドイツの併用制にオーストラリアの選択投票制（alternative vote）的な移譲メカニズムを組み合わせた選挙制度を提案する(2)。ガングホフの提案では、比例代表制的な議会のなかに多数代表制的な信任院（confidence chamber）を設置する。有権者は総選挙において、第一票で小選挙区の候補者に投票するとともに、第二票で政党に選好順位を付けて投票する（ただし、すべての

表4補-1　修正版の選択投票制

政党	第一選好票に基づく議席数	上位二党の得票率	信任議席数	追加議席数
A党	27	43%	17	10
B党	23	57%	23	
C等	18			18
D党	12			12
E党	10			10
F当	5			5
G党	3			3
H党	2			2
計	100	100%	40	60

出典：Ganghof 2016: 4; Ganghof 2021: 136

政党に選好順位を付ける必要はない）。議会全体の議席は、各政党が獲得した第一選好票に比例して配分されるが、信任院の議席は、選択投票制的な移譲メカニズムに従って票を移譲した後、上位二党だけに配分されるのである（表4補－1）。

この選択投票制的な移譲メカニズムを説明しよう。通常の選択投票制と同じく、得票数が最下位の政党を除外し、その政党に投じられた票を有権者の選好順位に従って、それ以外の政党に移譲する。しかし、通常の選択投票制とは異なり、一つの政党が過半数に達するまで移譲のプロセスを繰り返すのではなく、上位二党が残るまで移譲のプロセスを繰り返すのである。信任院の議席数は、あらかじめ決まっているわけではない。票の移譲後に第一位になった政党の議席数が、その政党の信任院での議席数になる（B党の二三議席）。第二位の政党が信任院で獲得する議席数は、移譲後の得票率に応じて決定されることになる（A党の一七議席）。このように比例代表制的な議会のなかに多数代表制的な信任院を設置し、それに内閣を信任・不信任する権限を付与する。それ以外の権限は議会全体に付与する。こうすれば、比例代表制的な議会と多数代表制的な内閣を両立させることができるというのである（Ganghof 2016; Ganghof 2021: 134–137）。

ガングホフが提案する選挙制度は、単記限定移譲式比例代表制と呼ぶことができるであろう。いわゆる単記移譲式比例代表制（第五章第三節第一項を参照）とは違い、票の移譲は民意反映の理念を実現するためにではなく、政権選択の理念を実現するために使用される。たしかに、このようにすれば、有権者は議席を比例代表的に選出できると同時に、首相を多数代表的に選出することができるようになるであろう。しかし、ガングホフの単記限定移譲式比例代表制では、政権選択と民意反映を不十分にしか両立させることができない。有権者は首相を選択することはできるが、第一党が過半数の議席を獲得した場合を除いて、有権者は与党と政策体系を選択することはできない。なぜならば、第一位になった政党は十中八九、議会における安定多数を確保しようとして、連立相手を探すであろうし、連立相手と政策の妥協をするであろうからである。そうであるとすれば、有権者は首相を選択できても、与党や政策体系を選択できないことになる。

2　単記限定移譲式比例代表制（改良版）

それでは、この隘路を切り開く道はあるのだろうか。移譲メカニズムを有権者のレベルではなく政党のレベルに適用すれば、この隘路を切り開くことができるかもしれない。改良版の単記限定移譲式比例代表制では、有権者ではなく政党に、連立相手の選好を示す法的義務を課す。改良版の手続きを簡単に説明しよう。

改良版の単記限定移譲式比例代表制では、政党は、連立相手の選好順位を示した候補者名簿を提出するよう求められる。その際、選好の数はゼロでもかまわないし、競合する政党の数でもかまわない。選好順位は、首相を選出するのに使用するだけでなく、連立政権を樹立する際にも使用する。最終的な第一党とそれ以外の政党が相互に選好を示した場合にのみ、両者は連立政権を組む義務を負うようにするのである。

選挙では、有権者は一つの政党に投票し、選好順位を付ける必要はない。議席は、各政党が獲得した票に比例して各政党に比例的に配分される。他方、首相のポストは、相対多数の票（移譲票を含む）を獲得した政党のリーダーに与えられる。そして、どの政党が与党を構成するかは、政党の選好によって決まる。すなわち、勝利を収めた第一党がある政党に選好を示すとともに、その政党が勝利を収めた政党に選好を示していた場合、それらの政党は連立政権を樹立する法的義務を負うのである。その手続きは、次のようになる。

第一段階

まず最初に、選挙管理委員会が、第一党が有効投票総数の絶対多数を獲得しているかどうかをチェックする。この場合、同党のリーダーが首相に選出されるとともに、その政党が単独政権を樹立する。絶対多数を獲得していなければ、次の段階に進む。

第二段階

次に、いわゆる大連立の可能性があるかどうかをチェックする。第一党が第二党に選好を示すとともに第二党も第一党に選好を示しているとすれば、そして両者の得票の合計が有効投票総数の絶対多数に達していれば、第一党のリーダーが首相に選出されるとともに、第一党と第二党が連立政権を樹立する。そうでなければ、次の段階に進む。

第三段階

最後に、最下位の政党に投じられた票を、その選好に基づいて他の政党に移譲する。こうした票の移譲を繰り返し、移譲票を含めて相対多数の票——必ずしも絶対多数である必要はない——を獲得した政党のリーダーが首相に選出される。そして、その政党が他の政党と連立政権を樹立する。最終的に相対多数の票を獲得した政党が政党Xに選好を示し、政党Xも勝利した政党に選好を示していれば、相互選好の関係が存在する。その場合、両者は連立政権を樹立する法的義務を負う。しかし、最終的に相対多数の票を獲得した政党が政党Yに選好を示していないが、政党Yが勝利した政党に選好を示していた場合、一方的選好の関係が存在する。この場合、政党Yは連立政権に加わることなく、閣外協力する。

3 比較分析

一見すると、改良版の単記限定移譲式比例代表制は、多数派優遇式比例代表制と同じく、政権選択と民意反映という二つの理念を一つの選挙制度の下で両立させているようにもみえる。有権者は議員を比例代表的に選出し、政権を多数代表的に選択しているからである。それどころか、単記限定移譲式比例代表制は比例性を歪めていないがゆえに、多数派優遇式比例代表制よりも望ましく、受け入れられやすいようにもみえる。多数派優遇式比例代表制も、多数派優遇に伴う非比例性を少数派優遇に伴う非比例性で相殺しようとしているが、単記限定移譲式のほうが比例代表制論者にも受け入れられやすいことは認めざるをえない。

しかし、注意深く検討すれば、改良版の単記限定移譲式比例代表制は、政権選択という点で決定的な欠陥を有することが分かるに違いない。たしかに、単記限定移譲式比例代表制の下では、有権者は首相と与党を選択することはできる。そこでは、総選挙後に各政党が首相や政権の枠組みをめぐって交渉する余地は存在しないからである。しかし、連立政権の基本政策に関しては、有権者は必ずしも選択することができない。次のようなケースは、十分にありうるであろう。

政党の選好

左派政党と中道左派政党が相互に選好を表明し、政策協定を結ぶ。
中道政党と中道右派政党も相互に選好を表明し、政策協定を結ぶ。
中道右派政党と右派政党も相互に選好を表明し、政策協定を結ぶ。
しかし、中道政党と右派政党は相互に選好を表明しない。

選挙結果

中道政党と右派政党の票を移譲した結果、中道右派政党が相対多数の票を獲得した。

この場合、中道右派政党のリーダーが首相に選出され、中道政党・中道右派政党・右派政党が連立を組む法的義務を負うことになる。しかし三党は、基本政策に関しては合意していない。中道政党と中道右派政党の合意は右派政党を満足させないかもしれないし、中道右派政党と右派政党の合意も中道政党を満足させないかもしれない。そうであるとすれば、三党は総選挙後に、多かれ少なかれ妥協しあい、基本政策の合意に達しなければならない。このことは、有権者が総選挙において三党連立政権の政策体系を選択できないことを意味する。

たしかに、安定的な「連立ライフサイクル」の下では、三党は合意に達するかもしれない。総選挙を通じて選挙結果と連立の枠組みが相対的に安定している場合である。この場合、有権者は連立政権の政策体系も選択することができるであろう。しかし中道政党も右派政党も、合意に達しない合理的な誘因を有している。周知のように、アンソニー・ダウンズは、連立政権では「遠心力」と「求心力」が作用していると指摘している（Downs 1957: Chapter 9 = 1980: 第九章）。ラニー・マーティンとゲオルク・ヴァンベルクも「連立政権のジレンマ」について述べている。「うまく統治するためには、連立相手は、相互受容という集合的利益と自身の特殊な政策目標を追求するという個別的誘因とのあいだに内在する緊張関係を克服できなければならない」（Martin and Vanberg 2011: 4）。

こうした相反する力は、連立を組む段階でも作用する。中道政党も右派政党も与党になり、大臣ポストを獲得したいと考えているとしよう。両党は妥協してでも連立協定を結ぶ誘因を有している。しかし同時に、両党は、相互に距離を置く誘因も有している。一つの理由は、イデオロギー的に距離のある政党と妥協せずに、自身の政策を実現できるようにすることである。もう一つの理由は、イデオロギー的に距離のある政党と妥協して得票数や議席数を減らさないようにすることである。中道政党と右派政党が連立協定を結べば、ほとんどの支持者はその協定に失望するであろう。そして、支持してきた政党を見放すことになるかもしれない。

ここで注意すべきは、支持者を失うリスクは中道政党のほうが高いということである。中道政党の左側には、支持者の受け皿となる中道左派政党がいるからである。中道政党の支持者のなかには、同党を支持し続ける者もいるだろうが、中道政党に見切りをつけて中道左派政党に乗り換える者もいるであろう。得票数や議席数の減少が見込まれるため、中道政党は右派政党と妥協するのを躊躇するに違いない。たしかに、多数派優遇式比例代表制の下でも、中道政党には右派政党と妥協しない誘因が存在する。中道政党の支持者のなかには、同党が右派政党と連立協定を結べば、多かれ少なかれ失望する者もいるであろう。しかし、中道政党には右派政党と連立協定を結ぶ強い誘因が存在する。連立協定を結べば、与党になるだけでなく優遇議席も獲得する可能性が高まるが、連立協定を結ばなければ、野党になるだけでなく一部の議席を失う可能性が高まるからである。多数派優遇式比例代表制とは対照的に、単記限定移譲式比例代表制には、一部の支持者が離反するとしても連立協定を結ぶ強い誘因が欠けているのである。

さらに悪いことに、中道政党・中道右派政党・右派政党の連立政権が成立したときでさえ、三党が基本政策について包括的な協定を結ぶことは容易ではない。基本政策に関する包括的な協定があれば、連立与党を縛るが、そうした協定がなければ、連立政権はより非効率的になり、より不安定になるであろう。また、責任の所在が不明確になり、有権者が連立政権にそのパフォーマンスの責任を取らせることも難しくなるであろう。

以上の検討が正しければ、多数派優遇式比例代表制では単記限定移譲式比例代表制に比べて、民意反映と政権選択という二つの理念がよりよく両立しうることになる。しかしこのことは、単記限定移譲式比例代表制がまったく無意味であるということを意味しない。単記限定移譲式比例代表制が比例代表制の抱える政権選択問題を、解決しないにせよ軽減するのに寄与するからである。しかも、比例代表制の長所である比例性を歪めることもない。政党が候補者名簿を提出する際、連立相手の選好を示す法的義務を課すだけである。それゆえ、総選挙前の政党連合を唱える比例代表制論者にも受け入れられやすいように思われる（e.g. 石川 1990: 54; Powell 2000: 71–72; Golder 2006: 138; Farrell 2011: 217–218）。

注

（1） 私は、そうした有望な代替案として、付随投票制（contingent vote）を適用した単記限定移譲式比例代表制を考案したが（Okazaki 2021）、ここでは付随投票制ではなく選択投票制（alternative vote）を適用することにしたい。付随投票制の移譲メカニズムでは、第二位に滑り込むために政党が合併する誘因が働いてしまうと考えるようになったからである。

（2） 私は、alternative vote は「単記移譲式小選挙区制」と意訳すべきであると考えるが（岡﨑 2012: 222）、ここでは慣例に従い「選択投票制」と直訳する。選択投票制については、Farrell and McAllister 2005: 84–87 を参照。

第五章　多数派優遇式比例代表制の制度設計

第一節　問題設定

本章では、多数派優遇式比例代表制の具体的な制度設計を試みることにしたい。一口に比例代表制といっても、各種の名簿式比例代表制、単記移譲式比例代表制、そして小選挙区比例代表併用制という三つの形態がある。イタリアの多数派優遇式比例代表制は名簿式比例代表制だったが、それ以外の形態にすることも可能である。いったい、どの形態で制度設計をするのが望ましいのであろうか。

日本における代表的な比例代表制論者である西平重喜や小林良彰は、都道府県単位ないしブロック単位の非拘束名簿式比例代表制を唱えてきた（西平 1981: 172–185; 西平 2003: 155–182; 小林 1994: 145–148; 小林 2008: 288–290; 小林 2012: 187–190; Kobayashi 2012: 151–153. cf. 選挙市民審議会 2018: 15–18）(一)。私自身は、三重の自己決定という基準からブロック単位の非拘束名簿式比例代表制を提唱したこともあるし（岡﨑 2009）、熟議という基準から併用制を提唱したこともある（岡﨑 2012）。さらに、良きチームという基準から複合拘束名簿式を提唱したこともある（Okazaki 2022）。いずれの形態が望ましいかは、カナダの市民討議会のように、日本の有権者が熟議をして決定すればよいであろう（結論第二項を参照）。

しかし、衆議院の選挙制度として並立制が採用されてきたことを考えれば、同じく小選挙区制を活用する併用制が最も実現可能性の高い選択肢であるように思われる。また、後述するように、併用制は自由度の高い選挙制度であり、小選挙区で候補者を擁立しなければ、拘束名簿式比例代表制として使用することもできるし、惜敗率などを活用すれば、ある種の非拘束名簿式比例代表制として使用することもできる。そうした消極的・積極的理由に基づいて、本章では、多数派優遇式比例代表制を併用制で制度設計し、多数派優遇式併用制を提案することにしたい。

さて、選挙制度の解説書には事欠かない。日本では、西平重喜『各国の選挙――変遷と実状』が最も包括的である（西平 2003）。最近のものでは、大林啓吾／白水隆編著『世界の選挙制度』があり、アメリカ、イギリス、ドイツ、フランス、イタリア、カナダ、オーストラリア、中国、韓国、日本の選挙制度を採りあげている（大林／白水編著 2018）。国立国会図書館の資料として、那須俊貴「諸外国の選挙制度――類型とその効果（資料）」がある（那須 2018）。海外では、選挙制度ごとに解説したものとして定評があるのは、インターナショナルIDEAの『選挙制度設計――新インターナショナルIDEA必携』（二〇〇五年）やデイヴィッド・M・ファレル『選挙制度――比較による入門』第二版である（International IDEA 2005; Farrell 2011）[2]。また、国ごとに解説したものとしては、マイケル・ギャラハーとポール・ミッチェルが編集した『選挙制度の政治』が重要である。同書は、二二カ国の選挙制度の歴史・制度・改革を統一された形式で分析している（Gallagher and Mitchell, eds. 2005）。しかし、ドイツなどで選挙制度改革がなされたこともあり、いささか古くなっていることも否めない。そこで本章では、これらの先行研究や最新の選挙制度改革を踏まえて、各種の名簿式比例代表制（第二節）、単記移譲式比例代表制（第三節）、併用制（第四節）を解説・検討する。そのうえで多数派優遇式併用制という制度設計を提示したい（第五節）。

第二節　名簿式比例代表制

1　各種の名簿式比例代表制

(1) 拘束名簿式　拘束名簿式（closed-list system）では、政党は名簿順位の付いた候補者名簿を提出する。有権者は候補者に投票することはできず、政党に投票する。得票数に比例して各政党に議席が配分された後、名簿順位に従って当選者が決定する。拘束名簿式比例代表制は、衆議院の比例代表のほか、イスラエルやスペインなどで使用されてきた（Gallagher and Mitchell, eds. 2005: Chapters 16 and 18）。これにたいして、半拘束名簿式（flexible-list system）、非拘束名簿式（open-list system）、自由名簿式（free-list system）といった選好名簿式（preferential-list system）では、多かれ少なかれ、有権者が候補者を選択することができる（加藤 2003: 72-73）[3]。参議院の比例代表制は二〇〇〇年の公職選挙法改正により、拘束名簿式から非拘束名簿式へと改革されている（cf. 原 2013: 4-16）。こうした改革は日本に限ったものではなく、ヨーロッパ諸国でも、有権者が候補者を選択できる選好名簿式に改革する傾向が見られる（Renwick and Pilet 2016: Chapter 3; Rahat and Kenig 2018: 141-143）。

(2) 半拘束名簿式　半拘束名簿式では、政党は名簿順位の付いた候補者名簿を提出するが、有権者は政党票だけでなく個人票を投じることもできる。半拘束名簿式は、ベルギーなどで採用されてきた。ベルギー連邦下院（代議院）の総定数は一五〇議席であり、一五〇人の議員は一一の選挙区ごとに半拘束名簿式比例代表制で選出される。各政党は各選挙区において、名簿順位の付いた候補者名簿を提出する。有権者は政党に一票を投じる際、一人以上の候補者に個人票を投じることもできる。[4] 議席は政党の得票数に比例して、各選挙区で五％以上の得票のあった政党に配分される。個人票が当選基数に達した候補者は、名簿順位にかかわらず、得票数の多い順に当選者となる。すべての議席が埋まっていない場合、政党票の半数が、まだ当選していない候補者のうち、名簿順位が最上位の者に配分される。個人票と移譲された政党票を合わせて当選基数に達すれば、その候補者は当選者となる。まだ配分されていない政党票は、この時点で当選していない候補者のうち、名簿順位が最上位の者に配分される。このプロセスがすべての議席が埋まるまで、あるいは、政党票の半数が配分され尽くすまで続くのである（Devos 2013: 116–123. cf. De Winter 2005: 420–423; Deschouwer 2012: 114–125）。

(3) 非拘束名簿式　非拘束名簿式は、参議院の比例代表でも採用されているが、ここでは長らく非拘束名簿式を採用してきたフィンランドの仕組みを紹介しよう。フィンランド共和国議会（エドゥスクンタ）の総定数は二〇〇議席であり、二〇〇人の議員は一四の選挙区ごとに選出される。その際、定数一議席の一つの選挙区を除いて、一九九人の議員は非拘束名簿式比例代表制で選出される。各政党は一三の選挙区において、名簿順位の付いていない候補者名簿を提出する。有権者は政党ではなく候補者に一票を投じる。参議院のように政党に投票することはできない。議席は、政党（または連合）の候補者が獲得した得票総数に比例して各政党に配分される。各政党（または各連合）内では、個人票の多い順に当選者となる（フィンランド法務省のウェブサイト［https://vaalit.fi/en/parliamentary-elections］. cf. 西平 2003: 496–498; Raunio 2005: 476–482）[5]。

非拘束名簿式は、二〇〇〇年の公職選挙法改正後の参議院でも、九六人（現在は一〇〇人）を選出するために採用されてきた[6]。政党は全国区で、名簿順位の付いていない候補者名簿を提出する。有権者は候補者に投票してもよいが、フィンランド共和国議会とは異なり、政党に投票してもよい。議席はドント式に基づいて、政党の得票数（政党票プラス個人票）に比例して各政党に配分される。政党内では、個人票の多い順に当選者となる。ただし、参議院の非拘束名簿式は二〇一九年に修正が加えられており、政党は順位を付けることもできるようになった。名簿順位を付けられる候補者数は、候補者数から一を引いたものである。この特定枠をフルに活用すれば、政党は非拘束名簿式を拘束名簿式として運用することができるようになったのである。

(4) **自由名簿式**　自由名簿式は、スイス連邦下院（国民議会）やルクセンブルク議会（代議院）で採用されてきた。たとえばスイス連邦下院の総定数は二〇〇議席であり、二〇〇人の議員は二六の選挙区ごとに選出されるが、定数一議席の六つの選挙区を除いて、自由名簿式比例代表制で選出される。政党は各選挙区で、名簿順位の付いていない候補者名簿を提出する（その際、同一候補者を二回まで記載することができる）。有権者は、印刷された投票用紙（政党ごと）の一枚を自由に修正することができる（あるいは、空白の投票用紙を使い、政党番号や候補者名を手書きすることもできる）。有権者は、印刷された投票用紙において、一人以上の候補者を「削除」（streichen / biffer）することができる（ただし、すべての候補

図 5-1　自由名簿式における投票方法

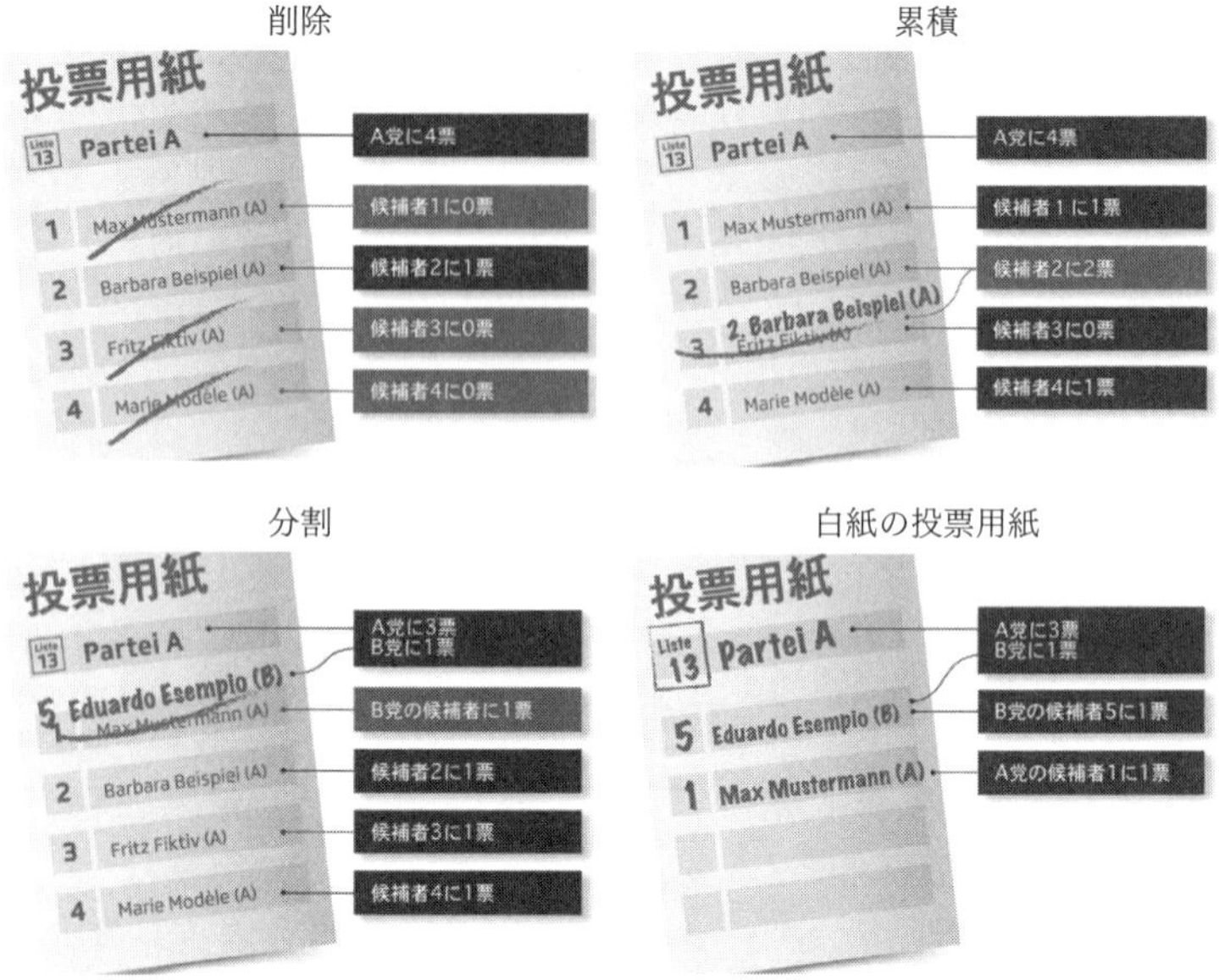

出典：https://www.swissinfo.ch/jpn/ 図解 _ スイスの名簿式投票 /45151758

者を削除することはできない）。有権者はまた、同じ候補者を二回まで「累積」(kumulieren / cumuler）することもできる。すなわち、削除した行に、他の候補者名を手書きし、その候補者名に二票を投じることができる。それどころか、有権者は票を「分割」（panaschieren / panacher）し、削除された行に、他の政党の候補者を手書きすることさえできるのである（ここでもまた、同一候補者は二回までしか記載できない）。この手書きされた票は、その政党の政党票として集計される（図5−1）。議席は、政党の得票数に比例して各政党に配分され、個人票の多い順に当選者となる（スイス放送協会の一部門であるスイスインフォのウェブサイト［https://www.swissinfo.ch/jpn/ 図解_スイスの名簿式投票 /45151758］. cf. 西平 2003: 391-394. なお、政治的権利に関する連邦法は、中村 1992 で和訳されている)。

2 名簿式比例代表制の検討

拘束名簿式の最大の長所は、政党がバランスのよい布陣を敷きやすいことである。拘束名簿式では、各種の政策分野に精通した候補者をバランスよく並べることができるであろう。また、将来有望な若手を育成することもできるであろうし、ベテランであっても「縁の下の力持ち」的な議員を当選させやすくすることもできるであろう。その結果、政党としてのパフォーマンスは向上するに違いない。また、候補者が絶え間なく選挙運動をする必要がないため、政策活動に専念しやすくなるに違いない(Okazaki 2022)。

しかし拘束名簿式に問題がないわけではない。第一に、有権者が候補者を選択することができないことではない(International IDEA 2005: 71)。このことは、集合的自己決定としての民主主義の理念からすれば、望ましいことではない(岡﨑 2009: 8, 15–17)[7]。第二に、候補者が選挙区活動をする必要がないため、有権者と政治家との距離が遠くなりやすい(International IDEA 2005: 71; 那須 2018: 39)[8]。第三に、名簿順位を決定する権限を持つ政党幹部の力が強くなり、政党内に萎縮や忖度が蔓延しかねない(International IDEA 2005: 71; 那須 2018: 39)。そして最後に、特に大政党では名簿順位を付けるのが難しい[9]。これらは、まったく対処できないわけではないが、厄介な問題であることに変わりはない。

他方、選好名簿式では、有権者は候補者を選択することができる。特に自由名簿式では、他党の候補者を選択したり、候補者を削除したりすることもできる。また、非拘束名簿式や自由名簿式では、名簿順位を付ける必要がないため、政党幹部の力が強まりすぎることもないし、名簿順位を付ける困難を回避することもできる。

しかし選好名簿式には、有権者が候補者を形式的には選択できても実質的には選択できないおそれがある。現在、比例代表選出の参議院議員のほとんどは、大規模な利益集団を支持基盤としている(10)。すなわち、自民党のほとんどの候補者は財界や農業界に支えられており、立憲民主党のほとんどの候補者は労働組合に支えられている(11)。二〇二二年参議院議員通常選挙の比例代表では、自民党の個人票は二四・八八%、立憲民主党の個人票は二三・一五%にとどまり（総務省 2022）、有権者の大半が政党票を投じている。だとすれば、候補者を選択する形式的な権利は与えられていても、多くの有権者は、候補者を選択する実質的な権利を与えられているとは言いがたい。

もちろん、有権者のなかには、どの候補者がよいかを熟考したうえで個人票を投じる者もいるであろう。しかし、その場合であっても、候補者の人物や能力を見抜くのは容易ではない。卓越しているようにみえる候補者でも、同僚のあいだでは評判は芳しくないかもしれないし、大臣として官僚を使いこなせないかもしれない。逆に、凡庸にみえる候補者であっても、「縁の下の力持ち」として、政党に不可欠な人材であるかもしれない。真の人物や能力は、近くの同僚には分かり切ったことでも、遠くの有権者には必ずしも明白なものではないだろう。

なお、半拘束名簿式では、候補者に名簿順位が付いているため、これらの短所は緩和される。

第三節　単記移譲式比例代表制

1　各種の単記移譲式

単記移譲式比例代表制は、ジョン・スチュアート・ミルが『代議制統治論』（初版：一八六一年、第三版：一八六五年）で擁護し、ウォルター・バジョットが『イギリス国制論』（一八六七年）で批判したことで広く知られるようになった（ミル 2019: 129–150; バジョット 2023: 224–238. cf. 甲斐 2005: 95–99）[12]。トマス・ヘアが「個人代表制」（personal representation）と呼んでいたことが示しているように、比例代表を意図したものではなかったが、有権者が候補者に選好順位を付けて投票し、その選好順位に従って票が移譲されるため、結果として比例代表的な議席配分になる仕組みであり、比例代表制の一種と見なされている。アイルランド共和国下院のほか、イギリスの北アイルランド議会、オーストラリア連邦上院、マルタ共和国議会などで採用されている。

(1) アイルランド共和国下院　アイルランド共和国下院（ドイル・エアラン）の総定数は一六〇議席であり、一六〇人の議員は三九の選挙区（定数は三〜五）ごとに単記移譲式比例代表制で選出される。有権者は各選挙区において、候補者に選好順位を付けて投票する。すべての候補者に選好順位を付ける必要はなく、第一選好だけでもよい。

まず、当選に必要な票数（当選基数）が計算される。トマス・ヘアが考案した計算方法では、ある大選挙区の有効投票総数を当該選挙区の議席数で除し、商の整数部分に一を加えたものが当選基数となる

図 5-2　単記移譲式比例代表制における超過票の移譲

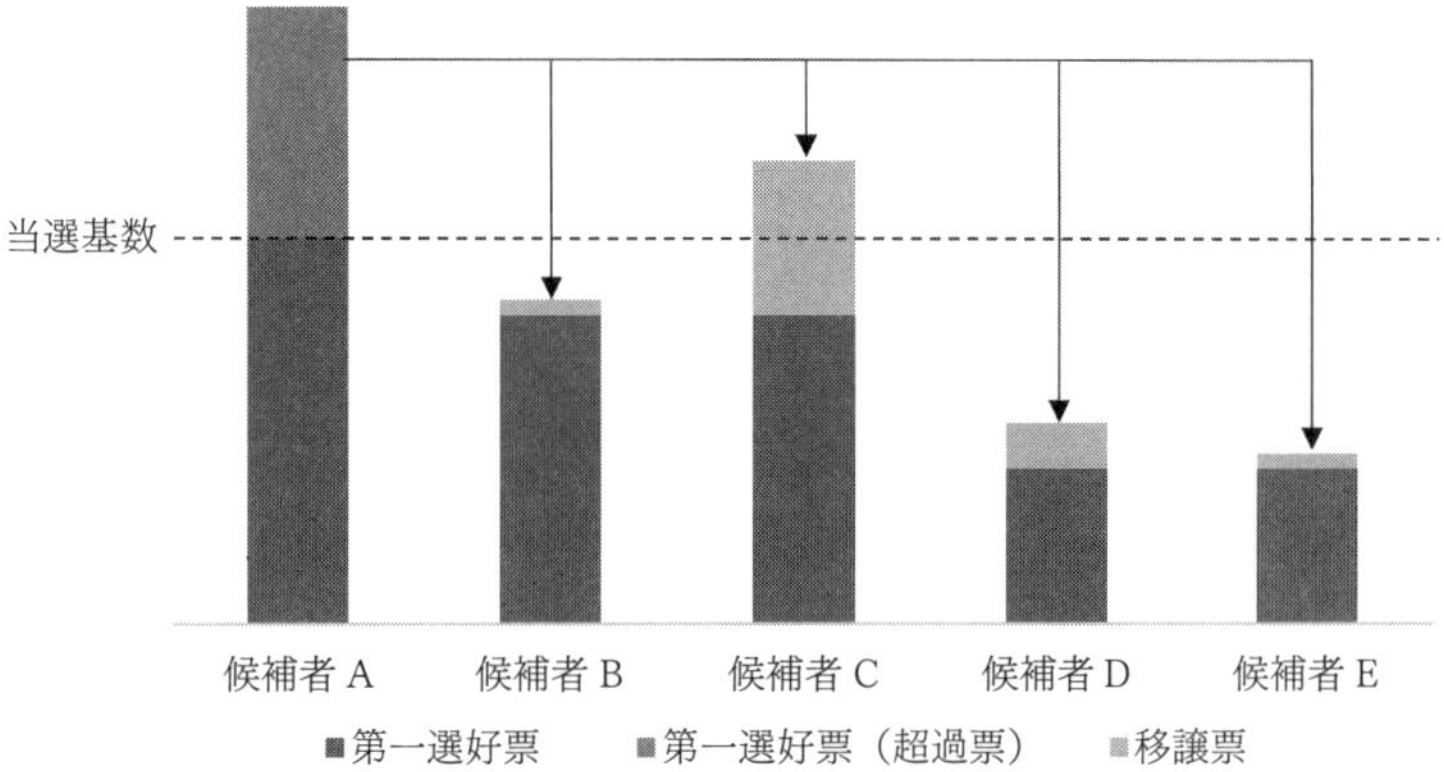

（ヘア基数）。この計算方法は直感に合致するであろうが、実際にはそれに達しなくとも当選するのに十分であり、それゆえヘア基数は過大である。そのことに気づいたヘンリ・R・ドループが考案したのが、ドループ基数である。ドループ基数は、選挙区の有効投票総数を定数プラス一で除し、商の整数部分に一を加えたものである。ヘア基数に比べて除数が大きくなるため、当選基数は小さくなるが、これを超えれば必ず当選者の最下位に滑り込むことができる数値である。アイルランド共和国下院の選挙制度では、ドループ基数が用いられている。

　次に、個々の候補者が獲得した第一選好票の数が当選基数に達しているかどうかを確認し、候補者Aがそれに達しているとしよう。この場合、候補者Aは当選者となる。通常、候補者Aは当選基数よりも多くの票を得ているため、当選基数を超えた票は取り過ぎた票（超過票）ということになる。そのままでは、議席に活かされない票であるため、広義の「死票」（wasted vote）ともいえる。単記移譲式比例代表制では、この超過票を第二選好に従って、当選基数に達していない他の候補者に移譲するのである。その際、当選した候補者Aのすべての票を第二選好票ごとにまとめ、その割合に応じて、超過票を他の候補者に移譲するのである。こうした超過票の移譲により、候補者Cが第一選好票と第二選好票を合算して当選基数に達したとしよう。この場合、候補者Cも当選者となるのである（図5－2）。

こうした票の移譲を定数が埋まるまで繰り返すが、次の段階だけを例示すれば、候補者Cの超過票を、まだ当選していない候補者B、候補者D、候補者Eに移譲する。ここで、候補者Cを第一選好とした票における第二選好の割合と、候補者Cを第二選好にした移譲票における第三選好の割合に応じて超過票を移譲する方式もあるが、アイルランド共和国下院では、候補者Cを第二選好にした移譲票のみを移譲の対象とする。[13] なお、超過票がない場合や、超過票を移譲してもどの候補者も当選基数に達しない場合には、第一選好票プラス移譲票が最下位の候補者を落選とし、その票を第二選好以下の比率に応じて、まだ当選していない他の候補者に移譲する（大曲 2019. cf. Gallagher 2005: 514–520）。

単記移譲式比例代表制では、有権者は通常、同じ政党の候補者に第一選好、第二選好、第三選好……を付けるであろう。その結果、超過票が同一政党の候補者に移譲されるため、結果的に比例代表的になる。ただし、単記移譲式比例代表制が比例性を保障するためには、選挙区定数が五以上であるべきだとされるが（Endersby and Towle 2014: 146）、アイルランド共和国下院の場合には選挙区定数が三から五であるため、比例性は低下することになる。

(2) オーストラリア連邦上院　オーストラリア連邦上院（元老院）の総定数は七六議席であり、八選挙区（六州＋二特別地域）ごとに単記移譲式比例代表制で選出される。通常は半数改選である（芦田

2018d)。オーストラリア連邦下院（代議院）が単記移譲式小選挙区制（選択投票制）を採用しているのにたいして、オーストラリア連邦上院は単記移譲式比例代表制を採用している。日本では、政権選択可能な小選挙区制と民意反映可能な比例代表制が衆議院のなかで並立しているのにたいして、オーストラリアでは代議院と元老院のあいだで並立しているのである。

さて、オーストラリア連邦上院で採用されている単記移譲式比例代表制も、アイルランド共和国下院で採用されている単記移譲式比例代表制と基本的には変わりはない。[14] ただし、二〇一六年の連邦選挙法改正により修正が加えられており、有権者は候補者に順位を付けることもできるが、政党が指定した順位を利用することもできるようになっている（図5－3）。この仕組みでは、従前のように候補者に順位を付けたい有権者は、投票用紙の下側を利用して候補者に順位を付ける（その際、少なくとも一二人の候補者に順位を付けなければならない）。他方、政党に一任したい有権者は、投票用紙の上側を利用して政党に順位を付ける（その際、少なくとも六つの政党に順位を付けなければならない）。そうすると、第一位の政党の候補者名簿の上から順に順位が付いていき、その後、第二位の政党の候補者名簿の上から順に順位が付いていくことになる（オーストラリア選挙管理委員会のウェブサイト［https://www.aec.gov.au/learn/preferential-voting.htm］。cf. 芦田 2016)。

(3) マルタ共和国議会　マルタ共和国議会（代議院）の総定数は六五議席であり、六五人の議員は一三の選挙区（定数は五議席）ごとに単記移譲式比例代表制で選出される。一九八一年総選挙において得票率と議席率の逆転現象が発生したため、一九八七年に憲法第五二条が改正され、単記移譲式比例代表制に修正が加えられた。第一選好票で絶対多数（過半数）を獲得した政党が絶対多数の議席を獲得できる

図 5-3　オーストラリア上院の投票用紙

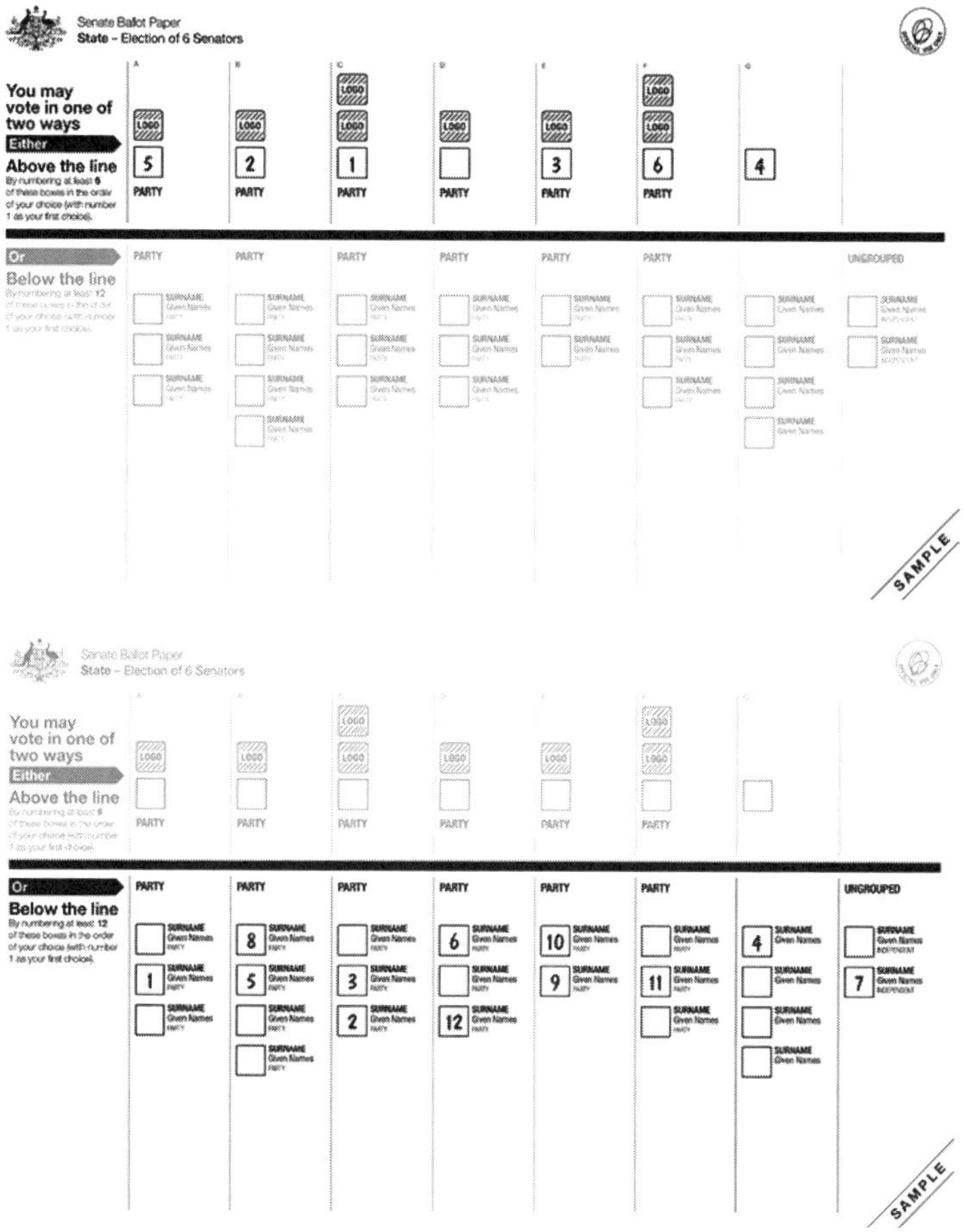

出典：http://www.aec.gov.au/Voting/How_to_Vote/Voting_Senate.htm

ように、追加議席が配分されるようになったのである。一九九六年の憲法改正以降は、三党以上が立候補し、二党しか議席を獲得できなかった場合にも、相対多数の票を獲得した政党が絶対多数の議席を獲得できるように、追加議席が配分されるようになった。しかし、二〇〇七年の憲法改正により八七年・九六年の規定が改められ、非比例性を是正するために第一位の政党または第二位の政党に追加議席が配分されるようになった。加えて、二〇二一年の憲法改正以降は、「性的過小代表」——現状では女性——の当選者が四〇%未満だった場合、最大一二人の「性的過小代表」議席が追加配分されるようになったのである（Bezzina and Vassallo 2024. cf. Zanella 1990: 207–208; Hirczy de Miño and Lane 2000: 179–186; Bezzina and Buhagiar 2011: 2–4; Fenech 2023: 271–272）。

マルタ共和国議会の総定数は六五議席であるが、追加議席や「性的過小代表」議席が配分されると総議席数が総定数を超過することになる。こうして二〇二二年総選挙では、第一党の労働党は、当初議席三八議席、「性的過小代表」議席六議席、計四四議席となり、第二党の国民党は、当初議席二七議席、追加議席二議席、「性的過小代表」議席六議席、計三五議席となって、総議席数は七九議席に膨れ上がったのである（Fenech 2023: 272）。

このように、マルタ共和国議会の単記移譲式比例代表制は、数度の憲法改正を経て複雑になっている。たしかに、一九八七年・九六年以降の選挙制度は多数派優遇式比例代表制と理解してよいであろうが、二〇〇七年以降は非比例性を是正するために少数派にも追加議席が配分されるようになったため、現行の単記移譲式比例代表制は多数派優遇式であるというよりも、ドイツ連邦議会の旧・調整議席（第五章第四節第一項を参照）のように、非比例性を是正する調整議席式であると理解したほうがよいであろう。(15)

2　単記移譲式比例代表制の検討

単記移譲式比例代表制では、拘束名簿式比例代表制とは違い、有権者が候補者を選択することができる。また、各種の名簿式比例代表制とは違い、無所属候補者が立候補し、当選することも不可能ではない（International IDEA 2005: 76; 那須 2018: 40）。後述する併用制でも、無所属候補者が小選挙区で立候補することは可能であるが、当選するためには相対多数の票を獲得しなければならないため、ハードルが高い。石川真澄も「政治改革」期に、「各党に抵抗の少ない改革案だと思うがどうだろう」として、アイルランドで採用されている「単記委《ママ》譲式」を紹介したことがある（『朝日新聞』一九九三年八月三日朝刊）[16]。

しかし、単記移譲式比例代表制に問題がないわけではない。第一の問題は、名簿式比例代表制や併用制に比べて比例性が低いことである。アイルランドの選挙結果を調査した大曲薫によれば、アイルランドでは選挙区が比較的小さく、また投票用紙で候補者がアルファベット順に並び政党色が薄まっているため、名簿式比例代表制に比べて比例性は概して低い（大曲 2019: 17, 24–26. cf. 那須 2018: 47, 53）。もちろん、名簿式比例代表制でも選挙区定数が少なくなれば、比例性は低下するが、名簿式比例代表制が政党の得票数をその政党の議席数に直接に転換することと比べれば、単記移譲式比例代表制は間接的な方法であるため、比例性が概して低いことは否めない。

第二に、中選挙区制と同様に、同士打ちを助長し（Gallagher 2005: 523–525; 那須 2018: 40）、選挙区サービスが生じやすくなることである（International IDEA 2005: 77）。たしかに、票の移譲という仕組みがあるため、そうした弊害は緩和されるであろう。大曲は「各候補者の地元サービスを促進する面と政党に所属する候補者として政党単位で行動するという両面をバランスさせる制度であるということもできる」

としている（大曲 2019: 28）。しかし、同一政党の候補者が同一選挙区で争う以上、同士打ちや選挙区サービスがなくなるわけではない。中選挙区制における激しい同士打ちと選挙区サービスを経験している以上、日本において単記移譲式比例代表制を採用するのは容易ではないであろう。

第三に、票の移譲の仕組みが複雑であり、義務教育で教えるには複雑すぎるかもしれない（International IDEA 2005: 77）。ウォルター・バジョットは「ある人が言ったように、ヘア氏の構想〔単記移譲式比例代表制〕は、「本人もこれを二日続けて覚えていられない」ほどのものなのである」と揶揄している（バジョット 2023: 226）。有権者が制度の基本的仕組みを理解できることが重要な基準であるとすれば、単記移譲式比例代表制は有権者にとって難しすぎるかもしれない。

第四節　小選挙区比例代表併用制

1　ドイツの小選挙区比例代表併用制

併用制はニュージーランドなどでも採用されているが、ここではドイツ連邦議会の選挙制度を見ていく。ただし、二〇二三年に超過議席・調整議席を解消するという大きな改革がなされたので、二三年改革以前の選挙制度を見た後、二三年改革の要点を確認することにしたい（連邦憲法裁判所は二四年七月三〇日、超過議席・調整議席の解消を合憲とする一方、三議席条項の削除を違憲と判断した）[17]。

二〇二三年改革以前の選挙制度では、下院に相当する連邦議会の総定数は五九八議席であり、政党は二九九の小選挙区で候補者を擁立するとともに、一六の州で候補者名簿を提出することができる。その際、重複立候補も可能である。有権者は二票を持っているが、日本の衆議院や参議院とは違い、投票用紙は一枚である。有権者は第一票（投票用紙の左側）で小選挙区の候補者に投票し、第二票（右側）で政党に投票する（図5－4）。議席は、連邦レベルで集計された政党票に比例して、いわゆる阻止条項（連邦で五％の得票または三議席）を突破した政党に配分される。そして、政党に配分された議席は、小選挙区で当選したその政党の候補者が優先的に占め、残る議席は名簿順位に従って補充される。ただし、小選挙区で当選した候補者数がその政党に配分された議席数を超えた場合、小選挙区での当選者はすべて当選者となるため、連邦議会の定数を超えた議席（超過議席）が発生することになる。二〇一三年の連邦選挙法改正の後は、超過議席による比例性の歪みを是正するために、それ以外の政党に調整議席を配分するようになったため、総議席数はさらに膨れ上がることになる。詳しく説明したい。

図5-4　ドイツ連邦議会の投票用紙
(Tim Reckmann 氏作成の画像)

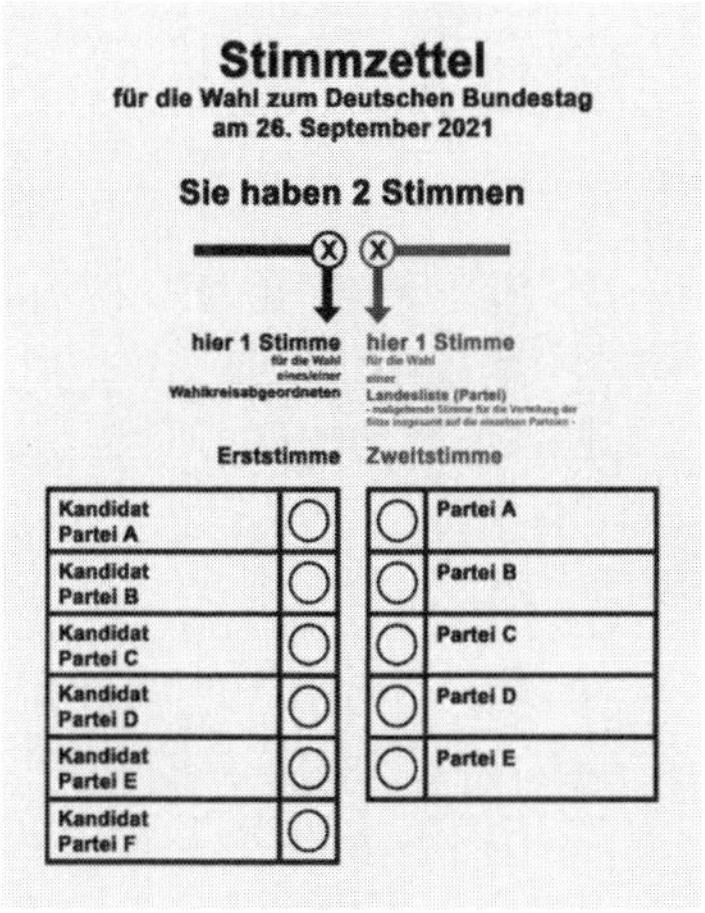

出典：https://ccnull.de/foto/bundestagswahl-2021-stimmzettel-muster/1007962

第一段階では、五九八議席が州の人口に応じて各州に配分されるが、州の議席数はあくまでも暫定的なものである。次に、阻止条項を突破した政党が州レベルで獲得した政党票に比例して、州の議席が州レベルの各政党に配分されるが、この各政党の議席数も暫定的なものである。小選挙区で当選したある政党の候補者数が、その政党に配分された議席数を上回った場合、いわゆる超過議席（Überhangmandate）が計算上生じることになる。[18] 州レベルで各政党に配分された議席数を合算して、連邦レベルで各政党に配分される最低議席数（Mindestsitzzahl）を算出する。ここまでが、いわば準備段階である。

第二段階では、政党が連邦レベルで獲得した政党票に比例して、すべての議席が各政党に配分されるが、その際、各政党の議席が連邦レベルでの政党票に比例するように、また、各政党が最低議席数を保障されるように、調整議席（Ausgleichsmandate）が配分される。「超過議席」によって生じた非比例性が、この調整議席によって是正されるわけである。こうして、議席数が定数五九八を超えることがある。事実、二〇二一年連邦選挙では、議席数は七三六議席に膨れ上がった。[19]

第三段階では、政党が連邦レベルで獲得した議席が、州レベルで獲得した政党票に比例して、州レベルの政党に配分される。その議席は、まず、小選挙区で当選した候補者に配分される。小選挙区で当選した候補者の数が、その政党に配分された議席数に達していない場合、候補者名簿順に補充されていく。重複立候補も可能であるため、小選挙区で落選した候補者が「復活当選」することもある（Der Bundeswahlleiter 2021. cf. 河島／渡辺 2013; 河崎 2015a; Behnke 2014）。

二〇二三年改革後、連邦議会の総定数は五九八議席から六三〇議席に増加した。政党は二九九の小選挙区で候補者を擁立し、一六の州で候補者名簿を提出することができる。その際、重複立候補も可能である。有権者は第一票（投票用紙の左側）で小選挙区の候補者に投票し、第二票（右側）で政党に投票する。議席は、連邦レベルで集計された政党票に比例して、いわゆる阻止条項（連邦で五％の得票）を突破した政党に配分される。各政党に配分された議席は、州レベルの得票数に比例して州レベルの政党に配分される。小選挙区で第一位になった候補者のうち楽勝率――候補者の得票数を小選挙区の有効投票総数で割った数――の高い順にその議席が占められていく。そこで、小選挙区で第一位になった候補者の数が、その政党に配分された議席の数を超えた場合には、小選挙区で第一位になったとしても落選する候補者が発生する。逆に、小選挙区で第一位になった候補者が、その政党に配分された議席よりも少なかった場合には、名簿順位に従って当選者が補充される。このように併用制では、すべての議席が政党票に比例して配分され、小選挙区制は当選者を決める際に活用されるにすぎない。それゆえ、並立制とは違い、比例代表制の一種である（ドイツ連邦議会のウェブサイト［https://www.bundestag.de/dokumente/textarchiv/2023/kw11-de-bundeswahlgesetz-937896］. cf. 山岡 2023a; 山本 2023）。

2　小選挙区比例代表併用制の検討

併用制の長所は、第一に、有権者が小選挙区において、政党選択とは切り離して候補者を選択できることである。並立制では、不祥事を起こした候補者を落選させれば、その政党の議席も減少するが、併用制では、そうした心配をする必要はない。小選挙区で候補者を落選させたとしても、その政党の議席が減少するわけではないからである。ただし、小選挙区の数によっては、多くの落選候補者が「復活当選」することになりかねない。そうならないように、小選挙区の数を適切に設定することが欠かせない。この点については、第五節で検討することにしたい。

併用制の第二の長所は、有権者と政治家の距離が縮まることである（International IDEA 2005: 95; 那須 2018: 40）。ただし、日本では公職選挙法で個別訪問が禁止されていることもあり、一部の有権者を除けば、政治家と膝を突き合わせて話し合う機会はほとんどない。二〇一七年のＪＥＳⅥ調査（衆院選事前インターネット調査）の結果によれば、過去五年間に「必要があって政治家や官僚と接触した」と回答した者は四・七％だった。また、「議会や役所に請願や陳情に行った」と回答した者は二・〇％、「選挙や政治に関する集会に出席した」と回答した者は五・五％、「選挙運動を手伝った（候補者の応援など）」は三・九％だった（投票行動研究会 2017: Q51）。併用制であれば、有権者と候補者の距離が自動的に近くなるわけではなく、開かれた集会を開くなどの努力が欠かせない。

併用制の第三の長所は、自由度の高い選挙制度であることである。併用制では、小選挙区で候補者を擁立しなければ、拘束名簿式として使用することもできるし、惜敗率や楽勝率といった接戦率を活用すれば、ある種の非拘束名簿式として使用することもできる。このように併用制は、政党の特性――政党がどれくらいの規模か、政党が組織政党であるか否か――や、有権者の要求を踏まえ、政党が柔軟に活用することのできる選挙制度である。この長所は、私の知るかぎり指摘されたことはないが、併用制の重要な長所であるように思われる。

それでは、併用制に問題はないのであろうか。小林良彰は、併用制にも幾つかの問題点があると論じている。小林によれば、第一に、与党議員の多くが小選挙区で選出され、野党議員の多くが比例代表で選出されるため、与党の機能と野党の機能がそれぞれ限定される。第二に、野党議員の多くが比例代表で選出されるため、野党議員が小選挙区から切り離される。そして第三に、比例代表の名簿順位が当選回数順になれば、党の活性化が遅れ、党の方針が固定化する（小林 1993a: 92-94）。これらの問題は、しかし、重複立候補と惜敗率を活用することで回避できるであろう。野党議員の多くが小選挙区で立候補していれば、与野党の機能分化も生じないし、野党議員と小選挙区も切り離されない。また、惜敗率を活用すれば、若手候補者にも平等にチャンスが与えられるため、活性化が阻害されることもない。

しかし、併用制に短所がないわけではない。第二の長所と裏腹であるが、議員が毎週末のように選挙区に戻り選挙区活動をする可能性が高く、政策活動に十分な時間を割けないおそれがある。日本政治に目を向ければ、国会議員は多くの時間を選挙区活動に費やしている。濱本真輔（と根元邦朗）によれば、自民党に所属する国会議員の場合、月の三分の一は選挙区に戻り、それ以外の政党に所属する議員の場合、月の半分は選挙区に戻っている（濱本／根元 2011: 81; 濱本 2018: 133. cf. 濱本 2022: 57–60）。二〇二二年総選挙で有権者の三四・四％が候補者個人を重視して投票していることを考えれば（明るい選挙推進協会 2022: 6, 42）、併用制の下でも、議員は選挙区活動と無縁ではいられないであろう。たしかに、金曜日に選挙区に帰り、火曜日に国会に来るという「金帰火来」をインプットの機会として肯定的に評価する議員もいるが（林／津村 2011: 122–123）、そうした多忙な生活は、議員から政策立案に割くことのできる時間を奪いかねない。そうなれば、いくら有能な候補者が当選したとしても、遅かれ早かれ消耗してしまうであろう。

第五節　多数派優遇式併用制の制度設計

1　多数派優遇式併用制の仕組み

多数派優遇式比例代表制は、イタリアのように名簿式比例代表制でも可能であるし、マルタのように単記移譲式比例代表制でも可能であるが、並立制が採用されてきたことを踏まえ、多数派優遇式併用制の青写真を描くことにしたい。歴史的制度論者が言うように、制度は自由に設計できるわけではなく、歴史的経路の制約を受けざるをえない（cf. ピアソン 2010）。それゆえ、多くの衆議院議員が小選挙区で選出されていることを考慮して制度設計したほうが、選挙制度改革は実現しやすいであろう。しかし、こうした消極的理由だけでなく、すでに述べたように、併用制が自由度の高い選挙制度であることが積極的理由である。

私の制度設計では、衆議院の総定数は四〇〇議席、小選挙区の定数は二五〇議席とする。ただし、各小選挙区では一人が当選するのではなく、男女のペアが当選するため（男女ペア立候補制）、小選挙区の数は一二五選挙区とする。総選挙に臨む政党は、名簿順位の付いた候補者名簿（全国単位）を中央選挙管理会に提出する。その際、首相候補者と基本政策も提出し、政党連合を組む場合には（必ずしも組む必要はない）、政党連合の首相候補者と基本政策を提出する。また、小選挙区に政党の公認候補者を擁立することもできる（必ずしも候補者を擁立する必要はない）。その際、比例代表と小選挙区に重複立候補することも可能であり、名簿順位が同一の場合には接戦率を使用して当選者を決定する。

有権者は、ドイツとは違い、そしてニュージーランドと同じく、第一票（投票用紙左側）で政党に投票し、第二票（投票用紙右側）で小選挙区の候補者に投票する。まず、全国単位で集計された第一票に比例して、政党連合等の暫定議席を計算する（ドント式）。第一位の政党連合等の暫定議席数が五五％の議席（二二〇議席）に達していない場合には、第一位の政党連合等に五五％の議席（二二〇議席）を配分し、逆にそれを超えていれば、第二位以下の政党連合等に四五％の議席（一八〇議席）を配分する。この多数派優遇と少数派優遇を除けば、全国単位での得票数に比例して各政党に議席を配分する（ドント式)。その際、全国二%という阻止条項を突破しなかった政党には議席は配分されない。その議席は、阻止された政党が政党連合に属している場合には、その政党連合の他の政党に配分され、政党連合に属していない場合には、第一位の政党連合等以外の政党連合等に配分されることとする。

それでは、誰が各政党の当選者になるのか。小選挙区で第一位になった候補者の数がその政党に配分された議席数に達しなかった場合、小選挙区で第一位になった候補者はすべて当選者とし、不足分は候補者名簿の名簿順位に従って補充する。その際、名簿順位が同一の重複立候補者については、小選挙区での接戦率(惜敗率)の大きい候補者から順に当選者とする。逆に、小選挙区で第一位になった候補者の数がその政党に配分された議席の数を超えた場合には、重複立候補しているか否かにかかわらず、接戦率(楽勝率)の大きい順に当選者とする。惜敗率は日本の並立制で採用されている仕組みであり、楽勝率はドイツの併用制で採用されるようになった仕組みである。以下、補足説明したい。

2 多数派優遇式併用制の補足説明

(1) 総定数と小選挙区数

衆議院の総定数はどれくらいが適切であろうか。二〇二四年現在、衆議院は四六五議席であるが、イギリスの庶民院は六五〇議席、ドイツの連邦議会は六三〇議席(二〇二三年改正までは五九八議席)である。しかし、多ければ多いほど良いというわけではない。議員の質を担保したり政党のチームワークを確保したりするのにマイナスに作用しうるからである。あくまでも暫定的な数字であるが、衆議院の総定数を四〇〇議席とし、第一位の政党連合等が二二〇議席、それ以外の政党連合等が一八〇議席を占めるものとする。ただし、合理的な基準があるわけではなく、五〇〇議席とし

表 5-1 「復活当選」率のシミュレーション

小選挙区の定数		200 議席		250 議席		300 議席	
政党連合等の順位		第一位	それ以外	第一位	それ以外	第一位	それ以外
第一位の政党連合等の勝率	60%	100.0%	83.3%	70.0%	53.3%	33.3%	33.3%
	70%	100.0%	85.7%	60.0%	60.0%	11.1%	42.9%
	80%	100.0%	87.5%	40.0%	65.0%	*	50.0%

注：* では，接戦率（楽勝率）により 20 人が落選する。落選率は 8.3%。

ても差し支えない。

次に、小選挙区の定数は、シミュレーション（表5－1）を踏まえ、二五〇議席とする（自民党＝公明党が大勝した二〇一二年総選挙でさえ、自民党＝公明党の小選挙区勝率は八二・〇%だったため、九〇%、一〇〇%は考慮する必要がないと判断した）。二〇二三年改革以前のドイツのように、小選挙区の定数を総定数の半分の二〇〇議席とした場合、第一位の政党連合等がすべての小選挙区で候補者を重複立候補させ、しかも名簿順位一位で揃えた場合、小選挙区で落選した候補者の全員が「復活当選」するおそれがある。これでは、小選挙区における候補者選択機能が有名無実化する。逆に、小選挙区の定数を三〇〇議席とした場合、小選挙区で相対多数の票を獲得したにもかかわらず、接戦率（楽勝率）によって落選する候補者が出ることになる。しかし、小選挙区の定数を二五〇議席にした場合、接戦率によって落選する候補者が出ないだけでなく、与党候補者の「復活当選」率も野党候補者の「復活当選」率も適度な水準に収まるであろう。以上は政党連合等レベルで計算しているため、政党レベルでは小選挙区で第一位になった候補者が接戦率（楽勝率）によって落選したり、逆に「復活当選」率が上昇したりする可能性もあるが、少なくとも政党連合等レベルで見た場合、小選挙区の定数を二五〇議席にすれば、接戦率（楽勝率）を使用しなくてもよい可能性が高くなると同

表 5-2　ドイツ方式

		集計（議席配分）単位	
		地方	全国
名簿の単位	地方	衆議院方式	ドイツ方式
	全国		旧参議院方式

出典：加藤 2003: 91

時に、接戦率（惜敗率）が機能する可能性も高くなるであろう。

なお、併用制においてジェンダー平等を実現するためには、男女ペア立候補制を採用すればよい。フランスの県議会議員選挙で採用されている男女ペア立候補制では、男性と女性がペアを組んで立候補し、有権者はそのペアに投票する。そして、各小選挙区で一人が当選するのではなく、一組が当選するのである（大山 2016: 78, 86）。こうした男女ペア立候補制を採用すれば、併用制でもジェンダー平等を実現することができる。また、一方の候補者が不祥事を起こせば次の選挙で他方の候補者に累が及ぶ可能性があるため、候補者同士がパートナー候補者の振る舞いやジェンダー・バイアスなどを忠告しあえる関係になりうる。そうなれば、男女ペア立候補制はジェンダー平等に資するだけでなく、政治家の質を高めることにも資するであろう。男女ペア立候補制を採用すれば、小選挙区の数はその半分の一二五選挙区ということになる。なお、男女ペアを当選者とすると、政党に配分された議席を一議席上回ってしまう場合、その男女ペアの一人が任期の前半を務め、もう一人が任期の後半を務めるようにすればよいであろう。

(2) 比例代表の選挙区制　ブロック制（衆議院方式）にしてブロックごとに多数派優遇を発動することにすると、得票レベルでの多数派と議席レベルでの多数派が逆転するおそれがある。そこで、全国単位で集計し、第一位の政党連合等に多数派優遇を発動することにする。問題は、全国単位で集計した後、各ブロックに議席を配分する「ドイツ方式」を採用するか否かである（表5－2）。加藤秀治郎によれば、この方式は「地方分権」と「高い比例性」だけでなく「投票率アップ」にもつながる（加藤 2003: 93）。たしかに、ブロックの投票率が高ければ、そのブロックに配分される議席も多くなるため、有権者が投票所に足を運ぶ誘因は高まる。しかし、連邦制を採用しているドイツとは違い、日本ではあえてブロックを設置する必要はないであろう。また、接戦率を活用すれば、名簿の順位付けに苦労することも少なくなるし、地方代表を確保することもできるであろう。このように考え、全国単位の集計と全国単位の候補者名簿にすることを提案したい。

(3) **議席配分方式**　各政党の得票数を各政党の議席数に変換する方式としては、ドント式を提案したい。議席配分方式には大別して、最大平均式（最高平均式）と最大剰余式がある（様々な議席配分方式については、品田 1992 を参照）。最大平均式の代表的なものが、衆議院や参議院で採用されているドント式である。[20] ドント式では、各政党の得票数を自然数（一、二、三、…）で割り、商の大きい順に当選議席とし、各政党に議席を配分する。こうすれば、一議席当たりの平均得票数を最大化することができるため、最大平均式と呼ばれている。他方、最大剰余式（largest reminder）では、有効投票総数を選挙区定数で割るか（ヘア式）、選挙区定数プラス一で割り（ドループ式）、その商の整数プラス一を当選基数とする。次に、各政党の得票数を当選基数で割り、その整数部分がその政党が獲得した議席となる。議席が残っている場合、剰余（少数部分）が大きい順に議席が配分される（このため、最大剰余式と呼ばれる）。

ドント式と最大剰余式を比べると、最大剰余式のほうが比例性が大きいとされる（Lijphart 1986: 172–173）。しかし、比例代表制の比例性に大きな影響を及ぼすのはむしろ選挙区定数であり（Lijphart 1990;

Sartori 1997: 7–8 = 2000: 8–9; Farrell 2011: 158; 加藤 2003: 84, 87–88)、ドント式と最大剰余式の相違はそれほど大きな影響を及ぼすわけではない。それゆえ、比例代表制論者の小林良彰でさえ、各政党への議席配分方式としてドント式を提案しているほどである（小林 1994: 146; 小林 2008: 288–289; 小林 2012: 188; Kobayashi 2012: 151）[21]。ドント式のほうが有権者にとって理解しやすいこと、また、日本政治に定着していることを考え、議席配分方式としてはドント式を採用することを提案したい。

(4) **重複立候補と接戦率**　ドイツの併用制では、重複立候補が認められてきた。また、二〇二三年には楽勝率も活用されるようになった。しかし、惜敗率は活用されていない。拘束名簿式にしたうえで、重複立候補制と接戦率制を組み込んだほうがよいであろう。惜敗率と楽勝率の使用法は、すでに述べた通りである。問題は、日本の惜敗率とドイツの楽勝率の計算方法がズレていることである。惜敗率では、候補者の得票数を第一位の候補者の得票数で割るが、楽勝率では、候補者の得票率を有効投票総数で割る。分母が異なっており、両者の平仄を合わせたほうがよい。有効投票総数を分母にした場合、候補者が乱立した選挙区では、有効投票総数に占める得票率が下がり、惜敗率や楽勝率は候補者数に左右されることになる。そこで、楽勝率の分母はドイツのように有効投票総数ではなく、第二位の候補者の得票数にしたほうがよい。すなわち、問題となっている候補者の得票数を、第一位の候補者の得票数で割った数を惜敗率とし、問題となっている候補者の得票数を、第二位の候補者の得票数で割った数を楽勝率とする。いずれの場合においても接戦度を表すため、接戦率という名称で括ることにしたい。

(5) **阻止条項**　ドイツの併用制では連邦五％の阻止条項が設定されているが、私は全国二％の阻止条項を提案したい。その理由は、第六章第三節第三項で説明する。

小括

本章では、多数派優遇式比例代表制の制度設計に資するべく、名簿式比例代表制、単記移譲式比例代表制、そして併用制という比例代表制の三形態を解説するとともに、それぞれの長所・短所を検討してきた。多数派優遇式比例代表制は、いずれの形態でも制度設計することができ、どの形態を選択するかは、その国で採用されてきた選挙制度を踏まえ、有権者自身が選択すべきであろう。日本では、多数派優遇式併用制を選択するのが最も実現可能性が高いように思われる。衆議院議員総選挙で並立制が採用されていることを考えると、既成政党・政治家の抵抗が最も少ないのは併用制であり、選挙制度改革を実現しやすいからである。加えて、併用制が自由度が高い選挙制度であることも、多数派優遇式併用制を採用する大きな理由になるであろう。

第一章で引用したように、第八次選挙制度審議会の第一次答申は「併用制には、小党分立となり連立政権となる可能性が高い《ママ》」また、連立政権となる場合には政権を担当する政党が国民によって直接選択されるのではなく、政党間の交渉によって決定されてしまうという問題があることに加え、議席の配分の方式から生ずる結果として議員の総定数を超える、いわゆる超過議席を生ずる場合もあるという問題がある」としていた（選挙制度審議会 1990: 5; 佐々木編著 1999: 55）。しかし、本章で制度設計したように、多数派優遇式併用制にすれば、政権選択ができないという問題を解決することができるし、重複立候補制・接戦率制を採用すれば、超過議席の問題を解決することもできる。多数派優遇式併用制は、第八次選挙制度審議会が指摘した併用制の諸問題を解決しており、多数派優遇式併用制を採用するのに理論上の支障はない。しかし、憲法上の支障があるかもしれない。そこで次章では、多数派優遇式比例代表制に憲法上の支障があるかどうかを検討することにしたい。

注

（1）西平重喜も小林良彰も、都道府県単位ないしブロック単位の選挙区を構想しているが、各政党の議席数は、各政党が全国レベルで獲得した票に比例的に配分することを提案している。

（2）二〇二四年秋に Farrell 2011 の第三版が刊行される予定である。

（3）加藤秀治郎は flexible list を「単純拘束名簿式」と訳しているが（加藤 2003: 72）、仕組みを理解しやすいように「半拘束名簿式」と意訳する。

（4）マシュー・S・シュガートは「半拘束名簿式では、選好投票をしない選択をした有権者は、候補者選出順を決定する仕事を政党に委任しているが、非拘束名簿式では、そうした有権者はこの決定を（選好投票をした）他の有権者に委任している」と述べている（Shugart 2005: 43）。しかし、この二分法は正確ではないように思われる。半拘束名簿式比例代表制では、有権者は政党に委任しているだけでなく他の有権者にも委任しているからである。

（5）フィンランド法務省のウェブサイトでは、ドント式は別の仕方で説明されているが、実質的には私の説明と同じである。

（6）加えて、参議院の一四八人は、一人区から六人区の選挙区から相対多数代表制で選出される。参議院議員の任期は六年であるが、参議院議員の半数（一二四人）は三年ごとに改選される。

（7）二つ以上の候補者名簿を提出することを政党に義務づければ、有権者は候補者集団を選択できるようになる。ゲオルク・ルッツによれば、スイスでは、大政党は概して「同一選挙区において二つ以上の名簿を提出している」（Lutz 2011: 161）。スイスでは、二つ以上の候補者名簿を提出することは法的義務ではなく、政党の戦略によるものであるが、これを参考に、男女別の候補者名簿や年代別の候補者名簿を提出することを義務づければ、ある政党の支持者は、複数の候補者名簿から選択することができる。この場合には、ジェンダー・バランスや年代間バランスがとれるようになるだけでなく、有権者に評判の悪い候補者を記載すれば、支持者がもう一つの候補者名簿に投票する可能性が高いため、政党が候補者を慎重に選択する効果も期待できるであろう（Okazaki 2022: F16）。また、第七章で提案するように、衆議院議員の解職権を持つ市民院を設置すれば、間接的にではあるが、有権者は議員を解職することもできるようになる。

（8）しかし、たとえば都道府県単位で抽選制の市民討議会を開催し、有権者が議員と定期的に熟議する場を設ければ、有権者と議員の距離を縮めることができるようになる。それどころか、選挙区活動のように特定の有権者との距離が近くなりすぎることなく、多様な有権者の声に等しく耳を傾けることができるようになるであろう。それゆえ、有権者と議員の距離が遠くなりがちであるという拘束名簿式の短所は、市民討議会によって対処することが可能である（Okazaki 2022: F17-F18）。

（9）これに関しては、私が提案したように、政策分野と名簿順位を組み合わせた複合拘束名簿式にすれば、緩和することができる。また、順位づけの政党内ルールを確立すれば、次の総選挙において候補者名簿から外されたり、名簿順位を下げられたりするのを恐れて、党執行部に異議申し立てをしにくくなるといった事態を避けやすくなる（Okazaki 2022: F12–15）。

（10）民主主義者のなかには、我々に必要なのは利益集団の代表を減らすことではなく、大規模な利益集団の支配を打破するために、むしろ利益集団の代表を増やすことであると論じる者もいるかもしれない。たしかに、そうした議論にも一理あるが、私は与しない。第一に、議席数が限られている以上、すべての利益が代表されることは不可能であるからである。第二に、利益集団の代表が議席を占めることで、政党の政策が歪められざるをえないからである。

（11）日本では組織票の重要性が低下していると捉える者もいる（Nemoto and Shugart 2013: 7）。スティーブン・R・リードも、参議院の非拘束名簿式において候補者に投票する有権者が少ないことを指摘している（Reed 2022: 94, 96–97）。しかし、参議院議員通常選挙において候補者のほとんどが利益集団に支えられていることを考えれば、利益集団とそれらの組織票が依然として重要な役割を果たしていることは疑いない。

（12）トマス・ヘアよりも先に、イギリスのトマス・ヒルやデンマークのカール・アンドレーが単記移譲式比例代表制を考案していた（Hoag and Hallett 1926: 164–175）。

（13）ここで注意すべきは、候補者Aの超過票を他の候補者に移譲する際、第三選好の割合は考慮していないことである。その結果、この段階で偶然が作用することになる（西平 2003: 72–73）。そうした偶然が作用しないようにしたのがグレゴリー法である（大曲 2019: 28–31）。

（14）ただし、オーストラリア連邦上院はアイルランド共和国下院とは違い、グレゴリー法（包括グレゴリー法）を採用している（大曲 2019: 30）。

（15）ニルス＝クリスチャン・ボーマンとマット・ゴルダーが作成したデータセット（Democratic Electoral Systems, 1946–2020 dataset, Version. 4.1）では、マルタ共和国議会の選挙制度は、一九八七年選挙制度を含めて、いずれも多数派優遇式比例代表制ではないとされている（http://mattgolder.com/elections）。

（16）ただし、石川真澄は、どの比例代表制にするかは「どうでもいいことではないが、それは比例代表制を採用すると決まってから議論しても遅くはない」としている（石川 1997: 140）。

（17）ルーカス・ハッファート等は、併用制では比例代表、選挙区代表、固定議席数という三つの原理を同時に実現するのが難しいこと、二〇二三年改革が選挙区代表を犠牲にして他の二つの原理を実現したものであることを指摘している（Haffert et al. 2024: 1–4）。

（18）ヨアヒム・ベーンケは「議席配分の第一段階における疑似的な超過議席」というフレーズが適切であるとしている（Behnke 2014: 273）。

（19）調整議席制は、二〇二〇年の連邦選挙法改正により若干変更された。総議席数の増加を抑制するために、計算上の「超過議席」から三議席を除外することができるようになったのである（Der Bundeswahlleiter 2021: 5–6）。

（20）ドント式は大政党に有利であるため、各政党の得票数を奇数（一、三、五、…）で割るサンラグ式や、一を一・四で置き換えた奇数（一・四、三、五、…）で割る修正サンラグ式も考案されている。

（21）ただし小林良彰は、各選挙区への議席配分方式としては、ドント式ではなく最大剰余式を提案している（小林 1994: 146; 小林 2008: 289; 小林 2012: 188; Kobayashi 2012: 151–152）。

第六章　多数派優遇式比例代表制の合憲性

第一節　問題設定

本章では、多数派優遇式比例代表制が日本国憲法に違反しないかどうかを検討したい。多数派優遇は、少数派優遇によって相殺されているとはいえ、比例性を人為的に歪めるものであり、憲法に違反するのではないかという疑念が生じるに違いない。多数派優遇がイタリア・ファシズム期に採用されたことは、そうした疑念を強めるであろう。また、多数派優遇式比例代表制に阻止条項を組み込むとすれば、阻止条項も憲法に違反するのではないか、という疑念も生じるに違いない。たしかに、憲法第四七条は「選挙区、投票の方法その他両議院の議員の選挙に関する事項は、法律でこれを定める」と規定し、選挙制度の設計については国会に委任している。しかしその一方で、日本国憲法は国会の裁量権を制約する規定も有している。多数派優遇式比例代表制との関連では、法の下の平等を定めた憲法第一四条第一項や、国会議員が全国民の代表であると規定した憲法第四三条第一項がとりわけ重要になるであろう(1)。

たしかに、憲法第一四条第一項については、一票の価値の平等を意味するにとどまり、選挙の結果の平等は含意しないと解釈するのが憲法学の通説であろう。たとえば、高橋和之は「選挙権の価値の平等は、代表者の選出にあたり、自己の投票が平等にカウントされることまでを要求するのみで、自己の票が現実に代表されることまで要求するものではないと解すべきである」としている（高橋 2020: 324-325)。しかし、一票の価値が平等であったとしても、多数派優遇により極端に不平等な結果が生じることもありうる。たとえば、イタリア・ファシズム期のアチェルボ法（一九二三年）のように、最大得票政党の得票率が二五％以上だった場合、その政党に三分の二の議席を配分するような選挙制度であっても、憲法学者は合憲と判断するのであろうか。そうではあるまい。そのように考えれば、憲法第一四条第一項は、一票の価値の平等だけでなく選挙の結果の平等も含意していると解釈すべきではないだろうか。このように厳格に解釈した場合、多数派優遇式比例代表制は有権者を不平等に取り扱っており、第一四条第一項に抵触するおそれが生じるであろう。

多数派優遇式比例代表制は、憲法第四三条第一項に抵触するおそれもある。同項は「両議院は、全国民を代表する選挙された議員でこれを組織する」と規定する。憲法学の通説では、この条文は、国会議員が有権者を「政治的に」代表するだけでなく「社会学的に」代表することも要請するとされる。たとえば芦部信喜は、日本国憲法の「代表」観は政治的代表だけでなく社会学的代表という意味を含み、「具体的には、国民の多様な意思をできるかぎり公正かつ忠実に国会に反映する選挙制度が憲法上要請されることになる」とする（芦部 2023: 318)。ただし、芦部は「具体的な選挙制度の憲法四三条適否を単純に決めることは難しい」（芦部 2023: 319）とも注記している。

芦部よりも踏み込んだ解釈をしている憲法学者もいる。たとえば樋口陽一は、選挙制度が「「代表」の積極的な要請を系統的に損なうようなものである」場合には、第一四条、第四四条但書違反や第四三条違反になる可能性があるとする。たしかに、選挙制度の機能が状況に左右されることを考えれば、具体的な選挙制度が違憲と判断されることは少ないであろうが、「「代表」の積極的規範意味をより実質的に生かす選挙制度を追求」していくことが重要だというのである（樋口 2021: 331, 333）。辻村みよ子も、最高裁判所（以下、最高裁）判決が「一方では、四三条を立法裁量の制約として位置づけつつ、他方では、四三条の古典的代表制（純粋代表制）としての理解を前提に選挙制度の立法裁量論を許容しているため、四三条は厳密な意味での制約にはなっていない」と批判する（辻村 2002: 227）。そして、「民意が可能なかぎり議会に反映されることが憲法上の要請と考えるべきであり、国民の投票結果を極端に歪めるような制度は憲法の要請に反するといわざるをえない」とする（辻村 2002: 224）。アチェルボ法のような非民主的な選挙制度を除外するためには、樋口や辻村の解釈の延長線上に、憲法第四三条第一項をさらに厳しく解釈し、それが国民の平等な代表を意味していると解釈する必要があるのではないだろうか。

このように考えれば、憲法第一四条第一項や憲法第四三条第一項は、原則的には純粋な比例代表制を要請していると解釈すべきであろう。そして、比例代表制の比例性を歪めることや、時に比例代表制以外の選挙制度を採用することが正当化できる場合においてのみ、純粋な比例代表制以外の選挙制度を例外的に採用することができると解釈すべきであろう。そうしなければ、憲法第一四条第一項や憲法第四三条第一項は、国会の裁量権を事実上制約できなくなってしまうからである。このように厳しく解釈した場合、多数派優遇や阻止条項の合憲性は決して自明ではなく、その合憲性を検討する必要があるだろう。しかるに、日本では多数派優遇は言うまでもなく阻止条項も導入されたことがなく、それゆえ、最高裁が両者の合憲性を判断したこともない。阻止条項が日本国憲法に違反しないかどうかを検討した憲法学者がいてもよさそうであるが、私の知るかぎり、そうした検討をした者はいない。そこで、今後のたたき台として、多数派優遇と阻止条項の合憲性を検討することにしたい。

ところで、最高裁は憲法第一四条第一項に反していないか否かを判断する際、いわゆる合理的関連性の基準《テスト》に依拠して審査する。すなわち、立法目的に正当性・合理性があるかどうか、それを実現するための手段として立法目的とのあいだに合理的関連があるかどうかを審査するのである（千葉 2017: 88–101）。しかし、この基準が緩やかであることも否めない。そこで私は、より厳格なドイツの憲法審査の枠組みに依拠することにしたい。ドイツ発祥のいわゆる三段階審査では、問題となっている権利が憲法の保障する「保護領域」にあるかどうか（第一段階）、国家行為による「介入」が権利を侵害しているかどうか（第二段階）、そうした権利侵害が「正当化」できるか、言い換えれば「違憲性阻却事由」（石川 2012: 23）があるかどうかを審査する（第三段階）。最後の第三段階では、目的が正当なものであるかどうか（目的の正当性）を審査した後、採用された手段がその目的を達成するのに有効かどうか（適合性）、他により良い手段がなく、その手段が必要であるかどうか（必要性）、目的と手段が釣り合っているかどうか（均衡性）を審査するのである。(2)

ただし、自由権（防御権）とは違い平等権には「保護領域」はなく、それゆえ保護領域への「介入」もないため、平等権の審査では「不平等取扱いの確認」と「憲法上の正当化」という二段階審査になるとされている（渡辺ほか 2016: 137; ピエロート／シュリンクほか 2019: 156）。三段階審査の発祥の地であるドイツには、平等権にも保護領域・介入の存在を認め、三段階審査を提唱する法学者もいるようであるが（辛嶋 2020）、ここでは通説に従い、二段階審査の枠組みを採用したい。本章では、多数派優遇や阻止条項を二段階審査にかけて、日本国憲法の第一四条第一項や第四三条第一項を厳しく解釈したとしても（私は厳しく解釈すべきであると考えている）、多数派優遇や阻止条項は日本国憲法に違反しないと論じるであろう。

第二節　多数派優遇の合憲性

1　多数派優遇の合憲性問題

まず最初に、第一位の政党連合等に五五％の議席を配分し、それ以外の政党連合等に四五％の議席を配分する多数派優遇が日本国憲法に違反していないかどうかを検討したい。多数派優遇という手法は比例性を人為的に歪めるものであり、比例代表制論者はおそらく、多数派優遇の下では法の下の平等が侵害され（憲法第一四条第一項違反）、衆議院議員が全国民を平等に代表していない（憲法第四三条第一項違反）と主張するであろう。そうした疑念を強めるのが、多数派優遇式比例代表制（二〇〇五年選挙制度）が憲法に違反すると判断した、イタリア憲法裁判所の二〇一四年第一号判決である。すでに見たように、同判決は、多数派優遇がイタリア共和国憲法の第一条第二項（人民主権）、第三条（法の前の平等）、第四八条第二項（投票の平等）、第六七条（全国民の代表）に反するとして、違憲であるとの判断を下したのである（第四章第二節第三項を参照）。

それでは、私が提唱する多数派優遇式比例代表制は日本国憲法に違反しないのであろうか。多数派優遇にたいする司法判断が下されたことがない以上、関連する判例を踏まえ、その合憲性を判断するしかない。最も関連のある判決は、並立制の合憲性を争った一連の選挙無効請求事件の判決（平成一一年（行ツ）第七号、第八号、第三五号、平成一一年一一月一〇日大法廷判決）、特に小選挙区制を合憲と判断した第三五号判決であろう。最高裁は同判決において、選挙制度が違憲になる基準を示している。それによれば、選挙制度の設計に関して、国会には原則として広い裁量権がある。それゆえ、全国民の代表という制約や法の下の平等などの要請に反するため、裁量権の範囲を超えていて是認しえない場合に初めて憲法に違反することになる（最高裁判所 1999: 313）。

最高裁は、こうした基準に照らして、小選挙区制は日本国憲法に違反しているとはいえないと判断している。同判決によれば、小選挙区制は民意の集約、政権の安定、政権の交代を促すという特質を有している。また、すべての政党や候補者に議席獲得の可能性が開かれており、特定の政党等のみに有利なわけではない。たしかに死票は発生するが、死票はいかなる選挙制度でも生じるものであり、中選挙区制と変わりはない。また、小選挙区制は、選出された議員が全国民の代表であるという性格と矛盾するものでもない。それゆえ、小選挙区制は国会の裁量の限界を超えてはおらず、憲法に違反しているとはいえないというのである（最高裁判所 1999: 316–317）。

こうした最高裁判決を踏まえれば、多数派優遇式比例代表制は日本国憲法に違反しているとはいえない、と判断することができるであろう。多数派優遇は、比例代表制の下で民意を集約し、有権者による政権交代・政権選択を可能にするという特質を有している。また、多数派優遇の恩恵に与る機会はすべての政党に開かれている。さらに、多数派優遇が五五％と限定的であるだけでなく、敗北した政党連合等にも四五％の議席が保障される（少数派優遇）。比例性を歪めるとはいえ、小選挙区制ほどではない(3)。小選挙区制では、落選候補者に投じられた票はすべて死票になり、その非比例性は多数派優遇とは比べ物にならないからである。このように、小選挙区制を合憲と判断した第三五号判決を踏まえれば、多数派優遇も同じように合憲と判断することができるであろう。

しかし、選挙無効請求事件の判決には憲法学界から批判が寄せられている。たとえば辻村みよ子は、すでに触れたように、最高裁判決は古典的な「政治的代表」観を前提に第四三条を解釈しているため、同条は国会の裁量権にたいする厳密な意味での制約にはなってはいないと批判する（辻村 2002: 227）。こうした批判がある以上、最高裁判決に倣った論証をしただけでは、憲法学者は多数派優遇式比例代表制の合憲性に同意しないに違いない。

2　二段階審査

そこで、合憲という判断の説得力を高めるために、二段階審査の図式に従って検討していくことにしたい。まず、不平等な取り扱いがなされているか否かであるが、多数派優遇式比例代表制でも「一人一票」の原則は堅持されている。また、少なくとも集計を全国単位にすれば、いわゆる一票の格差は存在しえない。それゆえ、選挙権の価値の平等は、機会という点では確保されている。だが、多数派優遇式比例代表制では、第一位の政党連合等の暫定議席数が五五％に達しなかった場合には、その政党連合等が五五％の議席を獲得できるように、多数派優遇議席が追加配分される。これにたいして、第一位の政党連合等の暫定議席数が五五％を超えた場合には、それ以外の政党連合等が四五％の議席を獲得できるように、少数派優遇議席が追加配分されるのである。

この多数派優遇・少数派優遇という人為的な操作は、法の下の平等を定めた憲法第一四条第一項や国会議員を全国民の代表と規定した憲法第四三条第一項に反しないのであろうか。多数派優遇の下では、特定の政党連合等に投票した有権者が優遇されるため、有権者は平等に取り扱われているとはいえないし、衆議院議員が全国民を平等に代表しているともいえない。たしかに、優遇される有権者や政党が固定されているわけではなく、次の選挙では別の有権者や政党が優遇されるかもしれない。とはいえ、人為的な操作により一部の有権者や政党を不平等に取り扱っていることは否定しえない。

それでは、多数派優遇という不平等な取り扱いをもたらす選挙制度に、それを正当化する事由はあるのだろうか。まず、多数派優遇の目的の正当性を検討すれば、その目的は、議院内閣制の下で政権選択と民意反映を両立させることである。この目的は、「政治改革」以降の現代日本政治において広く受容されてきた。たしかに、政権選択を優先すべきか否かという点では相違がある。すでに見たように、「政治改革」期において、細川内閣は、政権選択可能な小選挙区制の定数を二五〇議席とし、民意反映可能な比例代表制の定数を同じく二五〇議席とし、両者を「相互補完的に」活かそうとした。これにたいして自民党は、政権選択可能な小選挙区制の定数を三〇〇議席、民意反映可能な比例代表制の定数を一七一議席とし、前者を柱に据えたのである。ここで注意すべきは、自民党も比例代表制に小選挙区制を補完する役割を与えたことである。現在も並立制が維持されており、政権選択と民意反映の両立は、依然として共有された価値であるように思われる。そうであるとすれば、政権選択と民意反映の両立という多数派優遇の目的もまた正当性を有していると判断してよいであろう。

多数派優遇という手段に関しては、第一に、それが政権選択と民意反映の両立という目的に適合的であるか否かを検討する必要がある。多数派優遇式比例代表制を採用したイタリアの経験は、多数派優遇式が二大連合政党制の形成を促進し、政権選択と民意反映が両立しうることを示している。たしかに、二〇一三年総選挙では五つ星運動やモンティ連合が台頭し、二大連合政党制が成立せず、政権選択も民意反映もできたとは言いがたい。しかし二〇一三年総選挙は、すでに見たように、政党内閣の下での総選挙ではなく、イタリアの深刻な経済危機を背景に成立したモンティ非政治家内閣の下で実施された、極めて異例の総選挙であった。それゆえ、二大連合政党制が成立しなかったのも当然といえるであろう。これにたいして、二〇〇六年総選挙や二〇〇八年総選挙では中道右派連合と中道左派連合の二大連合政党制が成立し、有権者は政党だけでなく政党連合を選択することもでき、政権選択と民意反映を両立させることができたのである。この事実を考えれば、多数派優遇は、政権選択と民意反映という目的を達成するのに有効であり、適合性審査を通過することができるであろう。

第二に、政権選択と民意反映の両立という目的を達成するためには、他にも適合的な手段があるかもしれない。多数派優遇よりも適合的な手段があるのであれば、それを採用するに越したことはない。第四章補論で論じたように、最も有望な代替案は、私が考案した単記限定移譲式比例代表制であろう。そこでは、有権者は各政党に投票し、議席は各政党の得票数に比例して配分される。どの政党も過半数の票を獲得することができなかった場合には、上位二者以外の政党の票を、それらの政党があらかじめ示していた順位に従い、上位二者に移譲する。勝利した政党の代表が首相に就任し、内閣を組閣する。勝利した政党と「相思相愛」（相互に票の移譲先に指定していた場合）の政党は入閣し、「片思い」だった政党は閣外協力する。この単記限定移譲式比例代表制は、政権選択と民意反映を両立させるようにみえるが、完全ではない。というのは、首相や与党に関してはともかく、政策に関しては総選挙後に有権者の手の届かないところで決められる可能性があるからである。それゆえ、政権選択と民意反映を両立させる点では、単記限定移譲式比例代表制よりも多数派優遇式比例代表制のほうが優れている。

第三に、目的（政権選択と民意反映の両立）と手段（多数派優遇）の均衡性に関しては、どれくらい多数派を優遇するか次第である。たとえば、第一位の政党連合等に三分の二の議席を配分するとすれば、多数派優遇の目的である政権選択と民意反映に不必要な優遇議席を配分することになり、様々な副作用が生じるに違いない。たしかに、多数派優遇によって政権選択や政権安定は可能になるかもしれない。しかし、過度な多数派優遇のせいで、民意反映という目的は達成できなくなるであろう。また、与野党が対等に競争し、時に政権交代を起こすことも難しくなるであろう。さらに、与党だけで議員の除名（憲法第五八条第二項）、法律案の再可決（憲法第五九条第二項）、憲法改正の発議（憲法第九六条第一項）をすることが可能になり、権力が濫用されるおそれも生じるであろう。それでは、どれくらいの多数派優遇であれば、均衡性審査を通過することができるのであろうか。項を改めて検討することにしたい。

3　多数派優遇の制度設計

(1)　多数派優遇の最大値

ほとんどの憲法学者は、イタリア・ファシズム期のアチェルボ法のように、最大得票政党の得票率が二五％以上だった場合、同党に三分の二の議席を配分するような極端な多数派優遇は日本国憲法に違反すると見なすに違いない。クラウス・ポイヤーは前／非民主主義体制における多数派優遇として、それ以外にもサンマリノ、ルーマニア、ユーゴスラヴィア、パラグアイの事例を紹介している（表6－1）。これらは、形式的には多数派優遇式比例代表制であるが、実質的には比例代表制で粉飾された多数派優遇制であると言わざるをえない。

だが、多数派優遇が比例代表制を逸脱しないための基準は何なのであろうか。私の考えでは、第一に、多数派優遇の対象が政党ではなく政党連合であることである（政党連合の基準）。政党に多数派優遇を付与する仕組みでは、野党が合併すれば二大政党制になり、そうでなければ一党優位政党制になる。そして、二大政党制では多様な民意を反映することが難しくなり、一党優位政党制では政権選択が難しくなる。他方、政党連合に多数派優遇を付与する仕組みでは、野党は一つの政党に合併する必要はなく、単に政党連合を組めばよい。この場合、政権選択と民意反映を両立させやすい。

比例代表制を逸脱しないための第二の基準は、与野党の議席数に極端な差が生じないことである（議席差の基準）。仮に政党連合型を採用したとしても、与党連合等に三分の二の議席を配分すれば、与党連合等の議席数は野党連合等の議席数の二倍に達する。その結果、それ以降の総選挙において比較的対等に競争することが困難になり、政権選択のできない一連合優位政党制になる可能性が高い。政権選択可能な二大連合政党制を成立させるためには、多数派優遇の水準は限定的なものでなければならない。許容されるのは、せいぜい六〇％と四〇％という差、衆議院の定数を四〇〇人とした場合には二四〇議席と一六〇議席という差ではないだろうか。そこでは、与党連合等の議席数は野党連合等の議席数の

表 6-1　前／非民主主義体制における多数派優遇の事例

国	年	レベル	多数派優遇の高さ
イタリア	1923 年	国	最大得票政党が 25％以上を得票した場合，同党に 2/3 の議席。
サンマリノ	1926 年	国	最大得票政党に約 80％の議席。
ルーマニア	1926 年	国	最大得票政党が 40％以上を得票した場合，同党に 1/2 の議席。
ユーゴスラヴィア	1931 年	国	最大得票政党に 2/3 の議席（後に 3/5 の議席）。同等が絶対多数を得票した場合，比例配分にも与る。
パラグアイ	1965 年	国	最大得票政党に 2/3 の議席。

出典：Poier 2001: 312

一・五倍にとどまるからである。このように考えた場合、私が提案する多数派優遇式比例代表制は第一位の政党連合等に五五％（二二〇議席）の議席を配分するにとどまり、しかも少数派優遇によって相殺されているため、比例代表制を逸脱しているとはいえないであろう。

なお、五一％（二〇四議席）と四九％（一九六議席）という僅差では、与党内のごく少数の欠員や造反によって政権が不安定になるおそれがある。また、常任委員会において与党が安定多数を占めることも難しくなる。それゆえ、適切な議席差は六〇：四〇と五一：四九の間にあることになり、五五％（二二〇議席）と四五％（一八〇議席）という差がキリのよい数字ということになる。要するに、五五％と四五％という多数派優遇であれば、政権選択と民意反映の両立という目的を達成するのに最小限と見なせる非比例性にとどまっており、すでに述べた深刻な副作用も生じにくくなるであろう。すなわち、過度な多数派優遇のせいで民意反映や政権選択が不可能になることもなくなるであろうし、政権与党によって権力が濫用されるおそれもなくなるであろう。それゆえ、五五％と四五％という多数派優遇は、均衡性審査を通過することができるに違いない。

(2) **最低得票率の導入の是非**　それでもなお、多数派優遇式比例代表制にたいしては、次のような批判が生じるに違いない。イタリアの二〇一三年総選挙のように三つ巴以上の戦いとなり、第一位の政党連合等が三〇%程度しか得票できなかったにもかかわらず、五五%の議席を獲得することもありうる。こうした多数派優遇は日本国憲法に違反するのではないか、と。この批判は的を射ている。そこで、そうした事態を回避するために、多数派優遇式比例代表制に最低得票率を導入することの是非を検討することにしたい。

たしかに、二〇一五年選挙制度を参考にして、政党連合型の最低得票率と決選投票制を導入すれば、極端な多数派優遇を回避できるようにもみえる。しかしそこでは、大政党に政党連合を組まない誘因を付与する場合があり、その場合には民意反映が犠牲にならざるをえない。四〇%の最低得票率が導入されているが、第一回投票でどの政党連合等も四〇%を得票できそうになく、上位二者による決選投票が行われそうな状況を想像してほしい。この場合、第二位になりそうな政党、たとえば中道左派政党は左派政党と一線を画し、決選投票に賭けたほうが合理的であろう。そうすれば、左派政党とのあいだで政策の妥協をしたり、大臣等のポストを分け合ったりしなくても、決選投票において左派政党の支持者の票を期待できるからである。

この状況は、政権選択と民意反映の両立という観点からすれば、望ましいとはいえない。たしかに、決選投票では過半数の票を獲得した政党連合等が勝利するため、有権者は政権を選択することができる。しかし、二大連合を促進したほうが、有権者が単に政権を選択できるだけでなく、より多くの有権者の民意を反映した政権を選択しやすくなるであろう。また、第一回投票と第二回投票の間に、第二位と第三位との連立協議が進み、拙速な連立協定、しかも小党に有利な協定を結ぶ事態を避けることもできるであろう。このように考えると、最低得票率を導入するのではなく、選挙を繰り返すなかで二大政党連合に収斂することを促進したほうがよい。それでも最低得票率を導入するとすれば、首長選挙のように低く設定し（たとえば有効投票総数の四分の一）、政党間の駆け引きが生じにくくしたほうがよい。

これにたいしては、別の形態の最低得票率を考えることはできないのか、という疑問が生じるかもしれない。事実、ドイツの政治学者フォルカー・ベストは、多数派優遇式比例代表制に、二〇一五年選挙制度とは異なる最低得票率を導入することを提唱している。ベストの制度設計では、第一位の政党連合等が四〇％以上を得票した場合には五一％の議席を配分するが、四〇％に届かなかった場合には多数派優遇を発動せずに、得票数に比例して議席を配分するというのである（Best 2015: 99; Best 2020: 381）。

たしかに、こうした制度設計であれば、過度な非比例性を回避することができるし、二〇一五年選挙制度とは違い、決選投票のコストもかからない。しかし、ベストの制度設計には難点もある。第一政党連合等が四〇％を得票できなかった場合に、民意反映はできても政権選択はできなくなることである。そこでは、どの政党連合等も過半数の議席を獲得していないため、総選挙後に連立交渉が始まらざるをえないからである。しかも、どの政党連合等も四〇％に達するかどうかが不確実な状況では、小政党には、大政党と政党連合を組まずに多数派優遇の発動を阻止するという誘因が働くかもしれない。総選挙後の連立交渉に持ち込むことができれば、大政党に自党の要求をのませやすくなるからである。そうなれば、二大連合政党制が成立せず、有権者は政権を選択することができなくなる。このように考えると、ベストの制度設計は、政権選択と民意反映を両立させる制度としては中途半端であり、採用すべきではない。

第三節　阻止条項の合憲性

1　阻止条項の合憲性問題

次に、多数派優遇式比例代表制に阻止条項――比例代表制の下で政党が議席を配分されるのに必要な最低得票率や最低議席数――を組み込むことが日本国憲法に違反しないかどうかを検討したい。阻止条項を採用すれば、阻止された小党に投票された票は議席に反映されず、その議席はそれ以外の政党に配分されることになる。それゆえ、比例代表制論者はおそらく、阻止条項付の多数派優遇の下では、法の下の平等が侵害され（憲法第一四条第一項違反）、衆議院議員が全国民を平等に代表していない（憲法第四三条第一項違反）と主張するであろう。

スイスやフィンランドのように阻止条項を採用していない比例代表制諸国もあるが、ほとんどの比例代表制諸国では阻止条項が採用されている（Nohlen 2014: 120–122）。たとえばドイツ連邦議会議員選挙では、ある政党が連邦で五％を得票しないかぎり、その政党には議席が配分されない(4)。イタリアの多数派優遇式比例代表制（二〇〇五年選挙制度）も例外ではない。イタリア代議院議員選挙において、ある政党が議席を獲得するためには、次のいずれかの要件を満たさなければならなかった（芦田 2006: 134.ただし、適格少数言語話者政党の要件は割愛する）。

①ある政党が参加した政党連合が全国で一〇%以上を得票するとともに、全国で二%以上を得票した政党を含んでいる場合、その政党が二%以上を得票していること、および二%を得票できなかった政党連合内政党のうち得票数が最も多いこと。

②ある政党が参加した政党連合が一〇%を得票できなかった場合、その政党が全国で四%以上を得票していること。

③ある政党が政党連合に参加しなかった場合、その政党が全国で四%以上を得票していること。

こうした阻止条項の存在にもかかわらず、二〇〇六年総選挙では、二極化とともに小党分立が目立った。アレッサンドロ・キアラモンテによれば、勝利の可能性を高めるために政党連合に小党を加える誘因が働くため、多数派優遇式比例代表制は「小党分立型二極構造」(bipolarismo frammentato)をもたらし、「二極構造」(bipolarismo)と小党分立(frammentazione)のジレンマ」を免れないという(Chiaramonte 2011: 100, 111-112)。ロベルト・ダリモンテも同じ論文集において、「連合の異質性(eterogeneità delle coalizioni)と二極構造(bipolarismo)のトレードオフ」について語っている(D'Alimonte 2011: 222)。事実、小党の連立離脱のせいで、プローディ内閣(中道左派連合)は崩壊の憂き目にあった。二〇〇八年総選挙では、シルヴィオ・ベルルスコーニ率いる中道右派連合も、バルテル・ベルトローニ率いる中道左派連合も小党を政党連合から排除したため、政党連合内の小党分立は緩和されたが、議会内の小党分立は維持されたのである。

こうしたイタリアの経験を踏まえると、日本で多数派優遇式比例代表制を採用する際、当然にも、阻止条項の導入を検討する必要があるだろう。周知のように、衆議院の比例代表でも参議院の比例代表でも阻止条項は導入されていない。衆議院の場合にはブロック制が採用されているため、参議院の場合には比例代表の定数が少ないため、事実上の阻止条項が存在しているからである。しかし、衆議院の総定数を四〇〇議席、全国単位とした場合、わずか〇・二五%の得票で議席を獲得する可能性があり、小党分立のおそれがある。それゆえ、小党分立を回避して政権の安定を図るためには、阻止条項を採用することが不可欠であろう。だが、阻止条項を導入することは日本国憲法に違反しないのであろうか。

まず最初に確認すべきは、「政治改革」期の海部内閣案では比例代表に全国二%の阻止条項が設定され、細川内閣案でも比例代表に全国三%の阻止条項が設定されていたことである。細川護熙首相は一九九三年一〇月一三日の衆議院本会議において、阻止条項は法の下の平等に反するのではないかという野党・自民党の鹿野道彦の質疑にたいして、次のように答弁している。細川によれば、

三%のいわゆる阻止条項を設けておりますのは、政権を争う政党間の政策論議の場である衆議院が小党分立になるのを防いでいこうという観点からのものでございまして、全国単位の比例代表制という選挙制度の特性を踏まえた必要かつ合理的な制約というふうに考えております。合理的な制約である限り、法のもとの平等に反するものではないという認識でございます。(衆本 1993/10/13: 11)

さらに、大出峻郎・内閣法制局長官も一一月四日の衆議院政治改革調査特別委員会において、阻止条

項の合憲性に関する内閣法制局の見解を求めた与党・新生党の岡田克也にたいして、三%の阻止条項が合憲であると答弁している。大出によれば、

今回の政府案では、全国を単位として比例代表選挙を行うこととしていることから、いわゆる阻止条項というものを設けない場合には、極めて支持基盤が小さい政党が多数、わずかな議席を獲得するという結果を生ずる可能性があり得るわけでございますが、政治の安定等の観点から、政権を争う政党間の政策論議の場である衆議院が多数の小さい政党に分裂することを避けるため、政府案においておきましては、一定の得票率を得た政治団体に限って議席を配分することとしたものと承知をいたしておるわけであります。／このように、今回の政府案において一定の得票率による阻止条項を設けたことは、衆議院の選挙に全国を単位とする比例代表制を導入するに際しての必要かつ合理的な理由に基づくものでありまして、そういう意味で、憲法上特段の問題は生じないというふうに考えておるところであります。（衆委 1993/11/4: 3）

ここで大出は憲法の条項を示していないが、同日になされた野党・共産党の正森成二の質疑にたいしては、阻止条項は憲法第一五条第一項に反しないと答弁している（衆委 1993/11/4: 34）。これに関して私が内閣法制局に情報公開請求したところ、阻止条項が選挙権の平等を侵害しているのではないかという正森の質疑予告にたいして、内閣法制局は、阻止条項は憲法第一四条第一項や憲法第四四条但書に違反しないという答弁を用意していた。他方、阻止条項は政治団体間の差別や選挙人間の差別に当たり、憲

法第一四条第一項に違反しないのかという岡田の質疑予告にたいしては、阻止条項は第一四条第一項に違反しないとする答弁を用意し、公務員の選定罷免権を定めた憲法第一五条第一項に違反しないかという岡田の質疑予告にたいしては、阻止条項は憲法第一五条第一項に違反しないという答弁を用意していた(5)。

さて、このように内閣法制局の法解釈を踏まえ、首相と内閣法制局長官が阻止条項の合憲性を明言した以上、その事実を重く受け止めるべきであろう。これにたいしては、阻止条項の合憲性を最終的に判断する権限を有するのは最高裁であるという批判が生じるに違いない。たしかにその通りではあるが、阻止条項の合憲性が争われたことがない以上、内閣法制局長官が「憲法上特段の問題は生じない」と答弁したことの意味は大きい。近年、内閣法制局を通過した法律にたいして最高裁が違憲判決を下すことが増えているものの、「内閣法制局が最高裁に代わって、事実上、最終の違憲立法審査を行っている」(西川 2002: 178) ことに変わりはないからである。

さて、引用文に示したように、大出峻郎・内閣法制局長官は、全国単位の比例代表制において阻止条項を採用することは、「政治の安定等」の観点から「必要かつ合理的」であるとしていたが、第八次選挙制度審議会の第一次答申も、比例代表制には小党分立となり政権が不安定になりやすいという問題があることを指摘し、それを避けるために小選挙区制を活用しようとしていた(選挙制度審議会 1990: 4-5)。多数派優遇式比例代表制における阻止条項が、全国単位の比例代表制における小党分立を防いで政権を安定させることを目的としているとすれば、この目的は、現行の並立制の基礎になった第一次答申にも合致し、「正当」であるといえるであろう。

また、その手段として阻止条項を活用することは、ドイツをはじめとする民主主義諸国で採用されている事実を踏まえれば、「相応の合理性」を有するといえるであろう。しかも、海部内閣案や細川内閣案では、阻止条項は衆議院の一部の議席（比例代表）を対象としていたのにたいして、私の案では、阻止条項は衆議院の全部の議席を対象とするものであり、小党分立を防ぐ必要性と合理性は、海部内閣案や細川内閣案に比べても大きい。

このように考えれば、阻止条項は、国会の裁量権の範囲を超えてはおらず、日本国憲法に違反するとはいえない。

2　二段階審査

内閣法制局が阻止条項を合憲であると判断している以上、これ以上検討を加える必要はないかもしれないが、阻止条項の合憲性判断を補強するため、多数派優遇の場合と同様に、阻止条項も二段階審査の俎上に載せることにしたい。まず、阻止条項が一部の有権者や政党を不平等に取り扱っているか否かであるが、阻止条項は人為的に小党の議席を奪い、その議席をそれ以外の政党に配分する。たしかに客観的基準を定めており、恣意的に小党の議席を奪っているわけではない。しかし、こうした人為的な操作のせいで、阻止された小政党とそれに投票した有権者を不平等に取り扱っていることは否定しようがない。

それでは、そうした不平等な取り扱いは正当化しうるのであろうか。多数派優遇式比例代表制における阻止条項の目的は、全国単位の比例代表制において小党分立を防いで政権の安定を図ることである。

すでに見たように、第八次選挙制度審議会の第一次答申は、併用制ではなく並立制を選択する論拠としてではあったが、小党分立の防止と政権の安定という目的を設定していた。それゆえ、小党分立の防止と政権の安定という目的は正当な目的であると判断してよいであろう。だが、小党分立を防いで政権の安定を図るという目的が正当であるとしても、適合性・必要性・均衡性という審査を通過できなければ、阻止条項という手段を正当化することはできない。

第一に、阻止条項という手段は、小党分立を避けて政権の安定を図るという目的を達成するのに適合的なのであろうか。周知のように、ドイツをはじめとする比例代表制諸国は、小党分立を避けるために阻止条項を採用し、議会における政党数を抑制している。たとえばドイツでは、連邦議会に議席を獲得した政党は、一九四九年総選挙（州五%または一議席）では一一党だったが、一九五三年総選挙（連邦五%または一議席）では六党、一九五七年総選挙（連邦五%または三議席）では四党、一九六一年総選挙（同上）では三党へと急減したのである（Jesse 1985: 222–226, 246–247）。

理論的に考えても、阻止条項は、モーリス・デュヴェルジェが小選挙区制で指摘した機械的効果と心理的効果と同様の効果をもたらすであろう。まず、阻止条項が定める要件に達しなかった政党には、議席が配分されない。こうした機械的効果に加えて、阻止条項の心理的効果も期待できる。阻止条項があるせいで小政党の側では合併の誘因が働くとともに、有権者の側でも、得票要件に達することが見込まれない小政党には投票しない誘因が作用する。そして、こうした心理的効果を通じて、得票要件に達しない小政党への投票が減少し、機械的効果が発揮されることも少なくなる。このように、阻止条項は機械的効果と心理的効果を通じて、小党分立を避けるのに寄与するであろう(6)。この事実を踏まえれば、阻止条項の適合性に異論はないであろう。

第二に、阻止条項が目的達成のために適切な手段だったとしても、それ以上に適合的な手段があれば、阻止条項を正当化することはできない。最も有力な代替案は、ブロック制であろう（自由法曹団・衆院比例定数削減阻止対策本部編 2011: 11）。衆議院の比例代表選挙で示されているように、ブロック制を採用して選挙区定数を少なくすれば、小党排除効果が生じるからである。しかしブロック制は、定数によっては、事実上の阻止条項が変わってくる。実際、定数が三〇の近畿ブロックと、定数が六の四国ブロックでは、事実上の阻止条項は大きく異なる。仮に、事実上の阻止条項を想定して、それに適合的な定数を定めるとすれば、阻止条項を導入しているのと実質的に変わらない。それゆえ、全国単位のまま小党分立を防ぐ手段としては、阻止条項よりも適合的なものはなく、阻止条項という手段は必要性審査を通過するであろう。

だが、たとえば一〇％の阻止条項であれば、目的を達成するのに必要である以上の不平等をもたらし、均衡性審査を通過しないかもしれない。いったい何パーセントの阻止条項であれば、均衡性審査を通過するのであろうか。この点は項を改めて検討したい。

3　阻止条項の制度設計

(1) 阻止条項の最大値

阻止条項自体が適合性と必要性の審査を通過したとしても、目的（小党分立の防止と政権の安定）を達成するのに必要なパーセンテージを超えていれば、その阻止条項は違憲ということになり、均衡性審査を通過できない。それでは、何パーセントの得票率であれば、最低限の阻止条項であるといえるのであろうか。この問いにたいしては、政治制度全体における議会の位置や、その国の政治史によっても左右されるため、一概には答えられない。だが、ドイツで五％の阻止条項が設定されているだけでなく、欧州議会でも五％以下の阻止条項が許容されていることを考えれば（Council Decision (EU, Euratom) 2018/994 of 13 July 2018）、五％の阻止条項も合憲ということになるのであろう。

ただし、阻止条項を採用したことのない日本では、五％の阻止条項は社会的合意を得られないかもしれない。また、それ以上に重要な点であるが、五％の阻止条項では新党の新規参入を阻害し、健全な政党政治を困難にしてしまうかもしれない。そこで、海部内閣案の二％、細川内閣案の三％も踏まえ、二％という阻止条項を提案したい（議席数では四〇〇人中八人ということになる）。

第一に、二％という数字は公職選挙法等を根拠にしている。法律ごとに若干の相違があるが、公職選挙法等では、政党の要件として、国会議員五人以上という要件に加えて、直近の衆院選の小選挙区もしくは比例代表、または直近の（＋直近の直近の）参院選の選挙区もしくは比例代表における得票率が二％以上という要件が規定されている（公職選挙法第八六条第一項、第八六条の二第一項、第八六条の三第一項、第一五〇条第一項、政治資金規正法第三条第二項、政党助成法第二条第一項、政党法人格付与法第三条第一項）。近年では、社民党やＮＨＫ党が国会議員五人以上という要件は満たしていないが、二％という要件を満たしているため、公職選挙法等上の政党として認められている。それゆえ、二％という数字は日本政治に定着しており、この数字を阻止条項に適用したとしても異論は少ないであろう。

第二に、国会内の規則に照らしても二％（八人）が厳しすぎるということはないであろう。党首討論の要件は、衆議院の総定数が四六五議席、参議院の総定数が二四八議席のところ、衆議院または参議院において所属議員が一〇人以上の野党会派の党首となっている（早坂 2018: 100; 塩野 2022: 149）。衆議院議員一〇人という数は、衆議院議員の二・一五％に当たる。議案発議の要件はさらに厳しく、衆議院では二〇人以上、参議院では一〇人以上の賛成が必要である。予算を伴う法律案を発議するには、衆議院では五〇人以上、参議院では二〇人以上の賛成が必要である（国会法第五六条第一項）。二％（八人）という数字は、党首討論や議案発議の要件よりも緩やかなのである。

ただし、新党の新規参入を不可能にしないために、政党要件を満たしていない政治団体にも、一定数の署名などを条件に、候補者名簿を提出できるようにすべきである。そうした工夫を凝らしたうえであれば、二％の阻止条項は、小党分立の防止と政権の安定という目的を達成するのに最低限の水準にとどまっており、新党の新規参入を事実上不可能にするという副作用も生じにくくなる。それゆえ、二％の阻止条項であれば、均衡性審査を通過することができるに違いない。(7)

もちろん、二％の阻止条項では小党分立の防止と政権の安定という目的を十分に達成できずに、三％ないし五％に引き上げざるをえなくなるかもしれない。しかしその場合でも、二％というワンクッションがあれば、小党も得票要件の高い阻止条項に適応する猶予期間を与えられ、大政党に合流したり小党同士で合併したりすることができるであろう。その結果、小党を排除するという副作用は抑えられるであろう。

(2) 二種類の阻止条項の是非　次に問題となるのは、イタリアのように、政党連合に参加した政党の阻止条項を低く設定することで政党連合を促進するのが望ましいか否かである。すでに見たように、イタリアの二〇〇五年選挙制度では、政党連合に参加しない場合の得票要件は四％であったが、政党連合に参加した場合の得票要件は二％になる可能性があった。こうした区別は理に適ったものなのであろうか。

たしかに、私が提案する多数派優遇式比例代表制において、政党連合に参加した政党の得票要件を半分（一％）に設定すれば、小党が政党連合に参加する誘因を高め、二大連合政党制を促進するに違いない。しかし、イタリアの経験が示しているように、政党連合に参加した政党の得票要件を半分にした場合、与党連合内部に多数の小党が含まれて政権が不安定になるか、不安定にならないとしても与党内の調整が難しくなるかもしれない。むしろ、二％に統一して小党に合併を促したほうが、与党だけでなく野党の小党分立も避けることができ、政治の安定をもたらすのではないだろうか。

加えて、政党連合に参加した政党の得票要件を半分（一％）に設定した場合、政党助成法、政治資金規正法、公職選挙法（選挙運動関連）において政党と認められる要件もそれに合わせて、一％の特例を設ける必要が出てくる。もちろん、そうすることも選択肢の一つであろうが、いたずらに制度を複雑にしないためにも、政党連合に参加した場合でも、得票要件は二％に設定しておいたほうが賢明であろう。いずれにしても、二％の阻止条項であれば、目的を達成するのに最低限の水準にとどまっており、均衡性審査を通過することができるに違いない。

小括

本章では、多数派優遇式比例代表制に向けられるであろう日本国憲法違反の疑念を払拭することを試みた。まず、多数派優遇は、小選挙区制を合憲と判断した最高裁判決に照らして日本国憲法に違反しないだけでなく、より厳格な二段階審査にかけても日本国憲法に違反しない。それに関連して、ベストの提案を批判し、多数派優遇を発動する要件として最低得票率を導入すべきではないとも論じた。次に、多数派優遇式比例代表制に二％の阻止条項を採用することも、内閣法制局の法解釈に照らして日本国憲法に違反しないだけでなく、より厳格な二段階審査にかけても日本国憲法に違反しないことを確認した。本章の憲法解釈が正しいとすれば、多数派優遇式比例代表制を採用しても憲法上の障壁は存在しない。

第四章から第六章までで衆議院の選挙制度を多数派優遇式比例代表制（多数派優遇式併用制）に改革する構想を検討したので、次に、衆議院から参議院に目を移し、抽選制を活用した参議院改革の構想を提案することにしたい。具体的には、議員を選挙で選出する参議院を、議員を抽選で選出する市民院に改組し、それに衆議院を通過した法案の拒否権等を付与する構想を示したい。そうした参議院の抽選制改革は、衆議院の選挙制度改革と密接に関連している。次章で見るように、一方では、衆議院における多数派優遇式比例代表制は、衆議院における比較的対等な与野党間競争を促進し、抽選制の市民院における法案拒否権の発動を容易にするであろう。他方では、法案拒否権を持つ抽選制の市民院を説得しなければならないため、衆議院における二大政党連合間の審議が活性化し、ひいては総選挙における二大政党連合間の競争も促進されるであろう。以上を見取り図として、選挙制の参議院を抽選制の市民院に改組する構想を提示することにしたい。

注

（1）　ドイツの場合、阻止条項の合憲性は、平等選挙原則（基本法第三八条第一項第一文）と政党の機会均等原則（基本法第二一条第一項）との関連で審査されてきた（植松 2015–16 (1): 8)。日本でも、多数派優遇や阻止条項の合憲性は、法の下の平等（憲法第一四条第一項）や全国民の代表（憲法第四三条第一項）だけでなく、公務員の罷免選定権（憲法第一五条第一項）や結社の自由（憲法第二一条第一項）との関連で検討することもできるかもしれない。

（2）適合性・必要性・均衡性の定式は、論者によって微妙に異なる（cf. Schlink 2012: 723–725; 阪口 2012: 242; 駒村 2013: 80–82; 渡辺ほか 2016: 76–78)。特に均衡性（狭義の比例性）の定式は定まっていないように思われる。均衡性審査では得られる利益と失われる利益が均衡しているかどうかを審査すると定式化する者も少なくないが、そうした利益均衡論は判断を難しくしてしまうのではないだろうか。均衡性審査では権利の侵害や原則からの逸脱が目的を達成するのに最小限にとどまっており、それゆえ「副作用」も最小限にとどまっているかどうかを審査すると定式化したほうがよいのではないだろうか。

（3）芦田淳も、フランスの小選挙区二回投票制やイギリスの小選挙区制に比べて、多数派優遇式比例代表制（多数派プレミアム付比例代表制）では得票率と議席率の乖離が抑制されているとしている（芦田 2018c: 112–113)。

（4）ただし、連邦議会の阻止条項は、一九四九年連邦選挙法では州五％または一議席、五三年連邦選挙法では連邦五％または一議席だったが、五六年連邦選挙法で連邦五％または三議席になった（渡辺 2000: 242, 251, 265; Jesse 1985: 224–226)。その後、二〇二三年連邦選挙法で連邦五％になったが（山岡 2023a: 5; 山本 2023: 59)、二〇二四年七月三〇日、連邦憲法裁判所は連邦五％の阻止条項を違憲とした。なお、連邦憲法裁判所は、二〇〇八年に自治体議会の阻止条項に違憲判決を下し、二〇一一年と二〇一四年には欧州議会（ドイツ選出）の阻止条項に違憲判決を下している（植松 2015–16 (1): 24–34, (2): 70–81)。二〇一八年、欧州連合は、欧州議会議員選挙において、定数三五を超える選挙区では二〜五％の阻止条項を設けることを義務づける決定をしている（山岡 2023b: 31)。

（5）行政文書開示決定（内閣法制局一第三二号、令和四年一一月一五日）で開示された「平成五年国会用資料（想定）」は、九州大学大学院法学研究院の岡崎晴輝研究室で保管している。

（6）ただし、ベルギーの事例研究によれば、阻止条項の機械的効果や有権者にたいする心理的効果は限定的だった。著者が言うように、ベルギーでは選挙区定数が少なく、それゆえ事実上の阻止条項が高かったため、機械的効果は限定的なものにとどまったのであろう（Reuchamps et al. 2014: 1096)。

（7）　それでも阻止条項への疑念が生じる場合には、ヴェルナー・シュペックマンの「補助投票」（subsidiäre Wahl）を組み込むことも選択肢になるであろう。有権者が二つの政党に優先順位を付けて投票できるようにし、第一選好の政党が阻止されたら、その票が第二選好の政党に行くようにするのである。こうすれば、阻止された政党に投票した票が死票にならずに済むであろうし、阻止されなかった政党が得票率以上の議席率を獲得することもなくなるであろう（ただし、第二選好の政党も阻止された場合を除く）。また、死票になることを恐れて、有権者が小党に投票するのを避けることもなくなるであろう（Speckmann 1970: 198）。

第七章　抽選制市民院

第一節　問題設定

本章では、選挙制の衆議院とペアをなす抽選制の市民院の構想を示したい。周知のように、古代アテナイの民主政治では抽選制が活用されていたが、近代においては例外的にしか使用されなくなった。[1] しかし現在、「民主主義の刷新」（democratic innovation）という旗印の下、抽選と熟議を組み合わせたミニ・パブリックスが活用されるようになっている（cf. 藤井 2021; 吉田徹 2021; 三上 2022; OECD（経済協力開発機構）Open Government Unit 2023; 宮下 2023）。さらに、そうしたミニ・パブリックスの理論と実践の延長線上に、議員を抽選（くじ引き）で選出する抽選制議会が構想されるようになっている。なかでも多大な影響を与えたのが、ダーヴィッド・ヴァン・レイブルックの『選挙制を疑う』（二〇一三年）である（ヴァン・レイブルック 2019）。日本でも二〇一九年に訳書が出され、大きな反響を呼んだことは記憶に新しい。抽選制議会論はもはや荒唐無稽な奇説ではなくなっている。

日本では、私と山口晃人が選挙制議院と抽選制議院の二院制を提唱してきた（岡﨑 2019b; 山岡／岡﨑編著 2021: 第六章; 岡﨑 2022; 山口 2020a; 山口 2020b）[2]。その際、私は民主主義の観点から抽選制議会を擁護してきたが、山口は費用対効果という観点から抽選制議会を擁護している（山口 2022b）。山口はまた、抽選で選出された有権者だけが必要な情報を得たうえで投票する「参政権くじ引き制」を提唱し、衆議院を「参政権くじ引き制」にし、参議院を抽選制にするという構想も可能であるとしている（山口 2023）。抽選制議会を提唱してはいないが、吉田徹も「くじ引き民主主義」の一形態として、私の抽選制議会論を紹介するとともに、地方議会議員の一部を抽選で選出することを提案している（吉田徹 2021: 101-104）。その吉田徹も、最近のインタビューでは「やや夢物語になりますが、衆参両院に加えてくじ引き議員による第三院をつくり、そこで民意を集約することができるのではないか」と答えて、地方議会議員の一部だけでなく国会議員の一部を抽選で選出することも示唆するようになっている（『西日本新聞』二〇二四年四月七日朝刊）。

海外でも、抽選制議会をめぐる議論は活発に続けられている。たとえば、二〇一七年九月には The Real Utopias Project の一環として抽選制議会をめぐるシンポジウムが開催され、その報告論文が『抽選制議会』（二〇一九年）として出版された（Gastil and Wright et al. 2019）[3]。現在も、Equality by Lot（https://equalitybylot.com/）を舞台に、日々議論が交わされている。本章では、そうした最先端の議論を踏まえつつ、抽選制議会論を発展させることを目指したい。まず最初に、一院制の抽選制議会ではなく、選挙制議院と抽選制議院を組み合わせた二院制議会を擁護する（第二節）。そのうえで、選挙制の参議院を抽選制の市民院に改組する構想を示し、その青写真を描きたい（第三節）。そして最後に、憲法を改正することなく、議員を抽選で選出する抽選制議員の構想を提示するであろう（第四節）。

第二節　抽選制議会

1　抽選制議会論の争点

周知のように、抽選制の政治的伝統は古代ギリシアに遡る。そこでは、抽選制が民主主義的であり、選挙制は貴族主義的であると考えられており、選挙制は例外的に使用されていたにすぎない。ところが近代国家では、選挙制が民主主義的であることが自明視されるようになった。その経緯については、ヴァン・レイブルック『選挙制を疑う』第三章に詳しい[4]。しかし近年、代議制民主主義にたいする不信を背景に、抽選制を活用した民主主義の再生が試みられている。熟議型世論調査、計画細胞、市民討議会などである（cf. 篠原 2004; 篠原編 2012）。日本でも、市民討議会や住民協議会が全国各地で開催されてきた（cf. 篠藤ほか 2009; 伊藤 2021）。さらに、そうした主題限定・期間限定のミニ・パブリックスにとどまらず、議員を抽選で選出する抽選制議会が提唱されるようになっている。我々は、抽選制革命の直中を生きているといえるであろう。

抽選制議会論の基本的な考え方は、現代民主主義の機能不全は選挙制に起因しているのではないか、民主主義の再生のためには議員を抽選で選出する抽選制議会を導入したほうがよいのではないか、というものである。ピエール＝エティエンヌ・ヴァンダムとアントワーヌ・ヴレー＝アムランによれば、抽選制は二つの点で有望であるという。第一に、選挙制の貴族主義的性格を軽減しやすい。選挙制では、議員は裕福で高学歴の白人男性に偏りやすいし、当選してしまえば議員は有権者に縛られずに行動しやすい[5]。しかし抽選制は、そうした貴族主義的性格を軽減するであろう。第二に、抽選制は認識上の（epistemic）価値も有しており、公平性と合理性を備えた正しい決定をもたらしやすい。すなわち、議員になる機会が万人に開かれているため、議会は遥かに多様になるであろう。そして、マニフェストや党議拘束に従う必要がないため、良い熟議をもたらすであろう。素人に任せてよいのかと懸念する人もいるだろうが、議員は選挙で選出されたわけではないため、自信過剰に陥ることなく専門家の助言に謙虚に耳を傾けるであろう。また、再選するために直ぐに成果を出す必要がないため、長期的視野に立ちやすくなるであろう（Vandamme and Verret-Hamelin 2017: 4–10. なお、この論文は抽選制の有望さだけでなく、その課題も検討している）。

日本でも、議員、特に国会議員が中高年男性に偏り、「世襲議員」や利益集団代表が少なくないことを考えれば、抽選制議会を設置する意義は大きい。たしかに、抽選制議会ないし抽選制議院に懐疑的な論者もいるが、争点は、選挙制議会を抽選制議会で置き換えるか、それとも選挙制議院と抽選制議院を組み合わせるかに移っている。この点は、ヴァン・レイブルック『選挙制を疑う』が曖昧なままにしていた点である（cf. ヴァン・レイブルック 2019: 219–221）。

前述の『抽選制議会』に目を向ければ、ジョン・ギャスティルとエリック・オーリン・ライトの基調論文は、選挙制議院と抽選制議院を組み合わせた二院制を提唱した（Gastil and Wright 2019）。これを承けてトム・マレソンは、民主主義の四つの価値に照らして選挙制と抽選制を比較検討し、ギャスティルとライトの二院制論を支持している。マレソンによれば、政治的平等（political equality）という点では、様々な人々が議員に選出されやすく、カネの影響を受けにくい抽選制のほうが優れているが、有権者による統制（popular control）という点では有権者が総選挙で審判を下せる選挙制のほうが優れている。公平な熟議（deliberation and impartiality）という点では、政党や有権者から自由な議員、しかも多様な議員が選出されやすい抽選制のほうが優れているが、能力（competency）という点では、無能な候補者が淘汰されやすく、かつ政治家が政党によって知的に支えられている選挙制のほうが優れている。これら四つの民主的価値を実現するためには、選挙制と抽選制という二つのメカニズムを組み合わせることが望ましいというのである（Malleson 2019. cf. Abizadeh 2019; Abizadeh 2021）。

他方、テリル・ブリシウス（元バーモント州議会議員）はギャスティルとライトの二院制論を批判し、抽選制議会に一本化することを提唱している。ブリシウスによれば、選挙制議院の利点とされるものは実際には疑わしい。政党間の論争は市民の学習や熟議を促進するどころか、むしろ阻害する。利害対立を解消しようとする際にも、政党や政治家による交渉では力関係を反映した妥協になりやすい。また、選挙では自己中心的・権力志向的な政治指導者が選出されやすく、政治家の専門的知識とやらも疑わしい。それどころか、選挙制議院があると抽選制の利点が失われかねない。議題は政治家が設定したものに偏るであろうし、抽選で選出された議員は政党指導者に追随するであろう。両院が対立すれば、選挙制議院は抽選制議院の正統性を失墜させようとするであろう。それゆえ、ハイブリッド型の二院制ではなく抽選制議会が望ましいというのである（Bouricius 2019. cf. Hennig 2019）。

2　選挙制議院＋抽選制議院の擁護

さて、二院制議会（選挙制議院＋抽選制議院）と一院制議会（抽選制議会）のいずれが望ましいのであろうか。[8] ブリシウスは、議員を選挙で選出することを否定しているだけでなく、行政府の長を選挙で選出することも否定している。そして、シティ・マネージャー制のように、抽選制議会が行政府の長を任命・解任することを提唱している（Bouricius 2019: 330–331）。こうしたブリシウスの全面的な選挙制批判に与することはできるのであろうか。

たしかに、ブリシウスの危惧も理解できないわけではない。しかし、与野党が論戦を繰り広げる選挙制議院がなければ、抽選制議院や市民はいったい何を熟議すればよいのであろうか。効果的な熟議のためには、選挙制議院における与野党対立が必要である。また、選挙制では自己中心的・権力志向的な政治指導者が選出されやすいにしても、専門的知識を備えた優れたリーダーを選抜・育成するためには、選挙制を活用することも不可欠である。さらに、抽選制議院の自律性を確保するように制度設計すれば、抽選制議院が選挙制議院に屈するようなことにはならないであろう。このように考えれば、ブリシウスの全面的な選挙制批判に与することはできない。ヴァン・レイブルックは「選挙のない民主主義など考えられず、民主主義について語るためには選挙が必要不可欠の条件であるとする、揺るぎなき信仰」を「選挙原理主義」と命名したが（ヴァン・レイブルック 2019: 42）、ブリシウスは、選挙原理主義の裏返しとしての抽選原理主義に陥っているのではないだろうか。

これにたいしてマレソンは選挙原理主義とも抽選原理主義とも一線を画し、選挙制と抽選制の長所・短所をバランスよく捉えているように思われる。マレソンが論じているように、選挙制は抽選制に比べて、有権者が政治家を統制しやすいし、能力ある政治家を選出しやすい。他方、抽選制は選挙制に比べて、政治的平等や公平な熟議をもたらしやすい。多くの人は、この点に同意するに違いない。ただし、抽選制に有利であるとされる政治的平等や公平な熟議でも、選挙制に有利な面があることは確認しておきたい。

政治的平等に関して、マレソンは、抽選制では様々な人々が議員に選出されやすいとする。たしかに、選挙制では、議員は裕福で高学歴の（白人）男性に偏りやすい。被選挙権は形式的には平等ではあっても、実質的には平等であるとは言いがたい。しかし抽選制を活用すれば、無作為抽出という手続きを通して、被選出権の実質的平等を実現することができるであろう。とはいえ、抽選制でも、選出された者と選出されなかった者のあいだに政治的不平等が生じることは避けられない。総選挙は、数年に一度とはいえ、すべての有権者が平等に政治参加する機会を保障している。しかるに、選挙制議会を抽選制議会に置き換えてしまえば、抽選で選出されなかった有権者は、そうした平等な政治参加の機会を奪われてしまい（松尾 2019: 268–269; Umbers 2021: 317, 321; Lovett and Zuehl 2022: 486–487; Bech-Pedersen 2023: 14–16; Rummens and Geenens 2023: 12–13）、抽選で選出された市民に「盲従」することになりかねない（Lafont 2020: 10, 111, 119, 126, 162, 191; Landa and Pevnick 2021: 49–50）。任期を短くすれば、抽選に当たる確率は増えるが、それでも全員というわけにはいかない。また、抽選制議会の決定をレファレンダムにかけることも考えられるが（cf. Vandamme 2024: 106–109）、少なからぬコストがかかることになる。だが、選挙制議院と抽選制議院の二院制にして、しかも、後述するように、抽選制議院の権限を法案拒否権などに限定すれば、選挙制議院では有権者全員に選挙権・被選挙権が与えられている以上、また抽選制議院の権限が限定されている以上、抽選制議院における政治的不平等は大きな問題にはならないであろう。

公平な熟議に関して、マレソンは、抽選制のほうが公平な熟議をもたらしやすいとする。議会の現状に鑑みれば、この指摘はとりわけ重要であろう。特に強調したいのは、抽選で選出された議員にはしがらみがないことである。政治家は、公認を得るために政党幹部の顔色をうかがい、カネ（金）やフダ（票）を集めるために支持者の意向を汲まざるをえない。しかし、抽選で選出された議員はそうしたしがらみとは無縁であり、良心に従って公平に熟議することができるであろう。その一方で、選挙制に公平な熟議を促進する面があることも見逃せない。シャンタル・ムフが指摘しているように、政党が言説的な枠組みを提示することで初めて、人々は社会の対立をはっきりと認識し、集合的な政治的主体が創出されるであろう（ムフ 2019: 78–80. cf. Vandamme 2024: 114–119; Lafont and Urbinati 2024: 167–171）。たしかに、政党が政権公約（マニフェスト）を掲げて選挙を戦い、議会でも所属議員を党議拘束に従わせるのであれば、公平な熟議が妨げられることは間違いない。しかし同時に、選挙制議院において与野党が対立し争点が明確になれば、抽選制議院は与野党の言い分に公平に耳を傾けることができ、選挙制議院がない場合に比べて公平な熟議・決定をしやすくなるであろう。

このように議論を彫琢する余地はあるものの、マレソンが提示した民主主義的諸価値に照らした場合、抽選制議会に一本化するよりも、選挙制議院と抽選制議院を組み合わせた二院制議会にするほうが望ましい。二院制にすれば、選挙制の長所（有権者による統制、能力）と抽選制の長所（政治的平等、公平な熟議）を足し合わせることができるからである。それどころか、うまく制度設計すれば、両院の相乗効果も期待できるであろう。すなわち、選挙制議院があるがゆえに抽選制議院の熟議の質が向上し、逆に抽選制議院があるがゆえに選挙制議院の熟議の質も向上するようになるであろう。

　選挙制議院と抽選制議院をうまく組み合わせれば、完全抽選制（ロトクラシー）に向けられた諸批判（Lafont 2020; Umbers 2021; Landa and Pevnick 2021; Rummens and Geenens 2023; Hutton Ferris 2023）を退けることができるに違いない。たとえば、ステファン・ルーメンスとラフ・ヘーネンスによれば、ロトクラシーでは、第一に、市民、団体、議員のコミュニケーション・チャンネルがないため様々な意見が汲み取られにくいし、論争が可視化されないため意見の変容も生じにくい。第二に、市民は投票を通じて意思決定過程に参加することができない。そして第三に、すべての市民が集合的決定を自分自身の決定であると感じにくい（Rummens and Geenens 2023）。こうした批判は、完全抽選制には妥当するかもしれないが、選挙制議院と抽選制議院という二院制の構想には妥当しない。そこでは、選挙制議院が存在しているため、様々な意見を汲み取ることも、意見を変容させることもできるであろう。有権者は総選挙で投票することもできるし、自分自身の決定であると感じることもできるであろう。完全抽選制に向けられた批判は、選挙制議院と抽選制議院の二院制には当てはまらない。

　それでもなお、抽選制議院に懸念を抱く人もいるかもしれない。抽選で選出された議員はたまたま選出されただけであり、市民を代表する正統性を持たないのではないか、と（cf. 只野 2023: 42）。たしかに、選挙で選出された議員は有権者から授権されているが、抽選で選出された議員はそうではない（cf. Parkinson 2006: 33）。しかし、制度としての抽選制議院が有権者から授権されていれば、抽選で選出された議員も、一人ひとりは授権されていなくとも有権者から間接的に授権され、それゆえ正統性を有しているのではないだろうか（cf. Landemore 2020: 108; Mackenzie 2023: 24）。そのように考えなければ、裁判員も検察審査員にも正統性がないということになってしまう。もちろん、それ以外の方法によって正統性を高めることもできるかもしれない。たとえば、天皇が厳かな儀式で籤を引くようにすれば、匿名の行政官がボタンを押すよりも正統性感覚は高まるかもしれない。私もそうした儀礼的側面を否定するつもりはない。しかし最も重要なのは、抽選制という選出メカニズムを正統化することで、抽選で選出された議員の正統性も高めることである。裁判員制度や検察審査会制度と同じように、偶然を意思によって制度化すれば、偶然は単なる偶然ではなくなるであろう。

また、抽選で選出されなかった市民が政治的関心を失ってしまうのではないか、と懸念する人もいるかもしれない（cf. 齋藤／谷澤 2023: 233）。たしかに、一院制の抽選制議会にすれば、そうした事態が生じるかもしれないが、少なくとも選挙制議院と抽選制議院の二院制では、抽選で選出されなかった市民も政治的関心を失うことはなく、むしろ政治的関心を高めるであろう。もちろん、抽選で選出された議員と抽選で選出されなかった市民のあいだに政治的関心の差が生じるのは避けられない。しかし第一に、抽選で選出されなかった市民も選挙制議院の選挙権・被選挙権を有しているため、政治的関心を失うことはないであろう。第二に、抽選制議院を説得する必要があるため、選挙制議院の審議が分かりやすくなり、かつ真剣勝負になるため、抽選で選出されなかった市民も、これまで以上に政治に関心を持ちやすくなるであろう。そして第三に、仲間である市民が国会に議席を占めており、世論に耳を傾けることが期待できるため、市民の政治的有効性感覚が高まり、政治に関心を持つようになるであろう。それゆえ、少なくとも選挙制議院と抽選制議院の二院制の場合、抽選で選出されなかった市民の政治的関心が低下するという懸念は杞憂に終わるはずである。

第三節　抽選制市民院の構想

1　参議院の選挙制度と無用性

抽選制の市民院を提唱する前に、現行の参議院の選挙制度を概観しておくことにしたい。現在、参議院議員の定数は二四八議席であり、一四八人が選挙区で選出され、一〇〇人が比例代表で選出される。その際、三年ごとに半数が改選されるため、三年ごとの通常選挙では七四人が選挙区で選出され、五〇人が比例代表で選出される。選挙区は一人区から六人区まであり、得票数上位の者から順に当選者となる。ただし、当選者となるためには、その選挙区の有効投票総数を選挙区定数で割った数の六分の一以上を獲得しなければならず、この法定得票数に達しなかった場合には再選挙となる（公職選挙法第九五条第一項第二号、第一〇九条第一項）。

参議院の比例代表制では、衆議院のブロック制とは対照的に、全国区制が採用されている。また、衆議院の拘束名簿式とは対照的に、非拘束名簿式が採用されている。政党等は、名簿順位の付いていない候補者名簿を提出し、有権者は、一つの政党または一人の候補者に投票する。各政党の得票数は、当該政党の得票数と、当該政党の候補者の総得票数の合計である。衆議院と同じくドント式を使用して、各政党の得票数を各政党の議席数に変換する。そして、衆議院とは違い、得票数の多い順に当選者となる。政党ではなく有権者が候補者の順位を決定できるわけである。ただし、二〇一八年の公職選挙法改正により、特定枠という仕組みが導入されている。政党等は、候補者名簿に記載した候補者のうち、一人を除いて順位を付けることができる。そして、名簿順位の付いた候補者はその順位に従って当選者となる（特定枠の候補者に投じられた票は、政党に投票された票として扱われる）。残りの議席がある場合には、特定枠以外の候補者のうち得票数の多い順に当選者となる（公職選挙法第六八条の三、第八六条の三、第九五条の三）。

このように、参議院の選挙制度は、衆議院の選挙制度とは若干異なる。それゆえ、すでに見たように、衆議院と参議院の選挙制度の不均一を問題にする政治学者もいる。衆参の多数派が異なる「ねじれ国会」になることもある。しかし、両者が一致すれば、参議院は衆議院の「カーボンコピー」になり、無用ではないかと批判されることもある。参議院が強い権限を持っている以上、一致しても問題であるし、不一致でも問題である。参議院の選挙制度改革を検討するのではなく、抽選制議院にしたほうがよいのではないだろうか。

2　選挙制参議院から抽選制市民院へ

抽選制議会論を日本の国会に応用し、参議院議員が抽選で選出されたと想定しよう。否、任命制の貴族院が選挙制の参議院に取って代わられたように、今度は、選挙制の参議院が抽選制の市民院（House of Citizens）に取って代わられたと想定しよう。選挙で選出された職業政治家ではなく、抽選で選出された市民が数年間、市民院議員を務めるのである。

こうした抽選制市民院の構想にたいしては、私が『選挙制を疑う』の「訳者解題」で指摘したように、少なくとも二つの疑問が生じるに違いない（ヴァン・レイブルック 2019: 227-228）。第一は、政治の素人に国政を任せてよいのか、という能力に関する疑問である。たしかに、市民院議員は政治の素人であるかもしれない。しかし、市民院議員一人ひとりは様々な生活経験、職業経験を積んできた専門家である。それゆえ、市民院は多様な分野の専門家を揃えており、その専門性は衆議院をはるかにしのぐであろう。衆議院議員が玄人集団で市民院議員が素人集団であるというのは、極めて一面的な見方である。とはいえ、市民院議員が法案等を審査するのは容易ではない。そこで、市民院の権限を若干の権限に限定してはどうだろうか。

市民院の第一の権限は、衆議院で法案等の審議が尽くされたかどうか、またその決定が市民感覚に著しく反していないかどうかを判断し、時に否決する法案拒否権である（cf. Zakaras 2010: 457-458）。衆議院と同じように法案を審議するのではなく、法案を拒否する権限に限定すれば、法案等の審議に手こずることなく、抽選制議院の持ち味を最大限に発揮できるであろう。単純多数決（過半数）にするか特別多数決（三分の二以上）にするか、法律と予算・条約で区別するかどうか――これらは技術的な問題にすぎない。重要なのは、法案拒否権を持つ抽選制市民院によって選挙制衆議院の審議を実質化し市民化することである。

市民院の第二の権限は、衆議院に特定の立法を働きかける立法勧告権である。衆議院議員は概して、政治改革に関する立法には消極的である。それ以外にも動きの遅い分野があるだろう。市民院が衆議院に立法を働きかけられるようにすれば、国会の立法機能は強化される。立法勧告権は「政治の素人」でも担当することができるし、それどころか「政治の素人」であるからこそ、その権限をうまく行使することができるであろう。

市民院の第三の権限は、不祥事を起こした衆議院議員を辞めさせる衆議院議員解職権である。不祥事を起こした議員に辞職を求める世論が高まっても、辞職を拒否する衆議院議員は少なくない。たしかに、衆議院・参議院は辞職勧告決議をすることができるが、そもそも採決されないことも多く、仮に決議されたとしても辞職する法的義務はない。また、衆議院・参議院は議員を除名することもできるが（国会法第一二二条）、党派的濫用のおそれがあるため、余程のことがなければ行使されない。しかし、市民院が衆議院議員の解職権を持ったとしても、党派的濫用のおそれは少ないであろう。また、市民院は有権者の縮図であるがゆえに、衆議院以上に解職権を行使する正統性を有するであろう。もちろん、解職の要件や手続きを厳格に定める必要はあるが、市民院は「政治の素人」であるがゆえに衆議院議員解職権をよりよく行使することができるであろう。市民院が衆議院議員を解職する権限を持つようになれば、日本国憲法が規定する罷免権を制度化することができる。「公務員を選定し、及びこれを罷免することは、国民固有の権利である」（憲法第一五条第一項）。

さて、抽選制市民院の構想に向けられるであろう第二の疑問は、市民院議員が職業生活や私生活と両立できるのか、という負担に関するものである。たしかに、裁判員や市民討議会とは違い、任期が数年に及ぶとなれば、かなりの工夫をすることが欠かせない。年齢を考慮せずに無作為抽出すれば、いわゆる現役世代に辞退者が続出し、年齢上・職業上の偏りが大きくなることは避けられない。そこで、あくまでも次善の策としてではあるが、市民院議員の半数を一九歳・二〇歳から選出し（ジュニア枠）、残る半数を六三歳・六四歳から抽選で選出してはどうだろうか[9]（シニア枠）。もちろん、裁判員と同じように、正当な理由があれば辞退を認めるのは当然である。

市民院の総定数を仮に四〇〇議席としよう。ジュニア枠では、一九歳（大学一年生に相当）と二〇歳（大学二年生に相当）の市民から計二〇〇人を抽選する。その際、ノウハウが伝わりやすくするため、また衆議院解散時にも市民院の緊急集会を開けるように、一斉に入れ替えるのではなく、毎年、一九歳の市民から一〇〇人を抽選で補充し、二〇歳の市民院議員は留任する。無作為抽出すれば、性別や地域などは偏らないはずである。この二〇〇人の若者のなかには、すぐに高等教育・職業教育を受けることを希望する者も少なくないに違いない。そのためにも、大学や専門学校などに通いつつ、市民院議員としての職務に従事できるよう配慮する。こうすれば、ジュニア世代の自由を侵害することなく、将来を担う若い世代の市民感覚を国政に反映させることができるであろう。シニア枠も、基本的には同じである。異なるのは、社会的経験を積んだ世代の市民感覚を反映させることができる、ということだけである。公的年金の受給開始年齢が六五歳の場合、少し早めに退職して六三歳から六四歳までの一年間、市民院議員を務めることは魅力的な選択肢なのではないだろうか。

ジュニア枠でもシニア枠でも、市民院議員は十分な報酬を受け取る。衆議院議員の報酬と同額にするのも一つの考え方であろうし、市民感覚から乖離しないように、平均的な年収に合わせるのも一つの考え方であろう。いずれにしても、十分な報酬が支払われなければならない。注目すべきは、市民院議員は選挙の必要がないため、政治資金を集める必要がないことである。たしかに市民院事務局は必要であろうが、市民院法制局も必要なければ、公設秘書や私設秘書も必要ない。また、インターネットを活用すれば、東京の国会議事堂に出勤する必要もない。在宅勤務では心許ないのであれば、基礎自治体の一室を市民院議員に提供し、インターネットを通じて衆議院の審議に耳を傾けてもらい、法案拒否権などを行使するかどうかを判断してもらえばよい。

私は、こうしたジュニア枠とシニア枠という制度設計を「選挙制と抽選制」(二〇一九年)で提案したが、それにたいしては、現役世代を排除し、平等性と包摂性を損ないかねないという批判が寄せられている(西山 2022: 75)。この批判にたいしては、ジュニア枠は衆議院における若者の過少代表を相殺するし、シニア枠は衆議院議員にたいする重石として機能すると反論することもできるであろう(シニア枠の市民院議員よりも高齢の衆議院議員であっても、社会的経験を積んできたシニア枠の市民院議員を軽くあしらうことは難しいであろう)。

しかし、それでも同意を得られないのであれば、市民院議員を非常勤化し、すべての世代から市民院議員を選出することも選択肢に上るであろう。この場合、市民院議員の負担を軽減するために、審議する法案を絞り込む必要がある。たとえば、市民院の審議にかける法案を、衆議院で三分の一以上の反対票があった法案に限定するといった規則を設けるのである。また、自宅から職務に従事できるように、オンライン化を進める必要もある。衆議院の審議を終えた後、与野党は賛成討論・反対討論の動画を市民院のウェブサイトで配信し、市民院議員(と市民全員)が空いている時間帯に視聴できるようにする。土曜日・日曜日に仕事等のある市民院議員も市民院議員同士で熟議できるように、平日のセッションも設置する。最終投票については、一定期間内にオンラインで投票できるようにする。こうした工夫を凝らせば、市民院議員を非常勤化することも可能であろう。そうなれば、ジュニア枠やシニア枠に限定されることなく、様々な世代の市民が参加しやすくなる。また、市民院議員の人数を増やせるため、標本誤差を小さくすることもできる。(10) さらに、市民院議員の人数が増え、かつ国会議事堂に集まる必要がなくなれば、市民院議員が政治家や官僚やロビイストによって「篭絡」されることも避けやすくなる。このように考えると、市民院議員を非常勤化するのが、最も有望な制度設計であるのかもしれない。

3　抽選制市民院の諸問題

市民院議員は抽選によって選出されるが、幾つかの制度的工夫も必要になる。第一に、市民院議員を抽選で選出する際、属性によって層化する必要があるかどうかである。たしかに、抽選前の辞退を幅広く認める市民討議会の場合には、辞退率を考慮して、層化無作為抽出法を採用する必要があるかもしれない。しかし、市民院議員の場合には裁判員の場合と同じく、無作為性を歪めてまで代表性を追求する必要はないであろう。ただし、市民院議員の性別や居住地のバランスが崩れるような場合には、性別・地域別に層化した後で無作為抽出すればよい。

第二に、市民院議員を圧力や買収から守るために、匿名にしたり接触を制限したりすることが必要かもしれない（cf. 西山 2022: 73）。ロトクラシーに批判的なラクラン・M・アンバースは、抽選で選出された市民は情報に乏しいため、ロビイストの提供する情報に依存せざるをえないとする（Umbers 2021: 328）[11]。だが、市民院議員をロビイストの圧力にさらす必要はない。裁判員制度では、裁判の公正さを保つために、裁判員は裁判が終わるまで裁判員であることを公にできないだけでなく、関係者も裁判員に接触することができない。市民院議員の場合、任期が数年間に及ぶため、そうした守秘義務を課すのは難しいが、市民院議員の名簿を非公開にしたり、衆議院議員とその公設・私設秘書などが市民院議員に個別的に接触するのを禁止したりできるであろう。また、市民院の議員の判断の公正さを保つために、秘密投票にすることもできるであろう（Gastil and Wright 2019: 28）。ただし、市民院議員に選出されなかった市民の声を政治に反映させるためにも、そうした人びとの参加の機会を拡大するためにも、市民院にたいするオンライン・コメントのようなものを制度化すべきである。

第三に、市民院議員同士で熟議するかどうかも検討する必要があるだろう。山口晃人は、熟慮でも熟議と同等の効果があるだけでなく、熟議には集団極化が生じたりコストがかかったりするという問題があると論じ、集団で熟議するのではなく、個々人が熟慮するロトクラシーを擁護している（山口 2022a）。この問題提起を承けて田村哲樹は、抽選制議院の存在が選挙制議院の熟議を促進し、全体としての立法過程を熟議化する可能性があることを考えれば、抽選制議院を熟議ではなく熟慮の場にすることもありうるとする。ただし、熟慮を重視すると、抽選制議員に個人の責任を強く問うことになるのではないかとの懸念も示している（田村 2022: 30–31）。こうした議論を踏まえた場合、抽選制市民院で市民院議員同士が熟議する必要はあるのだろうか。それとも、一人ひとりの市民院議員が熟慮すれば、それで十分なのであろうか。たしかに、市民院議員が自発的に熟慮できるのであれば、それでもよいのかもしれない。しかし、一人で熟慮するのは容易ではない。ほとんどの人にとって、熟議する機会があるからこそ熟慮することもできるのではないだろうか。また、一人で熟慮できる人がいるとしても、言葉を発することで自分の意見がより明確になるのではないだろうか。そうであるとすれば、市民院議員が熟議する機会は必須であるように思われる。(12)

最後に、市民院の答責性（accountability）の確保についても検討する必要があるだろう。選挙制では、有権者は選挙を通じて代表に制裁を課すことができるが、抽選制では制裁を課すことができないという批判は少なくない（cf. プシェヴォスキ 2021: 153; Landa and Pevnick 2021: 59–63）。しかしジェーン・マンスブリッジは、抽選制でも、公式的・非公式的な熟議型答責性や選挙以外の制裁型答責性を確保できると論じている（Mansbridge 2019: 193–202）。ブレット・ヘニッグも、複雑な現代社会では、選挙制では必ずしも答責性が確保されない一方で、報道、司法、市民運動、さらには説明責任の規範を通じて答責性が確保されうると論じている（Hennig 2019: 302–307）。これらの議論を踏まえると、市民院でも有権者から疑問を投げかけられたり、逆に有権者に説明したりすることによって責任を果たすことができるであろう。加えて、市民院が市民院議員の解職権を持つようにすれば、制裁型答責性を確保することもできる。それどころか、市民院による制裁は選挙による制裁に比べて実効的でさえある。選挙がなければ制裁型答責性を確保できないというのは、選挙原理主義である。

4　抽選制市民院の効用

抽選制市民院の存在は、すでに示唆したように、選挙制衆議院の審議を実質化・市民化するのに寄与するに違いない。与野党は現在、テレビ、新聞、インターネット中継などを媒体として各党の政策を有権者に訴えかけている。しかし、国会審議が個々の法案の採決を左右しているとは言いがたい。十分に審議していない法案であっても、一定の手続きを踏んだ後、多数決によって可決されることも少なくない。いわんや、国会審議が次の総選挙での政権選択に結びついているとは言いがたい。だが、抽選制の市民院が存在すれば、どうだろうか。衆議院議員は、その審議を注視している市民院議員を説得しなければならない。説得できなければ、ある法案を市民院で通過させたり、逆に阻止したりできないからである。その結果、衆議院の審議は市民に分かりやすくなるとともに、法案の可決・否決をかけた真剣勝負になるであろう。そうなれば、市民院議員以外の市民も、これまで以上に国会審議に関心を持つようになり、これまで以上に真剣に総選挙で一票を行使するようになるであろう。

そもそも、現行の国会は、公平な決定を可能にする構造になっていない。裁判でいえば、検察官と弁護人だけで裁判をおこない、弁護人が弁護はするが、多数派の検察官と少数派の弁護人による多数決で有罪・無罪を決め、それゆえ有罪であることが既定路線であるようなものである。公平な判断者としての裁判官（・裁判員）がいなければ、そもそも裁判の体をなさない。しかるに、国会はどうであろうか。与党が検察官に相当し、野党が弁護人に相当するとすれば、裁判官（・裁判員）に相当するアクターがいないのである。これでは、公平な決定など期待できない。だが、市民院が与党と野党の主張に耳を傾け、法案拒否権を行使できるようになれば、国会は公平な決定を下せるようになるであろう（cf. 山口 2023: 174）。二者構造を三者構造に変えてこそ、国会が国会たりうるのである（図7－1）。

加えて、抽選制市民院の存在は、衆議院議員候補者のリクルートにも寄与するに違いない。現在、衆議院議員には男性の「世襲議員」や野心家が少なくない。議員構成の偏りは、国民代表として致命的である。しかし抽選制市民院の存在は、こうした偏りを是正してくれるであろう。抽選で選出された市民院議員、特にジュニア枠の市民院議員のなかには、二年間の経験を踏まえて政治家を志し、任期終了後に衆議院議員に立候補する者も出てくるだろうからである。

ところで、第二院は「一致すれば無用、反対すれば有害」とされることがある。[13] たしかに、選挙制の衆議院と選挙制の参議院を前提にすれば、このジレンマを解消するのは容易ではない。しかし、選挙

図 7-1　刑事裁判の三者構造と国会の二者構造

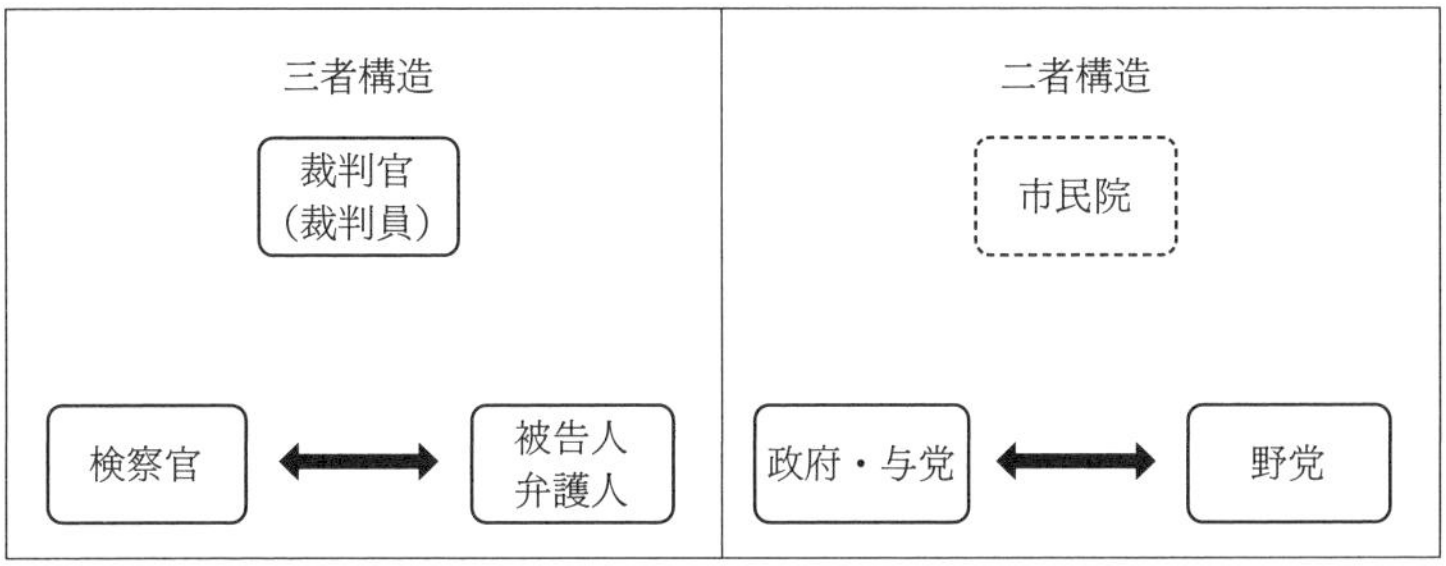

制の衆議院と抽選制の市民院であれば、このジレンマは解消可能である。両院が一致すれば、市民感覚のお墨付きを得られたことを意味し、市民院が反対すれば市民感覚を反映できたことを意味するからである。ここでは、一致しても有益、反対しても有益ということになろう。

第四節　抽選制議員

1　憲法改正の問題

選挙制の参議院を抽選制の市民院に改組するためには、日本国憲法を改正することが避けられない。周知のように、日本国憲法は「日本国民は、正当に選挙された国会における代表者を通じて行動し」（憲法前文）と規定し、「両議院は、全国民を代表する選挙された議員でこれを組織する」（憲法第四三条第一項）と規定する。自治体に関しても、「地方公共団体の長、その議会の議員及び法律の定めるその他の吏員は、その地方公共団体の住民が、直接これを選挙する」（憲法第九三条第二項）と規定する。ここに示されているように、日本国憲法も、選挙原理主義という時代の制約から自由ではない。憲法学者のなかには憲法改正に消極的な者も少なくないが、国民主権、基本的人権の尊重、平和主義という三原則を発展させるために日本国憲法を再解釈し、必要であれば改正することは日本国民の責任ですらある。

ここでネックになるのは、憲法前文である。憲法学の通説は、憲法改正には限界があり、そこには「前文の趣旨」も含まれると解している（芦部 2023: 423–425）。だとすれば、「日本国民は、正当に選挙された国会における代表者を通じて行動し」という文言を変更することは許されないのではないか、という疑問が当然生じるであろう。しかし、憲法前文を素直に読めば、「これに反する一切の憲法、法令及び詔勅を排除する」とする「人類普遍の原理」とは「そもそも国政は、国民の厳粛な信託によるものであつて、その権威は国民に由来し、その権力は国民の代表者がこれを行使し、その福利は国民がこれを享受する」という直前の一文なのではないだろうか。そうであるとすれば、「日本国民は、正当に選挙された国会における代表者を通じて行動し」という冒頭の文言を変更することは可能なのではないだろうか。

選挙制の衆議院を抽選制の市民院に改組することは、しかし、憲法改正が必要になるため、すぐには難しい。まずは、市民討議会・住民協議会にとどまらず、抽選制の実績を積み重ねていくことが、かえって近道であろう。「急がば回れ」である。よりハードルの低い選択肢から順に、幾つかの方法を紹介することにしたい。

2 政党における抽選制の活用方式

最もハードルの低い方法は、ベルギーのブリュッセル首都圏地域議会におけるアゴラ党の取り組みであろう。アゴラ党は、通常の政党とは違い、抽選制を活用した政党である。アゴラ党は、第一に、八つのワーキング・グループからなる「運動体」が組織運営を担い、第二に、アゴラ党が抽選で選出した市民討議会（定数八九人、任期一年）がアゴラ党の政治的意思決定を行う。そして第三に、アゴラ党の議員とそのチームが市民討議会の勧告に従ってブリュッセル議会で活動する（Junius et al. 2023: 521-522）。この方式では、議員自体を抽選で選出するわけではなく、抽選で選出された市民にアゴラ党の政策決定を委ねるのである。それゆえ、形式的には抽選制議員とはいえないが、実質的には抽選制議員であるといえるであろう。この方式の長所は、既存の選挙制度を変更する必要がまったくないことである。議員は、通常の候補者と同じように、選挙で選出される。しかしその政策は、政党や議員が決定するのではなく、抽選で選出された市民が決定するのである。政策を市民に委ねることが唯一の政策であり、それ以外の政策は政党としては白紙状態にしておくわけである。こうすれば、民意反映を重視する有権者、特に無党派層のなかに、アゴラ党に投票する者も出てくるであろう。

ところで、日本にも「支持政党なし」という名称の政治団体が存在しており、同じものではないかという印象を抱く人もいるかもしれない。しかし、両者のあいだには決定的な相違がある。アゴラ党の市民討議会の構成員は、ブリュッセル市民から抽選で選出されており、辞退率の高さという問題はあるにせよ、ブリュッセル市民の縮図になっている。また、そこでは専門家の話を聞いたうえで熟議がなされている。これにたいして「支持政党なし」では、インターネットを使い、すべての法案について賛否を問い、その結果を国会に届けるとしている（https:// 支持政党なし .com/）。だが、抽選制ではなく自薦制であり、社会の縮図にはなっていない。また、インターネット上で法案への賛否を投票するだけであり、法案をめぐる熟議は制度化されていない。日本においては、政党が抽選と熟議を活用することは、今後の課題にとどまっている。

3　附設方式

次の選択肢は、抽選制の市民討議会を議会に附設する方式である。すなわち、選挙制の議会は残したまま、それに抽選制の市民討議会を附設し、市民討議会での熟議・決定を議会に提出するのである。この方式は、すでにベルギーなどで実地に移されている。ベルギー東部のドイツ語共同体議会は二〇一九年、抽選制の市民理事会（Bürgerrat）と市民討議会（Bürgerversammlungen）を共同体議会に附設する決定をした。この東ベルギー・モデルでは、抽選で選出された市民理事会が毎年三つ以内の市民討議会を設置する。市民理事会の構成員（二四人）は市民討議会の経験者のなかから抽選で選出され、任期は一八カ月、六カ月ごとに三分の一が改選される。他方、各市民討議会の構成員（二〇〜五〇人）は、一六歳以上の住民から抽選で選出される。市民討議会の任務は、与えられたテーマについて熟議を重ねて政策を提言し、その後も議会との三回の合同会議において議員と議論することである。なお、市民理事会・市民討議会を事務的に支えるために、常勤の事務局長（Staentiges Sekretariat）が置かれている（https://www.buergerdialog.be; Niessen and Reuchamps 2022）。

ベルギーのドイツ語共同体議会に続いて、ベルギーの他地域の議会やベルギー以外の議会でも常設型の市民討議会を設置するようになっている。こうした附設方式であれば、議員の地位を脅かすことがないため、議員も賛同する可能性がある。ただし市民討議会はあくまでも附設機関であり、議会に従属していることは否めない。

4　併用方式

最後に、選挙制を維持したまま一部の議員を抽選で選出する併用方式——私が考案したものである——を採用することもできるであろう（選挙市民審議会 2020: 73–77; 山岡／岡﨑編著 2021: 114–116）。併用方式Ⅰ型は、投票率を活用して抽選制議員の比率を決定する方式である。たとえば、有効票が六〇％の場合、棄権票・無効票は四〇％ということになる。[14] 現在、この四〇％の棄権票・無効票は無視されているが、棄権票・無効票を無視することは民主主義の理念に照らして妥当なのであろうか。棄権票・無効票を、既存の候補者名簿を積極的・消極的に支持しなかった票であると解釈し、抽選制議員に割り当てたほうが民意を反映するのではないだろうか。この併用方式Ⅰ型にたいしては、しかし、なぜ棄権票・無効票を既成政党への不信と解釈するのか、という疑問が生じるに違いない。そこで考えられるのが、比例代表制において〈抽選〉という選択肢をあらかじめ投票用紙に記載し、有権者が政党の候補者名簿だけではなく〈抽選〉の候補者名簿にも投票できるようにする方式である。こうすれば、投票したい政党がない場合でも棄権することなく〈抽選〉に投票することができ、より民意を反映しやすくなるであろう。これが併用方式Ⅱ型である（図7－2）。

併用方式Ⅰ型にせよ併用方式Ⅱ型にせよ、選挙制を維持したまま、抽選制を組み込むことができるため、憲法を改正する必要はない。こうして国会のなかに抽選制議員が足場を築けば、その効果は劇的であろう。政党は、素晴らしい候補者を集めるとともに、理念・政策を磨いていなければ、有権者の信頼

図 7-2　併用方式Ⅰ型・Ⅱ型

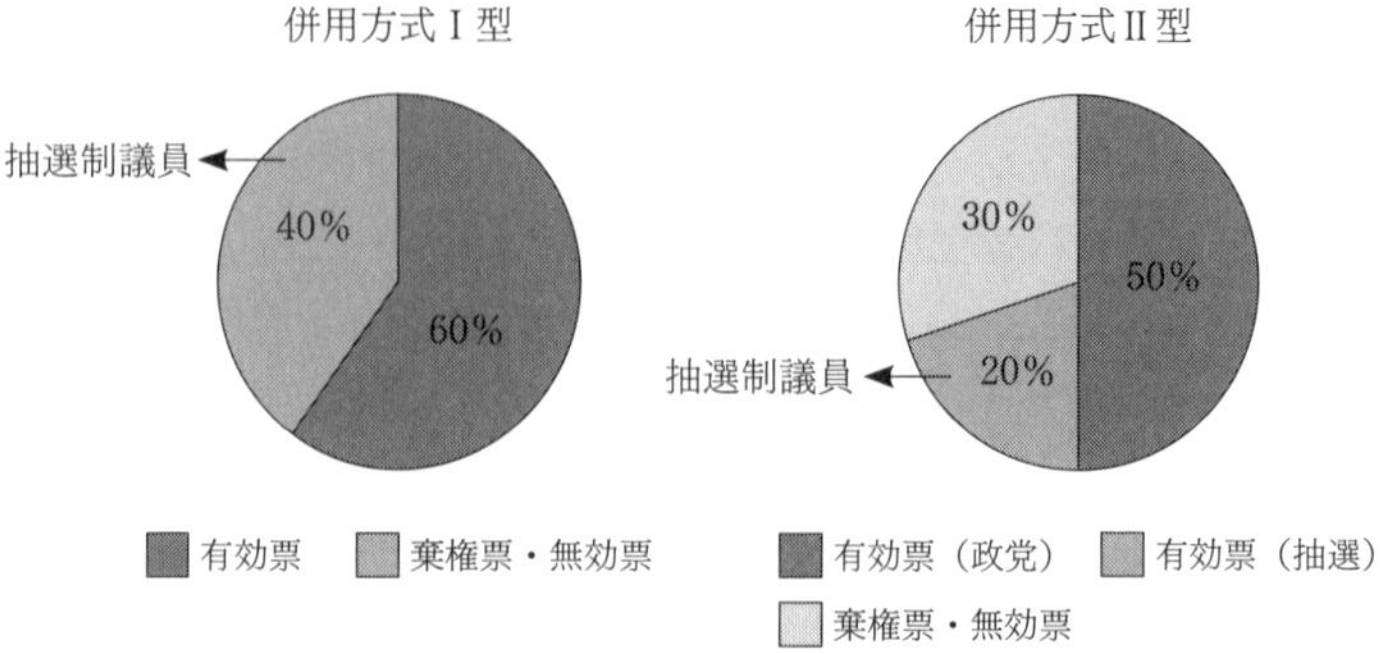

を失い、抽選制議員に議席を奪われかねない。それゆえ、今以上に有権者の声に耳を傾けなければならなくなる。国会審議も劇的に変わるであろう。抽選制議員を目の前にすれば、品のないヤジは姿を消すであろう。また、抽選制議員の賛成を得るために、政策論争も真剣なものになるはずである。抽選制議員の大半が反対すれば、政府・与党が過半数の議席を占めていたとしても、強行採決するのは難しくなるからである。抽選制議員は、選挙で選出された議員を鍛えるのに寄与するに違いない。

だが、抽選制議員は政治家に追従してしまうのではないか、と懸念する人もいるかもしれない。たしかに、そうした懸念がないわけではない。しかし、アイルランドの憲法会議では、六六人の市民と三三人の政治家が審議をしたが、デイヴィッド・M・ファレル等によれば、政治家が審議を支配することはなかった（Farrell et al. 2020: 69)。アイルランドの憲法会議では、抽選で選出された市民が三分の二という多数を占めていたため、そうならなかったのであろう。それゆえ、先の懸念を完全に払拭することはできない。しかし、アイルランドの事例を踏まえれば、政治家の主導性を安易に想定することはできない。

それはともかく、抽選制議員が国会のなかに一定の議席を持つようになれば、参議院そのものを抽選制の市民院に改組することも現実味を帯びてくるであろう。抽選制議員から抽選制議院へという二段階の抽選制革命こそが、日本の市民の前に開かれた可能性である。

小括

本章で私は、選挙制の参議院を抽選制の市民院に改組する抽選制議院という構想と、その前段階として国会議員の一部を抽選制を活用して選出する抽選制議員という構想を提示した。選挙制の参議院を抽選制の市民院に改組することができれば、ルソーが批判した事態、すなわち「イギリスの人民は自由だと思っているが、それは大まちがいだ。彼らが自由なのは、議員を選挙する間だけのことで、議員が選ばれるやいなや、イギリス人民はドレイとなり、無に帰してしまう」（ルソー 1954: 133）という事態を避けることができるであろう。

こうした抽選制の構想にたいしては、激しい拒絶反応が生じるに違いない。しかし、ヴァン・レイブルックが指摘したように、一九世紀後半に女性参政権を唱えたジョン・スチュアート・ミルにたいしても激しい拒絶反応が生じたのである（ヴァン・レイブルック 2019: 140）。しかるに現在では、女性参政権を否定する人は皆無である。抽選制議会にも同じことが起こらないと誰が言えるであろうか。『朝日新聞』二〇二〇年一月二〇日朝刊には「くじ引き議員　一考の余地あり」という投書が掲載され、くじ引き議員は「面白い発想だと思う」と記されている。抽選で選出された市民が裁判官とともに刑事裁判にあたる裁判員制度が定着したように（最高裁判所事務総局 2019: 1-2）、遠くない将来、抽選制の市民院が設置され、日本社会に定着する可能性は十分にあるだろう。

注

（1）選挙制と抽選制の政治史・政治思想史に関しては、Manin 1997; Dowlen 2008; Sintomer 2023 のほか、岡崎 2013; 岡崎 2023b を参照。

（2）早川誠は『代表制という思想』（二〇一四年）において抽選制に注目しているが（早川 2014: 96-98, 168-176）、抽選制議会には踏み込んでいない。

（3）その一部は *Politics & Society*, Vol. 46, No. 3, September 2018 に掲載されている。

（4）ただし、イヴ・サントメールは近著『偶然の政体』（二〇二三年）において、ヴァン・レイブルックとは異なる解釈を示している（Sintomer 2023: Chapter 3. cf. 岡崎 2023b: 2）。

（5）選挙で選出された議員の認知に偏りがあることは、実証研究でも明らかにされている。たとえば、ユリー・セーヴナンス等は、ベルギー、カナダ、イスラエルでの調査に基づいて、有権者がどのような選好を抱いているかに関する政治家の認知は、男性・高学歴・政治的関心の高い市民の選好に偏っているとしている（Sevenans et al. 2022: 1075）。

（6）直訳すれば「熟議と公平」となろうが、まとめの文中の deliberate impartially (Malleson 2019: 182) を踏まえ「公平な熟議」としたい。

（7）トム・マレソンはその後の論文で、現在の経験的自己（present empirical-self）と将来の学習後自己（post-learning self）を適切に代表するためには、選挙制議院と抽選制議院の「代表二元制」（representative dualism）に転換すべきだと論じている（Malleson 2023: 1, 14）。

（8）選挙制と抽選制を組み合わせるにしても、選挙で選出された議員と抽選で選出された議員が一院制議会を構成するという方法もある。しかしこの場合、前者の影響力が大きくなる可能性があることは否めない。第一に、選挙で選出された議員は専門知識も豊富で、弁も立つであろう。第二に、選挙で選出された議員は、有権者の票に支えられているため、自信をもって自説を主張することができるであろう。そうなれば、選挙で選出された議員が主導権を握ることは十分に考えられる。ただし、本章第四節で述べるように、一部の議員を抽選で選出するようにすれば、抽選制議院の第一歩になる。

（9）拙稿「選挙制と抽選制」や「選挙制・任命制・抽選制」では、任期を四年としていたが（岡崎 2019b: 93–94; 岡崎 2022: 73）、その後の議論を踏まえ、市民院議員の負担を軽減するため、任期を二年に短縮している。

（10）山口晃人は、籤院の総定数を二五〇〇議席にしている。「議員定数が二五〇〇人であれば、全体人口との決定の誤差は九五％信頼区間で±二％程度にとどまるからだ」という（山口 2022a: 34）。

（11）同じように、ディミトリ・ランダとライアン・ペニックは、抽選で選出された議員はすぐに交替するため、情報に乏しく、官僚やロビイストに「篭絡」（capture）されやすいとする（Landa and Pevnick 2021: 58）。ダニエル・フットン・フェリスは、政治家が「篭絡」されにくいのは政党のおかげであると批判しつつも、ランダとペニックの「篭絡」論に同意している（Hutton Ferris 2023: 8–9）。他方、デイヴィッド・オーウェンとグラハム・スミスは、頻繁な交替こそが、抽選で選出された議員が政治家や利益集団の圧力にさらされるのを防ぐとする（Owen and Smith 2019: 288–292）。

（12）熟議の効果と熟慮の効果を比較した実証研究では、「一概に熟議が熟慮よりも優れているとは言えないが、同時に熟慮があれば熟議が不要とも言いきれない」とされている（田中編 2018: 187）。

（13）この言葉はシィエスのものであると言われているが、出典は不明のようである（只野 2017: 251）。

（14）これまでの論考では「棄権票」としていたが（選挙市民審議会 2020: 73–74; 山岡／岡崎編著 2021: 114–116）、無効票も加えて「棄権票・無効票」に修正している。

第七章補論　抽選官僚制

1　抽選制の自由主義的可能性

本補論では、抽選制が民主主義的可能性だけでなく、権力を抑制するという自由主義的可能性を有していることを示したい。そして、そうした自由主義的可能性に基づいて、抽選制を行政や司法で活用する抽選官僚制の構想を提示したい。[1] これまで抽選制論者は、抽選制を選挙制／抽選制という枠組みで議論してきた（ヴァン・レイブルック 2019: 140–147; 岡﨑 2019b; 山口 2020a; 山口 2020b. cf. Zakaras 2010; Guerrero 2014; Vandamme and Verret-Hamelin 2017; Gastil and Wright et al. 2019）。こうした選挙制／抽選制という枠組みは必要なものではあったが、しかし、そこにとどまるべきではない。選挙制／抽選制という枠組みでは、抽選制が選挙制との関連でしか捉えられないため、議会以外への適用可能性が見えにくくなってしまうからである。

ところで、法哲学者の瀧川裕英は「偶然に対する態度」（二〇一九年）において、くじ引き民主主義を「代表選出を偶然に委ねることで、政治から恣意性を排除しようとする試み」であると解釈し、「偶然に対する一見矛盾した態度がその根底において示すのは、恣意性に対する人間の抵抗である。人間の共通の敵は、偶然ではなく恣意性である」と結論づけている（瀧川 2019: 3）。瀧川自身が自覚的かどうかは別にして、「恣意性への抵抗」という瀧川の抽選制解釈は、代表性・平等性・多様性といった抽選制の民主主義的可能性よりも、権力の抑制という抽選制の自由主義的可能性を引き出すものであるように思われる。ただし、抽選制の民主主義的可能性／自由主義的可能性という二者択一は誤解を招くものであるかもしれない。抽選制という「もう一つの」民主主義的道具を使って、権力を自由主義的に抑制するとすれば、両者は密接不可分の関係にあるからである。しかし、目的が自由主義であり手段が民主主義である以上、自由主義的可能性と概念化することは許されるであろう(2)。

そうした抽選制の自由主義的可能性に注目し、抽選制を行政や司法に適用する構想を提示したい。たしかに、裁判員・検察審査員の選出に抽選制が使用されているし、選挙や首相指名での同数投票などでも抽選制が用意されているが（cf. 馬場 2019 = 2023）、十分に活かされているとは言いがたい。行政や司法の人事にも抽選制を活用することができるのではないだろうか。とはいえ、選挙制の場合と同じく、試験制・任命制か抽選制かという二者択一に陥るべきではない。特に幹部行政職や幹部司法職においては、高い実務能力、優れた見識、リーダーシップなどが求められるからである。そうであるとすれば、抽選制を用いるにしても、様々な公職選出方法と組み合わせることが欠かせない。

ここで参考になるのが、中世後期からルネサンス期のイタリアにおける抽選制の実践である。周知のように、古代アテナイでは、すべての成人男性市民は民会に参加することができたが、評議会の評議員は抽選で選出された（橋場 2016: 137; 橋場 2022: 66）。評議会の監督の下で行政に携わる役人についても、将軍など一部の役人は選挙で選出されたが、ほとんどの役人は抽選で選出された（橋場 2016: 149; 橋場

2022: 78–79)。また、民衆裁判所の裁判員も抽選で選出された（橋場 2016: 143; 橋場 2022: 86–89)。そこでは、選挙制と抽選制は別々に用いられていたのである。ところがイタリアでは、選挙制と抽選制は組み合わされるようになった。その際、二つの類型があったことは見逃せない。

一つはヴェネチア型であり、選挙制と抽選制を組み合わせるが、最終的には選挙で執政官を選出する仕組みである。たとえば総督（doge）を選出する際、その指名委員（nominatori）は、大評議会のなかから抽選と選挙を繰り返して選出された。その指名委員会が提示した複数の候補者のなかから総督候補者が抽選で選出され、最終的には選挙で総督が選出されたのである（Norwich 1982: 166–167; Manin 1997: 63–67; Sintomer 2023: 74–76)。

もう一つはフィレンツェ型であり、選挙制と抽選制を組み合わせるが、最終的には抽選で執政官を選出する仕組みである。たとえば、フィレンツェの第二共和政（一四九四―一五一二年、一五二七―一五三〇年）では、執政府（signoria）を選出する際、指名委員（nominatori）が大評議会のなかから抽選で選出された。この指名委員が大評議会のなかから候補者を指名した後、大評議会が選挙で候補者を絞り込んだ（その結果は公表されなかった）。執政官はこれらの候補者のなかから抽選で選出され、二カ月ごとに交替した。このように選挙制と抽選制・交替制を組み合わせることで、能力に乏しい市民を排除するとともに、執政府が特定の派閥によって牛耳られないようにしたのである（Manin 1997: 54–63; Dowlen 2008: 115; Sintomer 2023: 81–85)。

ヴェネチアやフィレンツェの事例が示しているように、抽選制を単独で用いる必要はない。むしろ、幹部行政職や幹部司法職を選出する際には、様々な方法を組み合わせたほうがうまくいくであろう。ここでは、試験制→間接抽選制→推薦制→直接抽選制という混合抽選制を提案したい。

まず、候補者の質を確保するためには、試験制による職員採用は維持したほうがよい。問題は、選挙制を組み込むか否かである。幹部行政職や幹部司法職に就く人に高い実務能力や優れた見識、リーダーシップなどを望む人は、同僚職員による選挙制を組み込むことを主張するに違いない。たしかに選挙制は、単純抽選制に比べて、そうした特長を備えた候補者の選出を可能にするであろう。その一方で、官僚制内部における党派対立や派閥対立を助長し、党派的・恣意的人事をもたらすおそれがある。戦後の裁判官任命諮問委員会委員の選挙では、四人の裁判官枠をめぐって激しい派閥対立が生じたのである(山本 1994: 53–73)。そうした経験を踏まえれば、試験制では測定できない特長を確保するために、推薦制、しかも同僚職員のなかから抽選で選出された候補者指名委員会による推薦制を組み込んだほうがよいであろう。その際、推薦手続きに工夫を凝らせば、党派性・恣意性を避けやすくなるであろう。たとえば、推薦手続きにおける匿名性を確保したり、相対多数制や絶対多数制で候補者集団を選出するのではなく一定数を超えた者をすべて候補者にしたりすることなどが考えられる。

抽選制は、二度活用したほうがよい。一度目は、候補者指名委員会委員を選出する間接抽選制である[3]。一握りの幹部が推薦権を握る幹部推薦制では、組織防衛的な人事になりやすい。そうした事態を避けるために、全構成員のなかから抽選で候補者指名委員会委員を選出するのである。その際、候補者指名委員会の民主性を強化するために、無作為抽出された市民を加えてもよいであろう。他方、二度目の抽選制は、候補者のなかから公職者を選出する直接抽選制である。この直接抽選制は不要、それどころか有害であると考える人もいるかもしれない。しかし直接抽選制を組み込むことで、たとえ推薦された人でも最終的に公職者に選出されるかどうかが分からないため、猟官運動や対立・腐敗を抑制することにつながるであろう(4)。

加えて、幾つかの副産物が生じる可能性もある。第一に、直接抽選制によって過度な出世競争がなくなり、腰を落ち着けて職務に専念することができるようになるかもしれない。第二に、最終的に抽選で選出された者は、自分よりも優れた候補者が抽選で漏れたと考え、謙虚になるかもしれない。他方、抽選制が「誰をも思い悩ませない選出の仕方」である以上（モンテスキュー 1989: 56)、選出されなかった候補者も「運がなかった」と思えば落胆することも少ないかもしれない(5)。この混合抽選制を踏まえて、最高裁人事と内閣法制局人事の青写真を描くことにしたい。

2　最高裁判所への適用

最高裁は、大法廷一五人、小法廷五人から成る合議制の司法機関である。最高裁長官は、内閣の指名に基づいて、天皇が任命する（憲法第六条第二項、裁判所法第三九条第一項)。他方、一四人の最高裁判事は、内閣が任命し、天皇が認証する（憲法第七条、第七九条第一項、裁判所法第三九条第二項・第三項)。日本国憲法原案では、最高裁長官を含む一五人の最高裁裁判官は、内閣が任命するとされていた。ところが、「三権分立の精神に照し、司法権が立法、行政と同等の重要性を持ち、随ってその長たるものが内閣総理大臣と略〻同様の地位を占めることを明かにせん」（清水編著 1976: 692）として、最高裁長官は天皇による任命へと変更されたのである。

最高裁裁判官は「識見の高い、法律の素養のある年齢四十年以上の者」のなかから任命されなければならず、一五人の裁判官のうち一〇人以上には、一〇年ないし二〇年の法曹等の在職経験がなければならない（裁判所法第四一条）。長官人事については、現長官が官邸を訪ねて後任候補者に関する意見を述べ、それに基づいて任命がなされる運用がなされてきた（西川 2020: 32–33）。しかし、内閣による任命制（指名）を採用している以上、最高裁長官の政治的独立性・中立性が脅かされる危険は常に存在している。他方、最高裁判事については、職業裁判官枠、弁護士枠、検察官枠、行政官・外交官枠、学者枠が確立し、最高裁の推薦に基づいて人事が行われてきた。弁護士枠については、弁護士会等の推薦に基づいて、日本弁護士連合会（日弁連）の最高裁判所裁判官推薦諮問委員会が選考を行い、日弁連会長が最高裁長官に、複数の候補者を順位を付けて推薦するという手続きが整備されているが（水野 2015: 309–310）、それ以外の枠については不透明なままである。

職業裁判官枠の最高裁判事には、西川伸一が詳細に明らかにしたように、特定のキャリアパスが厳然として存在する。最高裁判事は、その前に東京高裁・大阪高裁を中心とする高裁長官を務め、さらにその前には、東京高裁管内を中心とする地裁・家裁所長を務めている。その前後には、要職四ポスト（最高裁事務総長、司法研修所長、最高裁首席調査官、法務省民事局長）のいずれかを務めている。出身大学では、職業裁判官枠の最高裁判事の八割が東京大学出身者である。そして最高裁長官の圧倒的多数は、職業裁判官出身の現職最高裁判事のなかから選ばれている（西川 2020: 第一章）。

最高裁裁判官人事にとどまらず、裁判所におけるキャリアパスの確立は、司法権の独立を守るための防衛策なのであろう。しかし、「司法権の独立を守るために裁判官の独立をないがしろにするという逆説」（西川 2020: 191）が生じていることも否めない。そもそも、キャリアパスがあるからといって司法権の独立を守り切れるとも限らない。周知のように、第二次安倍政権では、官邸が最高裁人事に介入する例が目に付いた。すでに見たように、最高裁裁判官の職業裁判官枠では、最高裁が推薦した一名をそのまま任命してきたが、杉田和博・内閣官房副長官は、最高裁側に候補者を「一枚ではなく、二枚持ってきてほしい」と注文を付けた。また、弁護士枠でも、日弁連が最高裁を通じて推薦した七名ではなく、弁護士登録して間もない刑法学者の山口厚を任命した（『朝日新聞』二〇一七年三月二日朝刊）[6]。そうした任命制がはらむ党派性・恣意性を克服するために、抽選制を活用することができるであろう。

制度設計の前提として、裁判官のキャリア制を廃止し、裁判官を弁護士等から選任する法曹一元制を導入する（cf. 日本弁護士連合会 1999）。そのうえで、一二人の最高裁裁判官を下級裁判所の裁判官から選任し、三人の最高裁裁判官を法学者（私法分野・公法分野・国際法分野）から選任するものとする[7]。そのことを前提に、たとえば次のような手続きが考えられる。

(1) 数年ごとに、裁判官のなかから最高裁裁判官候補者指名委員会委員を抽選で選出する。その際、男女が同数になるものとし、委員名は非公表とする。

(2) 同委員会が裁判官・法学者のなかから一定数の最高裁裁判官候補者を推薦し、候補者名簿を作成する。候補者名簿は、裁判官枠、法学者枠（私法）、法学者枠（公法）、法学者枠（国際法）ごとに作成する。各名簿とも男女が同数になるようにし、候補者名簿は非公表とする。

(3) 補充の必要が生じた場合、該当する候補者名簿から最高裁裁判官を抽選で選出する。選出された者が辞退した場合には、抽選で次位の者が選出される。

このようにすれば、最高裁裁判官は試験制――法曹は司法試験・司法修習、法学者は学位審査・業績審査――という関門を突破しているだけでなく、候補者指名委員会における推薦制という関門も突破しているため、高い能力と優れた見識を備えた者が最高裁裁判官になるであろう。加えて、抽選制を活用しているため、男女がほぼ同数になる以外は裁判官や法学者の縮図になり、[8]候補者指名委員会委員や最高裁裁判官の多様性も確保されることになるであろう。最高裁長官は、任期を短縮したうえで、最高裁裁判官会議において抽選で選出すればよい。

こうした混合抽選制を採用すれば、内閣による人事介入は言うまでもなく、最高裁事務総局による人事支配も防ぐことができるであろう。抽選制を活用した人事は現行憲法の枠内でも運用可能であろうが、憲法を改正して内閣による人事介入を完全に断ち切るのもよいかもしれない。[9]

憲法第六条第二項
【現　行】天皇は、内閣の指名に基いて、最高裁判所の長たる裁判官を任命する。
【改正案】天皇は、最高裁判所裁判官会議の指名に基いて、最高裁判所の長たる裁判官を任命する。

憲法第七九条第一項
【現　行】最高裁判所は、その長たる裁判官及び法律の定める員数のその他の裁判官でこれを構成し、その長たる裁判官以外の裁判官は、内閣でこれを任命する。

【改正案】最高裁判所は、その長たる裁判官及び法律の定める員数のその他の裁判官でこれを構成し、その裁判官は、最高裁判所裁判官指名委員会の指名に基いて、天皇がこれを任命する。

他方、罷免制である国民審査（憲法第七九条第二項〜第四項）においても抽選制を活用することができるであろう。国民審査は、投票方式に問題があり、有権者の情報コストも過大であるため、完全に形骸化している。そこで、「○×式投票方式」に改めたり、国民の関心を喚起する工夫をしたりすることなどが提案されている（西川 2012: 182-184）。しかし、抽選制を活用すれば国民審査を実質化することができるであろう。最高裁判所裁判官国民審査法を改正し、抽選制の国民審査会を設置する。国民審査会は、法曹・法学者によるレクチャーや、国民審査の対象となる最高裁裁判官本人のヒアリングなどを踏まえて、対象となる裁判官の主要な判決を熟議し、最終的に投票する。投票結果は最高裁判所裁判官国民審査公報に掲載し、有権者はそれを参考にして罷免の可否を判断するのである。このようにすれば、有権者は、法曹関係者が選出した最高裁裁判官を統制しやすくなるに違いない。

3　内閣法制局への適用

内閣法制局は内閣に直属する行政機関ではあるが、「法の番人」として内閣からの政治的独立性・中立性が求められる機関である。第一部が法令の解釈に関する意見を述べる意見事務を所掌し、第二部・

第三部・第四部が各省庁の作成した法律案等を審査する審査事務を所掌している。

特別職の国家公務員である内閣法制局長官は、内閣が任命する（内閣法制局設置法第二条）。とはいえ、実際には、総務主幹→第一部以外の部長→第一部長→次長→長官という人事慣行が成立してきた。しかも、これらの幹部ポストに就くのは、法務省（検事併任者）、財務省、経済産業省、総務省（旧自治省系）、農水省という五省出身者に限られており、次長・長官に就くのは、農水省以外の四省出身者に限られている。第二次安倍政権では、こうした慣行を破って外交官の小松一郎が内閣法制局長官に任命されたが、その後は横畠裕介、近藤正春が任命され、従来の人事慣行が復活している（西川 2002: 139–140; 西川 2013: 19–23, 33–35; 牧原編 2018: 97–98）。

このような人事はあくまでも慣行であって、法制化されているわけではない。それゆえ、小松長官人事のように、破ろうと思えば破れないことはない。そうなれば内閣法制局は「法の番人」から「権力の侍女」へと傾くことになり（cf. 西川 2013: 120）、内閣法制局にとっては致命的である。内閣による政治介入を防ぐために、抽選制を活用することができるであろう。

審査事務を担当する第二部・第三部・第四部に関しては、各省庁が作成した法律案等を審査するという職務の性質上、各省庁からの出向人事のままでよいであろう。しかし、意見事務を担当する第一部については、法律問題に関する意見を内閣等に述べるという職務の性質上、内閣等からの政治的独立性・中立性が求められている。現状では、「同じ参事官でも、官邸と直結し常に政治的なバランス感覚が求められる意見部〔第一部〕では、筆頭参事官の果たす主導的役割が大きい」（仲野 2011: 185）ようであるが、意見事務を機能させるためには、第一部参事官を裁判官の出向ポストにし、しかも抽選で選出してはどうであろうか。現在も、第一部参事官の一名が裁判官の出向ポストになっているのである（西川 2020: 183–184）。たとえば、次のような手続きが考えられる。

(1) 数年ごとに、裁判官のなかから内閣法制局参事官候補者推薦委員会委員を抽選で選出する。その際、男女が同数になるものとし、委員名は非公表とする。

(2) 同委員会が中堅裁判官のなかから一定数の内閣法制局参事官候補者を推薦し、候補者名簿を作成する。その際、男女が同数になるものとし、候補者名簿は非公表とする。

(3) 補充の必要が生じた場合、候補者名簿から第一部参事官を抽選で選出する。選出された者が辞退した場合には、抽選で次位の者が選出される。

このようにすれば、候補者は、司法試験に合格し司法修習を終えているだけでなく（試験制）、同僚である裁判官による推薦を受けたことになる（間接抽選制・推薦制）。このなかから抽選で選出すれば（直接抽選制）、高い実務能力と優れた見識を備えた者が参事官に就任するであろうし、政治的独立性・中立性も確保しやすくなるであろう。

なお、内閣法制局長官が安定した国会答弁をできるようにするために、第一部長・内閣法制次長・内閣法制局長官というコースは維持し、第一部長は第一部の参事官のなかから抽選で選出し、それ以外の参事官は裁判官に復帰すればよい。このようにすれば、内閣法制局が「権力の侍女」になることは避けられるであろう。

4　その他の公職への適用

抽選制は、最高裁裁判官や内閣法制局参事官以外にも様々な公職に適用できるに違いない。たとえば、下級裁判所人事に適用することができるであろう。否、これこそが喫緊の課題であるかもしれない。しばしば指摘されるように、最高裁事務総局は、人事異動と昇給差別を武器に裁判官を統制している。そのことが裁判官の独立を形骸化させているとも言われる（新藤 2009: 第三章、岩瀬 2020: 第四章）。こうした現状を打破するために、混合抽選制を活用できるのではないだろうか。裁判所の長による人事評価と最高裁事務総局による人事異動ではなく、たとえば、公募と抽選で採用し、人事異動は原則として無くす。そうすれば、最高裁事務総局による人事異動を恐れることはなくなるであろう。これにたいしては、家庭の事情などを考慮しなくてよいのか、精勤するモチベーションが弱まるのではないか、といった数々の疑問が生じるに違いない。しかしそれらは、制度設計の際に工夫すればよい。

また、幹部国家公務員人事に適用することもできるかもしれない。内閣人事局の設置とともに、幹部国家公務員人事は官邸主導になっている。そうした公務員人事制度改革は官僚主導政治を乗り越えようとするものではあるが、その弊害も目立つようになっている。左遷を恐れて萎縮したり忖度したりするようになっているとされる（朝日新聞取材班 2021: 第一章; 岡﨑 2021: 53–58）。こうしたなか、官僚主導政治に後退するのではなく、抽選制を活用して前進することができるのではないだろうか。政治的独立性・中立性が求められる公職よりもはるかに難しいであろうが、検討に値するように思われる。事務次官レースを繰り広げているキャリア官僚は激しく抵抗するであろうが、そもそも幹部行政職は、キャリア官僚の私益のために存在するのではない。抽選制が公益の促進に寄与するのであれば、抽選制の活用を拒む理由は何もない。また、彼らが事務次官レースという呪縛から解放され、国民全体の奉仕者としての仕事に専念し、市民として私生活を楽しむことができるようになるのであれば、多くの官僚が賛成するかもしれない。

この補論では、抽選制の自由主義的可能性を指摘し、抽選制を官僚制に適用する構想を示してきた。もちろん、抽選制は万能薬ではなく、無暗に使用すべきものではない。ピーター・ストーンは、抽選制が適しているのは「消毒効果」が重要になる場合だけであるとしている（Stone 2011: 39–40）。しかし、立法だけでなく行政や司法においても抽選制を効果的に導入していけば、抽選官僚制の地平が切り開かれるであろう。マックス・ウェーバーは、支配される側の人々が官僚を選挙すれば、官僚制の階層制的従属関係が弱まるとともに、官僚の専門性や官僚制の精確性が危うくなるとして、上級の審級による官僚の任命制を擁護した（ウェーバー 2023: 84–87）。だが、任命制と選挙制しか選択肢がないわけではない。抽選制を組み込むことで、より自由主義的でより民主主義的な官僚制を手に入れることができるのであれば、抽選制の活用を積極的に検討していくべきであろう。

注

（1）先行研究については、岡﨑 2021: 53; 岡﨑 2022: 78–79 を参照。なお、最近の研究によれば、アメリカでは、大統領を上院議員から抽選で選出することも提唱されたことがあるようである（Meyler 2022: 298–299）。

（2）抽選制の二つの可能性は、抽選制論者も意識し始めているように思われる。デイヴィッド・M・ファレルとピーター・ストーンは、オックスフォード・ハンドブックに寄せた論文「抽選制とミニ・パブリックス」において、注目すべき整理をしている。彼らによれば、無作為抽出は「個別選出レベルでの最大限度の予測不可能性」と「（大規模）標本レベルでの最大限度の予測可能性」を結びつけている。抽選制を消極的に擁護する論者（ストーンなど）は、前者に由来する抽選制の「消毒効果」を重視しているが、抽選制を積極的に擁護する者（ジョン・ドライゼクやジェイムズ・フィシュキンなど）は、後者に由来する抽選制の「記述的代表」を重視しているという（Farrell and Stone 2020: 233-237）。ただし、消極的（negative）／積極的（positive）という形容詞が示しているように、二つの可能性を十分に捉えきれているとは言いがたい。

（3）瀧川裕英は「なぜくじで決めないのか？」において、「意思決定をするための」「決定くじ」と「職務担当者を選出するための」「選出くじ」を区別している（瀧川 2020: 173 = 2023: 171）。この用語法に倣えば、この間接抽選制は間接型の「選出くじ」ということになる。

（4）アキル・リード・アマーは、投票抽選制を提唱した。有権者が候補者に投票した後、抽選によって当選者を決定する仕組みである。たとえば候補者Xが六〇％、候補者Yが四〇％を得票したとする。この場合、投票箱から一枚の投票用紙を無作為に取り出せば、Xが当選する確率は六〇％、Yが当選する確率は四〇％ということになる。投票と抽選をこのように組み合わせれば、単純小選挙区制とは違い、議席は総体としてはマイノリティーにも比例的に割り当てられるであろう（クオータ制）。また、各選挙区の当選者が固定化することもないであろう（交替制）(Amar 1984)。なお、政党の候補者選挙ではあるが、メキシコの国民再生運動では、候補者名簿を作成する際、抽選制を活用している（豊田 2020; Poertner 2023; Sintomer 2023: 208-209)。

（5）瀧川裕英は「くじ引き投票制の可能性」において、運用コスト・教育コスト・動機づけを理由にして、「事後くじ」にたいする「事前くじ」の優位性を主張している（瀧川 2022: 136-154）。だが本論で論じたように、事後くじには、事前くじにはない独自の効用がある。だとすれば、我々に必要なのは「事前くじか事後くじか」ではなく、「事前くじも事後くじも」であろう。

（6）二〇二三年一一月六日、定年退官した山口厚に代わり、弁護士出身の宮川美津子が最高裁判事に就任した。その結果、最高裁判事の弁護士枠は元に戻った形となった（『朝日新聞』二〇二三年一一月七日朝刊）。

（7）最高裁裁判官の枠については異論もあるに違いない。仮に他の枠を設けるにしても、同様の方法で選出すべきであろう。また、憲法第七九条は最高裁判事の員数は法律で定めるとし、裁判所法第五条第三項が一四人と定めている。しかし、「席の冷める暇の無い忙しさ」（藤田 2012: 58）と言われるほど多忙であるとすれば、最高裁裁判官を大幅に増員する（たとえば二五人にし、小法廷を五つにする）ことも検討しなければならないのではないだろうか。

（8）女性の裁判官や法学者が少ない現状を踏まえれば、性別に関しては、裁判官や法学者の縮図になることよりも社会の縮図になることを優先すべきであろう。

（9）岡﨑 2021: 69 = 岡﨑 2022: 92 では「長たる裁判官以外の」を削除していなかったが、憲法第六条第二項の修正との整合性を保つため、削除している。

結論　新しい政治改革へ

1　総括

本書では、新しい政治改革を構想するために、原点である「政治改革」に立ち返り、並立制の思想的基礎を解明した。そこで明らかにしたように、並立制は党利党略、個利個略を有する政治アクター間の権力闘争の産物だっただけではなく、政権選択可能な小選挙区制を志向する勢力と民意反映可能な比例代表制を志向する勢力の思想闘争の産物でもあった。第八次選挙制度審議会の第一次答申が政権選択論を提示し、海部内閣に続く宮澤内閣期に、政権選択可能な小選挙区制を主張する自民党と民意反映可能な比例代表制（併用制）を主張する社会党・公明党が激しい思想闘争を繰り広げた。続く細川内閣期には、小選挙区二五〇議席、比例代表二五〇議席（全国単位）の並立制を主張する政府・与党と、小選挙区三〇〇議席、比例代表一七一議席（都道府県単位）の並立制を主張する自民党が対立した。両者の激しい思想闘争と第一次細川・河野会談を経て、小選挙区制二七四議席、比例代表二二六議席（全国単位）という与党修正案が衆議院を通過した。しかし、与党修正案は参議院で否決され、第二次細川・河野会談において、小選挙区三〇〇議席、比例代表二〇〇議席（一一ブロック単位）で劇的な妥協が成立したのである（第一章）。

第一二八回国会衆議院政治改革調査特別委員会での審議は、並立制が激しい思想闘争の産物でもあったことを如実に示している。細川をはじめとする政府・与党は、政権選択可能な小選挙区制と民意反映可能な比例代表制を「相互補完的に」組み合わせたと繰り返し説明した。これにたいして自民党は、衆議院議員総選挙は政権を選択するための選挙であり、小選挙区制を柱とすべきであるとした。そして、小選挙区制と比例代表制を「相互補完的に」組み合わせる細川内閣案には「哲学」がないと攻め立てた。激しい国会審議と第一次細川・河野会談を経て、政府・与党は小選挙区を二七四議席、比例代表を二二六議席に修正するとともに、細川は政権選択論を援用した。ここに、民意反映論にたいする政権選択論の優位が確立し、政権選択論が並立制の主たる思想的基礎、民意反映論が従たる思想的基礎になったのである（第二章）。

その後、幾つかの制度改革があったが、並立制は現在まで維持されている。そして、民間政治臨調が提唱したこともあり、総選挙は政権選択選挙であるという観念が定着し、二〇〇九年に民主党政権への政権交代が実現した。しかし、二〇一二年総選挙以降は自民党と公明党が長らく政権の座にとどまり、事実上一連合優位政党制が成立している。そこでは、政権交代の可能性に乏しいため、有権者が政権を事実上選択できない状況が続いている。また、小選挙区制が柱となっているため、民意を十分に反映できているとも言いがたい。加えて、川上高志が指摘するように、政治家の小粒化といった様々な副作用も生じている。我々がなすべきは、「政治改革」が不徹底であると総括し、政権交代可能な二大政党制を実現するために更なる制度改革をすることではなく、「政治改革」がそもそもボタンのかけ違いであったと総括して、衆議院の選挙制度を比例代表制へと改革することであろう。その際、政権選択可能な小選挙区制／民意反映可能な比例代表制という二者択一的枠組みを乗り越え、政権選択可能な比例代表制を模索していくべきであろう（第三章）。

そうした政権選択可能な比例代表制として、イタリアの選挙制度を参考に、多数派優遇式比例代表制を提案した。この選挙制度では、第一位の政党連合等に五五％の議席が配分されるとともに、それ以外の政党連合等にも四五％の議席が配分される。そして、各政党連合内では得票数に比例して議席が配分される。こうした多数派優遇を組み込めば、政党連合を組む誘因が働くため、比例代表制においても二大連合政党制が成立しやすくなるであろう。そこでは、有権者は政権も政党も選択できるため、政権選択と民意反映を両立させることが可能になり、五五％対四五％という議席配分であるため、与野党が比較的対等に競争することも可能になる。こうした多数派優遇式比例代表制にたいして、比例代表制論者は、多数派優遇の非比例性を批判するであろうが、多数派優遇は限定的であり、しかも少数派優遇で相殺されている。他方、小選挙区制論者は、多数派優遇式比例代表制が連立政権をもたらし、効率性・安定性・答責性に難を抱えると批判するであろうが、多数派優遇や様々な仕組みにより連立政権の効率性・安定性・答責性を確保することができるであろう（第四章）。こうした多数派優遇式比例代表制は、有力な代替案である単記限定移譲式比例代表制と比べても、政権選択と民意反映を両立させるうえで優れている（第四章補論）。

このように、政権選択と民意反映を両立させるためには多数派優遇式比例代表制が望ましいとしても、各種の名簿式比例代表制にすることも、単記移譲式比例代表制にすることも、あるいは併用制にすることもできるであろう。しかし私は、現代日本において並立制が採用されてきたことを踏まえ、また併用制の自由度が高いことを踏まえ、多数派優遇式比例代表制を併用制で制度設計することを提案した。この多数派優遇式併用制では、総定数を四〇〇議席、小選挙区の議席数を二五〇議席とする。その際、男女ペア立候補制を採用するため、小選挙区の数は一二五選挙区とする。他方、比例代表は全国単位の拘束名簿式比例代表制にするとともに、全国二％の阻止条項を設定する。その際、重複立候補、接戦率（惜敗率と楽勝率）を活用して、同一名簿順位による「復活当選」を可能にするとともに、超過議席もなくすようにする（第五章）。

さて、多数派優遇式比例代表制は、日本国憲法に違反することなく、衆議院に導入することができるのであろうか。日本国憲法は、選挙制度に関して国会に大幅な裁量権を与えているが、第一四条第一項や第四三条第一項などによって制約も課している。しかし、これらの条項を厳格に解釈したとしても、五五％対四五％の多数派優遇は目的の正統性、手段の適合性・必要性・均衡性という基準に合致するため、日本国憲法に違反しないであろう。全国二％の阻止条項も同じように、目的の正統性、手段の適合性・必要性・均衡性という基準に合致するため、日本国憲法に違反しないであろう。衆議院に多数派優遇式比例代表制を導入するのに、日本国憲法上の支障はない（第六章）。

他方、代議制民主主義の刷新のためには、選挙制度の改革にとどまることなく、抽選制を活用する必要もある。私は衆議院の選挙制度を改革するにとどまらず、選挙制の参議院を抽選制の市民院に改組することを提案した。抽選で選出された常勤ないし非常勤の市民院議員が衆議院の審議に耳を傾け、審議が尽くされたかどうか、決定が市民感覚に反していないかどうかを判断し、時に法案拒否権を行使する。

加えて、衆議院に立法を勧告したり、衆議院議員を解職したりできるようにする。こうした法案拒否権などを有する抽選制の市民院があれば、選挙制の衆議院の審議も活性化し、与野党の競争も促進されるであろう。とはいえ、憲法改正が必要になるため、さしあたりは、比例代表制において〈抽選〉に投票できるようにする併用方式Ⅱ型を採用して、抽選で選出された国会議員を増やしていくべきであろう。その延長線上に、抽選制の市民院への改組が現実味を帯びるようになるであろう（第七章）。また、抽選制の民主主義的可能性を立法で活用するだけでなく、抽選制の自由主義的可能性を行政や司法で活用することもできるはずである（第七章補論）。

このように本書で私は、「政治改革」はそもそもボタンのかけ違いであり、新しい政治改革が必要であると主張してきた。そして、衆議院に多数派優遇式比例代表制を導入するとともに、選挙制の参議院を抽選制の市民院に改組することを提唱してきた。もちろん私も、本書の構想が唯一絶対であるとは考えていない。たとえば、合意型民主主義と半直接民主主義を組み合わせたスイス型民主主義も十分に魅力的である（Linder and Mueller 2021: 194-197）。ヴォルフ・リンダーとショーン・ミュラーによれば、スイスでは四つの主要政党が連立政権に加わり、主要政党間の合意によって政策が決定されている。そうした合意型民主主義はややもすればエリート主義に陥るが、レファレンダムとイニシアティブという直接民主主義によって「矯正」されている。[1] 有権者はレファレンダムによって法案を「破棄」することができるだけでなく、イニシアティブによって政策に「刷新」をもたらすこともできるというのである（Linder and Mueller 2021: 131, 186）。現代日本でも、政権交代・政権選択という理念を前提にしないのであれば、スイスのような合意型かつ半直接型の民主主義も十分に魅力的な選択肢になるであろう。合意型民主主義では「各政党とも支持基盤に不利益となる政策を採用しづらく、必要な社会経済構造の変革が進まないため若者世代などへの皺寄せが目立つ」(待鳥 2022: 151)といった見解もあるが、半直接民主主義と組み合わさった合意型民主主義であれば、そうした懸念を払拭することができるはずである。(2)

しかし、少なくとも今のところは、衆議院議員総選挙は政権選択選挙であるという観念が定着しており、合意型・半直接型民主主義の導入を検討する状況ではない。最近、朝日新聞社が実施した全国世論調査でも、政権交代が「繰り返される方がよい」と回答した者は五四%に達し、「そうは思わない」の三九%を上回っている(『朝日新聞』二〇二三年四月二八日朝刊、五月三日朝刊)。政権交代・政権選択を自明の前提とすることはできないが、少なくとも今のところは、政権交代・政権選択を前提とした比例代表制の導入を検討すべきであろう(ただし、将来の政治改革のために、スイスの合意型・半直接型民主主義を研究しておくことも必要である)。

ところで、私の構想は、スイス型の合意型民主主義にたいしてイギリス型の多数型民主主義を擁護したものではない。むしろ、多数型民主主義か合意型民主主義かというレイプハルト『民主主義対民主主義』(Lijphart 2012 = 2014)の二者択一的枠組みを乗り越えようとするものである。たしかに、二大連合政党制を促進し、有権者による政権選択を可能にするという点では多数型民主主義的であるが、比例代表制を採用して民意を反映できるようにしている点では合意型民主主義的でもある。加えて、選挙制の参議院を抽選制の市民院に改組し、両院間の抑制と均衡を追求している点では合意型民主主義をさらに強化しようとするものでもある。もちろん、レイプハルトの一〇の指標すべてを論じているわけではない以上、多数型民主主義と合意型民主主義の二者択一的枠組みを乗り越えるモデルを提示したとはいえないが、両者の止揚を志向した構想であるとはいえるであろう。

2 改革の戦略

さて、「政治改革」から三〇年が経過し、並立制の下で九回の総選挙を経験した。その間、日本と同時期に小選挙区比例代表連用制を導入したイタリアでは、三度の選挙制度改革がなされた。もちろん、選挙制度はゲームのルールである以上、頻繁な選挙制度改革は望ましくない。しかし、その間に平成から令和へと代わったことが象徴しているように、九回の総選挙を実施した三〇年という期間は、決して短いものではない。新しい政治改革を検討する時期に差し掛かっているのではないだろうか。待鳥聡史は「耕論　平成の政治とは」において「平成の政治改革がめざした二大政党制が、見果てぬ夢に終わったとは思いません」と述べているが（『朝日新聞』二〇一七年一一月一日朝刊）、そろそろ「夢」から覚めてもよい頃なのではないだろうか。

ここで、既存の選挙制度で選出された国会議員が選挙制度改革や抽選制改革に賛成するとは思えず、制度改革は一筋縄ではいかないのではないか、という疑問が生じるに違いない。たしかに、国会議員がみずからが当選した選挙制度を自発的に変えようとするとは思えない(3)。ましてや、抽選制の市民院への改組に賛成するとは到底思えない。このことは、本書の提案が机上の空論にとどまることを意味するのであろうか。そうではない。中選挙区制から並立制への選挙制度改革が実現したように、いかなる政治体制にも変革のチャンスはある。

ここで、リチャード・S・カッツの選挙制度改革論に耳を傾けることにしたい。カッツによれば、次の六つの場合、選挙制度改革が起こりうるという。第一に、既存の選挙制度では次はまず勝てない、と勝者が考えるかもしれない。第二に、勝者といえども状況を完全に掌握しているわけではない。改革を受けいれざるをえないこともありうる。第三に、勝者連合内にも利害対立が存在する。第四に、選挙制度改革を主導しうる人々が、新しい選挙制度の下でも当然勝てると過信したり、選挙制度改革が引き起こす帰結を読み誤まったりすることもある。第五に、政党は、短期的な選挙上の利益よりも、長期的な視野に立った競争システムの変革のほうを重んじるかもしれない。そして第六に、政党は、別の目標を達成するために、選挙上の利益を取引材料にすることを厭わないかもしれない（Katz 2005: 61-63）。

こうしたカッツの選挙制度改革の理論を踏まえれば、時機を逸しなければ、国会議員の選出制度改革を実現することは不可能ではない。さらに、カッツは論じていないが、選出制度改革のために抽選制を活用するのも効果的であろう。選挙制度改革案づくりは有識者による第三者機関に委ねるべきだとする提言もあるが（読売新聞政治部編著 2014: 110, 113）、中央省庁が人選するため政治家の意向を反映した人選にならざるをえない。審議会委員は、忖度しないとしても、実現可能性を重視して既成政党に受け入れられやすい穏当な改革案を提言するかもしれない。

このように考えると、公平な人選を可能にする抽選制の選挙制度審議会を設置し、それが選出制度改革を主導したほうが有望ではないだろうか。任命制の選挙制度審議会とは違い、専門的知識はないであろうが、専門家によるレクチャーで補えるはずである。また、任命制の選挙制度審議会に比べて、抽選制の選挙制度審議会は、より民主的正統性を有しているため、政治家がその決定を軽々に退けることはできないに違いない。

これに関しては、カナダの選挙制度改革に関する市民討議会が参考になる。カナダのブリティッシュコロンビア州では、抽選で選出された市民が熟議を重ね、単記移譲式比例代表制の採用を勧告した。しかし、二〇〇五年五月のレファレンダムでは、六〇％以上の小選挙区で過半数を得票するという要件は満たしたが、州全体の得票率は五八％にとどまり、州全体で六〇％以上を得票するという要件にわずかに届かなかった。四年後の二〇〇九年五月に再度のレファレンダムが実施されたが、今度は、九％以下の小選挙区でしか過半数の得票という要件を満たせなかったばかりか、州全体でも三九％しか得票できなかった（Fournier et al. 2011: 7–8, 23–25; Warren and Gastil 2015: 568–569. cf. Warren and Pearse, eds. 2008）。カナダのオンタリオ州では、抽選で選出された市民討議会が熟議を重ね、併用制の採用を勧告した。二〇〇七年一〇月のレファレンダムでは、一〇七小選挙区の五つでしか過半数を得票できず、六〇％以上の小選挙区で過半数を得票するという要件を満たせなかった。州全体でも三七％しか得票できず、州全体で六〇％以上という要件も満たせなかった（Fournier et al. 2011: 9, 26–27）。このように、ブリティッシュコロンビア州やオンタリオ州ではレファレンダムで否決されたとはいえ、抽選制の市民討議会が選挙制度改革を主導したのである。

政治家が選挙制度審議会の決定を葬りにくくするために、選挙制度審議会に政治家を加えたほうがよいのであろうか。少なくとも国会議員の選出制度改革をテーマとする場合、政治家を正式のメンバーには加えないほうがよいであろう。デイヴィッド・M・ファレル等によれば、アイルランドの憲法会議は、抽選で選出された六六人の市民と、自薦で選出された三三人の政治家で構成された。彼らの分析結果では、政治家が審議を支配することもなかったし、ほとんどの点で審議の結果を歪めなかった。しかし、選挙制度改革については、市民と政治家の立場は大きく異なっていた。それゆえ、政治家が既得権を有するテーマについては、市民と政治家の混合型熟議は避けるべきだというのである（Farrell et al. 2020: 66, 69)。そうであるとすれば、抽選で選出された市民だけで構成される選挙制度審議会にすべきであろう。

とはいえ、既存の政党や政治家が抽選制の選挙制度審議会の設置に前向きになるとは思えない。みずからの政治生命が奪われかねないからである。そこで我々は、新しい政治改革に積極的な新しい政党や候補者を支援するとともに、抽選制の選挙制度審議会の設置を政権公約に盛り込むことを働きかけていくべきであろう。さらには、抽選制の国会議員を増やしていくことも必要であろう。新しい政治改革の主たる担い手は、古い政治に固執する既存の政党や政治家ではなく、市民一人ひとりと、市民が支える新しい政党や政治家でなければならない（もちろんそこには自己脱皮を遂げた政党や政治家も含まれる）。国会を市民の手に取り戻せるかどうかは、ポスト「平成デモクラシー」を見据える我々の双肩にかかっている。

注

（1）歴史的には、政府案がレファレンダムで否決されるリスクを避けるために、主要な政党が権力を分有する合意型民主主義が発達したようである（森田 2000: 214; Linder and Mueller 2021: 156, 168)。

（2）吉田徹は、スイスでは「合意を広く取り付けなければならない」ため「大胆な政策的転換が困難である」とする一方で、国民投票により「政策的な革新を生む可能性」もあるとする（吉田 2016: 178)。スイスの民主主義をどのように評価するかは、日本の政治学者が取り組まなければならない重要なテーマであろう。

（3）シーモア・M・リプセットとスタイン・ロッカンは、社会的亀裂が政党システムを規定し、政党システムが選挙制度を規定すると指摘している（Lipset and Rokkan 1967: 30 = 2013: 227–228）。また、ジョセップ・M・コロメールは、デュヴェルジェの法則（・仮説）を転倒させ、選挙制度が政党システムを規定するだけでなく、むしろ政党システムが選挙制度を規定すると指摘している（Colomer 2005: 17–18）。

あとがき

本書は、日本における新しい政治改革を構想した政治理論書である。本書で私は、現代日本政治の原点である「政治改革」を再検討したうえで、衆議院の選挙制度を多数派優遇式比例代表制（多数派優遇式併用制）に改革するとともに、選挙制の参議院を抽選制の市民院に改組する「新しい政治改革」の構想を提示した。本書で見たように、小選挙区比例代表並立制は、単なる権力闘争の産物ではなく、政権選択論を主たる思想的基礎、民意反映論を従たる思想的基礎にしている。そうである以上、比例代表制の下では有権者は政権を選択できないとする政権選択論と理論的に対決しなければ、比例代表制への選挙制度改革を実現することは難しい。そのように考え、政権選択可能かつ民意反映可能な選挙制度として多数派優遇式比例代表制（多数派優遇式併用制）を提案したのである。本書は、政権選択を真剣に受け止めた比例代表制論者による理論的応答の書である。加えて、その間に生じた抽選制革命を踏まえ、選挙制の参議院を抽選制の市民院に改組する構想も提示した。本書で論じたように、衆議院の改革案と参議院の改革案は別々のものではなく、密接に関連したものである。

本書は論争的であることを意図しており、様々な疑問を抱いた読者も少なくないであろう。しかし、それこそが私の望むところである。私は、ここで書いた提案に固執するつもりはない。本書の注を読んでいただければ分かるように、初出論文に多くの修正を加えている。私は一人の民主主義者として、常に考えを新たにしていくことを喜びとしている。本書を読んでくださった全国の学生や市民の皆さん、そして政治家の皆さんと議論できるのを楽しみにしている。多くの皆様に読んでいただきやすいように、できるかぎり平易かつコンパクトにしたつもりであるが、いかんせん選挙制度という専門的な内容であるため、また多くの注を付けたため、読み通すのは容易ではなかったかもしれない。ご寛恕を乞うとともに、御礼を申し上げたい。

本書に収めた論文の初出は次に記す通りである。本書に収めるにあたって加除修正を施した。また、文章の一部を他の章に移した場合もある。なお、第四章補論と第六章の初出論文は、科学研究費補助金（JP20K01478）の研究成果の一部である。

序論	書き下ろし
第一章	書き下ろし
第二章	岡﨑 2019a
第三章	書き下ろし
第四章	Okazaki 2019; 岡﨑 2016 の一部
第四章補論	Okazaki 2021
第五章	書き下ろし

第六章　岡﨑 2023a
第七章　岡﨑 2019b（岡﨑 2022 に再録）
第七章補論　岡﨑 2021 の一部（岡﨑 2022 に再録）
結論　書き下ろし

細かい点であるが、本書では、衆議院本会議は「衆本」、衆議院政治改革（調査）特別委員会は「衆委」のように略記している。また、複数の文献を列挙する場合、日本の文脈で議論していることを踏まえ、日本語文献を優先的に配置するとともに、研究史を重視して、五十音順・アルファベット順ではなく刊行年順に配置している。引用文中の〔 〕は、私が補った箇所である。

なお、本書では選挙制度改革に焦点を当ててきたが、新しい政治改革のためには、政治資金制度改革をはじめとする様々な制度改革が不可欠である。私もそのことは重々承知しているが、「市民の政治技術論のために」（『年報政治学 2023-II』）で宣言した政治技術論の構築に専念する予定であるため、政治制度改革研究に取り組む時間的余裕を十分に確保できそうにない。私もできる範囲で尽力するつもりであるが、政治学者が分業をして、新しい政治改革に向けた研究に取り組んでいければと考えている。

九州大学大学院法学研究院協力研究員の鎌田厚志さんには校正刷りを丁寧にチェックしていただいた。民主主義理論研究会の皆様には本書のドラフトにご助言をいただいた。水彩画家の春﨑幹太先生には、市民院を表現した素晴らしいカバー絵を描いていただいた。九州大学大学院法学研究院の先生方には、何不自由のない快適な教育・研究環境を提供していただいている。出版にあたっては、九州大学大学院法学研究院の国際学術交流振興基金から出版助成を受けることもできた。最後になったが、岡﨑明子さんには毎日の議論に付き合っていただいているだけでなく、ドラフトへの容赦のない朱入れと校正刷りの徹底的なチェックをしていただいた。記して感謝したい。

二〇二四年八月二日

伊都にて　岡﨑晴輝

索　引

あ　行

か　行

さ　行

た 行

な　行

は　行

ま　行

や　行

ら　行

わ　行

引用文献

日本語文献

明るい選挙推進協会（2022）「第 49 回衆議院議員総選挙全国意識調査　調査結果の概要」明るい選挙推進協会ウェブサイト。https://www.akaruisenkyo.or.jp/wp/wp-content/uploads/2018/07/49syuishikichosa.pdf
浅井直哉（2023）『政党助成とカルテル政党』勁草書房。

朝日新聞取材班（2021）『自壊する官邸――「一強」の落とし穴』朝日新聞出版（朝日新書）。

朝日新聞政治部（1991）『小沢一郎探検』朝日新聞社。

芦田淳（2006）「イタリアにおける選挙制度改革」，『外国の立法』No. 230, 132-147 頁。

芦田淳（2007）「イタリア 2005 年選挙制度改革に対する一考察――「政権選択と選挙制度」の視点から」，『選挙学会紀要』第 9 号，89-102 頁。

芦田淳（2008）「〈北大立法過程研究会報告〉イタリアにおける選挙制度改革と立法の変容」，『北大法学論集』第 59 巻第 3 号，363-391 頁。

芦田淳（2013）「【イタリア】2013 年総選挙の結果と選挙法の課題」，『外国の立法（月刊版）』No. 255-1，6-7 頁。

芦田淳（2015）「【イタリア】違憲判決を踏まえた下院選挙制度の見直し」，『外国の立法（月刊版）』No. 264-1，12-13 頁。

芦田淳（2016）「【オーストラリア】連邦上院選挙制度に関する見直し」，『外国の立法（月刊版）』No. 267-2，18-19 頁。

芦田淳（2018a）「【イタリア】上下両院選挙法の改正」，『外国の立法（月刊版）』No. 274-1，8-11 頁。

芦田淳（2018b）「イタリア」，大林啓吾／白水隆編著『世界の選挙制度』所収，三省堂，97-122 頁。

芦田淳（2018c）「イタリアの選挙制度改革――その理念と現状」，河崎健編『日本とヨーロッパの選挙と政治――主要国の選挙制度改革をめぐる議論と実際』所収，上智大学出版，95-116 頁。

芦田淳（2018d）「【オーストラリア】上院議員任期決定の手法と任期の変更」，『外国の立法（月刊版）』No. 276-1，22-23 頁。

芦田淳（2018e）「近年のイタリア憲法裁判所の動向に関する一考察」，『立命館法学』2018 年 5・6 号，41-69 頁。

芦部信喜（2023）『憲法〔第 8 版〕』高橋和之補訂，岩波書店。

新しい日本をつくる国民会議（21 世紀臨調）編（2002）『政治の構造改革――政治主導確立大綱』東信堂。

新しい日本をつくる国民会議（21 世紀臨調）（2003）「政権公約（マニフェスト）に

関する緊急提言——新政治改革宣言・政党の立て直しと政治主導体制の確立」，21世紀臨調－政治改革ライブラリー。http://www.secj.jp/pdf/20030707-1.pdf
飯尾潤（2013）「政党・選挙・政権公約」，佐々木毅／21世紀臨調編著『平成デモクラシー——政治改革25年の歴史』所収，講談社，31-48頁。

五百旗頭真／伊藤元重／薬師寺克行編（2006）『90年代の証言　小沢一郎——政権奪取論』朝日新聞社。

五百旗頭真／伊藤元重／薬師寺克行編（2007）『90年代の証言　森喜朗——自民党と政権交代』朝日新聞社。

池谷知明（2015a）「イタリアの選挙制度（6）——ファシスト体制下の選挙制度」，『選挙』第68巻第6号，48-50頁。

池谷知明（2015b）「イタリアの選挙制度（8）——第一共和制の選挙制度」，『選挙』第68巻第8号，26-28頁。

池谷知明（2015c）「イタリアの選挙制度（9）—— 1993年選挙法」，『選挙』第68巻第9号，31-33頁。

池谷知明（2015d）「イタリアの選挙制度（10）—— 2005年選挙法」，『選挙』第68巻第10号，29-31頁。

池谷知明（2015e）「イタリアの選挙制度（11）—— 2015年選挙法」，『選挙』第68巻第11号，39-41頁。

池谷知明（2018）「イタリア2017年選挙法（1）——下院選挙制度」，『選挙』第71巻第6号，1-2頁。

石川健治（2012）「憲法解釈学における「論議の蓄積志向」——『憲法上の権利』への招待」，樋口陽一ほか編著『国家と自由・再論』所収，日本評論社，15-34頁。

石川真澄（1990）『選挙制度——ほんとうはどう改革すべきか』岩波書店（岩波ブックレット）。

石川真澄（1993）『小選挙区制と政治改革——問題点は何か』岩波書店（岩波ブックレット）。

石川真澄（1997）『この国の政治』労働旬報社。

石川真澄（2003）「日本社会党——最後の光芒と衰滅」，山口二郎／石川真澄編『日本社会党——戦後革新の思想と行動』所収，日本経済評論社，189-217頁。

石川真澄／小林良彰（1992）「政治家とカネ——今，政治改革を問う」，『潮』第397号，84-93頁。

石川真澄／新藤宗幸（1990）「「選挙制度改革」はどうあるべきか」，『潮』第377号，106-117頁。

石川真澄／福岡政行（1991）「小選挙区制か比例代表制か」，『世界』第558号，162-177頁。

石川真澄／山口二郎（2021）『戦後政治史』第4版，岩波書店（岩波新書）。

石川真澄／鷲野忠雄／渡辺治／水島朝穂（1991）『日本の政治はどうかわる——小選挙区比例代表制』労働旬報社。

石原信雄（1998）『官かくあるべし――七人の首相に仕えて』小学館（小学館文庫）。

市川雄一（2014）「細川政権 20 年　キーマンが見た「連立の極意」――市川雄一・公明党元書記長に聞く」，『公明』通巻第 97 号，16-33 頁。

伊藤伸（2021）『あなたも当たるかもしれない，「くじ引き民主主義」の時代へ』朝陽会。

伊藤光彦（1989）「歪みの場としての民主主義――カール・ポッパーの比例代表選挙制度批判」，『日本ドイツ学会ニュース』8 号，50-53 頁。

岩崎美紀子（2021）『一票の較差と選挙制度――民主主義を支える三層構造』ミネルヴァ書房。

岩瀬達哉（2020）『裁判官も人である――良心と組織の狭間で』講談社。

岩田順介／佐々木秀典／筒井信隆／細谷治通／堀込征雄／松原脩雄／吉岡賢治（1991）「社会党「内部改革」宣言」，『文藝春秋』第 69 巻第 1 号，184-195 頁。

ヴァン・レイブルック，ダーヴィッド（2019）『選挙制を疑う』岡﨑晴輝／ディミトリ・ヴァンオーヴェルベーク訳，法政大学出版局。

上神貴佳（2013）『政党政治と不均一な選挙制度――国政・地方政治・党首選出過程』東京大学出版会。

ウェーバー，マックス（2023）『支配についてⅠ官僚制・家産制・封建制』野口雅弘訳，岩波書店（岩波文庫）。

植松健一（2015-16）「ドイツの民主政における阻止条項の現在――自治体選挙と欧州選挙の阻止条項への違憲判決を契機として」，⑴：『立命館法学』第 359 号，1-51 頁，⑵：同第 365 号，65-109 頁，⑶：同第 366 号，36-84 頁。

後房雄（1993）「政界再編誘うイタリア選挙制度改革」，『公明』通巻 383 号，66-74 頁。

後房雄（1994）『政権交代のある民主主義――小沢一郎とイタリア共産党』窓社。

後房雄（2009）『政権交代への軌跡――小選挙区制型民主主義と政党戦略』花伝社。

臼井貞夫（2005）『「政治改革」論争史――裏側から見た「政治改革」』第一法規。

内山融（2005）「「熱病」の時代――政治改革・行政改革の論理と帰結」，『国際社会科学』第 54 輯，39-54 頁。

宇野重規（2022）「古くて新しい民主主義を考える」，『世界思想』通巻第 49 号，2-6 頁。

江副浩正（2010）『リクルート事件・江副浩正の真実』改訂版，中央公論新社（中公新書ラクレ）。

江田五月（1993）「私のシリウス宣言」，『世界』第 577 号，45-53 頁。

NHK「永田町 権力の興亡」取材班（2010）『NHK スペシャル 証言ドキュメント　永田町 権力の興亡 1993-2009』NHK 出版。

NHK 放送文化研究所編（2020）『現代日本人の意識構造』第 9 版，NHK 出版。

及川智洋（2021）「「政治改革」への世論形成――選挙制度審議会と小選挙区」，（1）：『法學志林』第 119 巻第 1 号，37-64 頁。（2）完：『法學志林』第 119 巻第 2 号，167-198 頁。

OECD（経済協力開発機構）Open Government Unit（2023）『世界に学ぶミニ・パブリックス――くじ引きと熟議による民主主義のつくりかた』日本ミニ・パブリックス研究フォーラム訳，学芸出版社。

大石眞／久保文明／佐々木毅／山口二郎編著（2002）『首相公選制を考える――その可能性と問題点』中央公論新社（中公新書）。

大嶽秀夫（1995）「自民党若手改革派と小沢グループ――「政治改革」を目指した二つの政治勢力」，『レヴァイアサン』第17号，7-29頁。〔加筆修正版：大嶽秀夫（1997）「政治改革をめざした二つの政治勢力――自民党若手改革派と小沢グループ」，大嶽秀夫編『政界再編の研究――新選挙制度による総選挙』所収，有斐閣，3-33頁〕

大塚成美／稗田健志（2017）「〈研究ノート〉重複立候補制度は二大政党制を阻害するのか」，『大阪市立大学法学雑誌』第63巻第4号，59-77頁。

大林啓吾／白水隆編著（2018）『世界の選挙制度』三省堂。

大前研一／田原総一朗（1992）『［激論］日本大改造案――いま，平成維新のときだ』徳間書店。

大曲薫（2019）「アイルランド下院の選挙制度――単記移譲式による比例代表制（PR-STV）の仕組みと機能」，『レファレンス』No. 823，1-32頁。

大山礼子（2004）「マニフェストと日本型政治の変革」，大山礼子／藤森克彦『マニフェストで政治を育てる』所収，雅粒社，117-171頁。

大山礼子（2013）『フランスの政治制度』改訂版，東信堂。

大山礼子（2016）「フランスの県議会選挙制度改革――男女ペア立候補方式によるパリテ（男女同数）の実現と選挙区改定」，『駒澤大学法学部研究紀要』第74号，77-106頁。

大山礼子（2018）『政治を再建する，いくつかの方法――政治制度から考える』日本経済新聞出版社。

岡﨑晴輝（2009）「市民自治と代表制の構想」，『政治研究』第56号，1-22頁。

岡﨑晴輝（2012）「選挙制度とデモクラシー」，齋藤純一／田村哲樹編『アクセスデモクラシー論』所収，日本経済評論社，203-224頁。

岡﨑晴輝（2013）「選挙」，古賀敬太編『政治概念の歴史的展開』第6巻所収，晃洋書房，189-208頁。

岡﨑晴輝（2014）「現実政治と政治理論」，井上彰／田村哲樹編『政治理論とは何か』所収，風行社，99-125頁。

岡﨑晴輝（2016）「サルトーリ再考」，日本政治学会編『年報政治学 2016-II　政党研究のフロンティア』所収，木鐸社，56-77頁。

岡﨑晴輝（2019a）「政権選択論の勝利――「政治改革」の再解釈」，『政治研究』第66号，33-54頁。

岡﨑晴輝（2019b）「選挙制と抽選制」，『憲法研究』第5号，87-96頁。

岡﨑晴輝（2021）「任命制と抽選制」，『法と哲学』第7号，51-76頁。

岡﨑晴輝（2022）「選挙制・任命制・抽選制」，瀧川裕英編著『くじ引きしませんか？——デモクラシーからサバイバルまで』所収，信山社（信山社新書），61-108頁。

岡﨑晴輝（2023a）「多数派限定優遇式比例代表制の合憲性」，『政治研究』第70号，1-30頁。

岡﨑晴輝（2023b）「抽選制の政治思想史—— Yves Sintomer, *The Government of Chance: Sortition and Democracy from Athens to the Present*（Cambridge University Press, 2023）を読む」，『政治思想学会会報』第56号，1-4頁。

岡﨑晴輝／篠原新（2010）「2000年定数削減法について」，『法政研究』第76巻第4号，79-103頁。

岡田信弘（1990）「現行選挙制度の問題点と改革の方向——政権交代を展望する視点から」，『法律時報』第62巻第6号，44-49頁。

小川寛貴（2017a）「選挙制度不均一の諸相——定義と実態」，『早稲田政治公法研究』第113号，1-16頁。

小川寛貴（2017b）「選挙制度と政党システム研究——「デュヴェルジェの法則」から制度間不均一まで」，『早稲田政治公法研究』第114号，17-31頁。

小沢一郎（1993）『日本改造計画』講談社。

小沢鋭仁（1994）『細川政権250日の真実！』東京出版。

小田全宏（2001）『首相公選で日本はこう変わる』角川書店（角川 one テーマ 21）。

甲斐祥子（2005）「イギリス選挙制度改革と単記移譲式比例代表制」，『帝京国際文化』第18号，89-110頁。

海部俊樹（2010）『政治とカネ——海部俊樹回顧録』新潮社（新潮新書）。

鹿毛利枝子（1997）「制度認識と政党システム再編」，大嶽秀夫編『政界再編の研究——新選挙制度による総選挙』所収，有斐閣，303-338頁。

梶山静六（1994a）「わがザンゲ録」，『文藝春秋』第72巻第1号，190-198頁。

梶山静六（1994b）「田原総一朗政界直撃インタビュー　政治には臆病さも必要だ」，『中央公論』第109年第12号，112-121頁。

加藤紘一／小泉純一郎／羽田孜／山崎拓（1991）「政治改革　悪いのは制度か政治家か」，『文藝春秋』第69巻第10号，146-158頁。

加藤秀治郎（2003）『日本の選挙——何を変えれば政治が変わるのか』中央公論新社（中公新書）。

加藤秀治郎（2005）『日本政治の座標軸——小選挙区導入以後の政治課題』一藝社。

加藤秀治郎（2013）『日本の統治システムと選挙制度の改革』一藝社。

加藤秀治郎（2022）「参院選を前に国政選挙の意味を考える——選挙区選挙はひどい制度だ」，『改革者』第63巻第3号，28-31頁。

上脇博之（2024）『検証 政治とカネ』岩波書店（岩波新書）。

辛嶋了憲（2020）「ドイツ一般的平等原則における審査モデルの一検討——フスター・モデルを中心に」，『一橋法学』第19巻第2号，727-787頁。

河合秀和／石川真澄（1994）「「政治改革法」頓挫で何を学ぶか」，『世界』第 592 号，22-34 頁。

川上高志（2022）『検証 政治改革――なぜ劣化を招いたのか』岩波書店（岩波新書）。

河崎健（2015a）「ドイツ連邦議会の選挙制度改革をめぐる議論―― 2013 年選挙結果との関連で」，『選挙研究』第 31 巻第 1 号，44-55 頁。

河崎健（2015b）「ドイツにおける統合と代表の論理」，日本政治学会編『年報政治学 2015-II　代表と統合の政治変容』所収，木鐸社，11-34 頁。

河島太朗（2022）「ドイツ基本法上の議院内閣制における信任――信任手続を中心に」，『レファレンス』No. 857，23-52 頁。

河島太朗／渡辺富久子（2013）「【ドイツ】連邦選挙法の第 22 次改正」，『外国の立法（月刊版）』No. 255-1，2-5 頁。

北岡伸一（2023）「『日本改造計画』　小沢一郎氏との関わり」，『中央公論』第 137 巻第 4 号，126-136 頁。

京極純一／高畠通敏（1990）「政党の知的停滞を問う」，『月刊 Asahi』第 2 巻第 3 号，62-69 頁。

久保亘（1998）『連立政権の真実』読売新聞社。

久保谷政義（2016）『「一強多弱」政党制の分析――得票の動きからみる過去・現在』三和書籍。

慶応義塾大学法学研究会（1996）「堀江湛教授略歴・主要業績」，『法学研究』第 69 巻第 12 号（堀江湛教授退職記念号），285-297 頁。

小泉純一郎（1996）『官僚王国解体論――日本の危機を救う法』光文社。

河野武司（2003）「日本の選挙制度と政党システム」，浅野一郎編『選挙制度と政党』所収，信山社，39-81 頁。

河野勝（1995）「93 年の政治変動――もう一つの解釈」，『レヴァイアサン』第 17 号，30-51 頁。

弘文堂編集部編（2001）『いま，「首相公選」を考える』弘文堂。

後藤謙次（2014）『ドキュメント平成政治史 1　崩壊する 55 年体制』岩波書店。

後藤田正晴（1988）『政治とは何か』講談社。

後藤田正晴（1998）『情と理――後藤田回顧録』下，講談社。

小林良彰（1991）『現代日本の選挙』東京大学出版会。

小林良彰（1992a）「選挙制度改革の分析」，『選挙研究』第 7 号，19-39 頁。

小林良彰（1992b）「政治改革に関する諸問題」，『法政論叢』第 28 巻，1-10 頁。

小林良彰（1993a）「民意を反映する「選挙制度」の条件」，『潮』第 411 号，86-97 頁。

小林良彰（1993b）「連用制は名前を変えた並立制だ」，『Kakushin』改題通巻 274 号，40-43 頁。

小林良彰（1993c）「選挙制度論戦の大いなる死角」，『諸君』第 25 巻第 6 号，132-145 頁。

小林良彰（1994）『選挙制度――民主主義再生のために』丸善（丸善ライブラリー）。

小林良彰（2008）『制度改革以降の日本型民主主義——選挙行動における連続と変化』木鐸社。

小林良彰（2012）『政権交代——民主党政権とは何であったのか』中央公論新社（中公新書）。

小林良彰（2018）「投票制度改革及び選挙制度改革」，『法学研究』第 91 巻第 8 号，1-31 頁。

駒村圭吾（2013）『憲法訴訟の現代的転回——憲法的論証を求めて』日本評論社。

近藤康史（2017）『分解するイギリス——民主主義モデルの漂流』筑摩書房（ちくま新書）。

最高裁判所（1999）「選挙無効請求事件（平成 11 年（行ツ）第 35 号，同 11 年 11 月 10 日大法廷判決 棄却）」，『最高裁判所民事判例集』第 53 巻第 8 号，302-384 頁。

最高裁判所事務総局（2019）『裁判員制度 10 年の総括報告書』https://www.saibanin.courts.go.jp/vc-files/saibanin/file/r1_hyousi_honbun.pdf
齋藤純一／谷澤正嗣（2023）『公共哲学入門——自由と複数性のある社会のために』NHK 出版。

境家史郎（2023）『戦後日本政治史——占領期から「ネオ 55 年体制」まで』中央公論新社（中公新書）。

阪上順夫（1990）『現代選挙制度論』政治広報センター。

阪口正二郎（2012）「比較の中の三段階審査・比例原則」，樋口陽一ほか編著『国家と自由・再論』所収，日本評論社，235-263 頁。

佐々木勝実（2013）「政治改革の経緯とその後の主な改正経過（16）」，『選挙時報』第 62 巻第 9 号，23-31 頁。

佐々木毅（1987）『いま政治になにが可能か——政治的意味空間の再生のために』中央公論社（中公新書）。

佐々木毅（1992）『政治はどこへ向かうのか』中央公論社（中公新書）。

佐々木毅（2009）『政治の精神』岩波書店（岩波新書）。

佐々木毅編著（1999）『政治改革 1800 日の真実』講談社。

佐々木毅／21 世紀臨調編著（2013）『平成デモクラシー——政治改革 25 年の歴史』講談社。

佐々木毅／山口二郎（2024）「対談　90 年代政治改革とは何だったのか」聞き手・三浦俊章，『世界』第 979 号，74-83 頁。

佐藤観樹（1993）「腐敗の根を断つ選挙・資金制度への改革を——社会党の政治腐敗防止三法案と比例代表小選挙区併用制案」，『月刊社会党』通号 452 号，6-14 頁。

佐藤観樹（1995）『体験的地方分権——自治大臣の 263 日』ぎょうせい。

塩野剛（2022）「党首討論の開会についての考察」，『Research Bureau 論究』第 19 号，148-170 頁。

自治体国際化協会編（2022）『イタリアの地方自治』令和 4 年度（2022 年度）改訂版，自治体国際化協会パリ事務所。https://www.clairparis.org/images/pdf/Italia2022.pdf

品田裕（1992）「比例代表制における議席配分法の比較」，『選挙研究』第7号，40-62頁。

品田裕（2016）「衆議院の都道府県間定数配分について――なぜアダムズ方式なのか」，『法律時報』第88巻第5号，90-97頁。

篠藤明徳／吉田純夫／小針憲一（2009）『自治を拓く市民討議会――広がる参画・事例と方法』イマジン出版。

篠原一（1984）「連合政治の理論的諸問題」，篠原一編『連合政治Ⅰ――デモクラシーの安定をもとめて』所収，岩波書店，1-55頁。

篠原一（2004）『市民の政治学――討議デモクラシーとは何か』岩波書店（岩波新書）。

篠原一編（2012）『討議デモクラシーの挑戦――ミニ・パブリックスが拓く新しい政治』岩波書店。

篠原新／大西一史編（2012）「武村正義オーラル・ヒストリー」，『政治研究』第59号，21-42頁。

清水伸編著（1976）『逐条 日本国憲法審議録〔増訂版〕』第1巻，日本世論調査研究所PRセンター（原書房発売）。

社会経済国民会議政治問題特別委員会（1988）『議会政治への提言――戦後政治の功罪と議会政治の将来』社会経済国民会議政治問題特別委員会。

衆議院事務局編（2023）『正副議長経験者に対するオーラル・ヒストリー事業　第71代・72代衆議院議長　河野洋平』衆議院事務局。https://www.shugiin.go.jp/internet/itdb_annai.nsf/html/statics/shiryo/kono_yohei.html
衆議院選挙制度に関する調査会（2016）「衆議院選挙制度に関する調査会答申」衆議院ウェブサイト。https://www.shugiin.go.jp/internet/itdb_annai.nsf/html/statics/shiryo/senkyoseido_toshin.html
自由法曹団・衆院比例定数削減阻止対策本部編（2011）『わたしたちの声をとどけよう――民意が反映する選挙制度と国会を』自由法曹団ウェブサイト。https://www.jlaf.jp/old/html/menu2/2011/20110825143528_5.pdf
自由民主党（1989）「政治改革大綱」21世紀臨調－政治改革ライブラリー。http://www.secj.jp/pdf/19890523-1.pdf
自由民主党編（2006a）『決断！　あの時私はこうした――自民党総理・総裁・官房長官が語る』中央公論事業出版。

自由民主党編（2006b）『自由民主党50年史』下巻，自由民主党。

白鳥浩編著（2022）『2021年衆院選――コロナ禍での模索と「野党共闘」の限界』法律文化社。

新藤宗幸（2009）『司法官僚――裁判所の権力者たち』岩波書店（岩波新書）。

鈴木基史（1999）「衆議院新選挙制度における戦略的投票と政党システム」，『レヴァイアサン』25号，32-51頁。

砂原庸介（2015）『民主主義の条件』東洋経済新報社。

砂原庸介（2017）『分裂と統合の日本政治――統治機構改革と政党システムの変容』千倉書房。
政治改革推進協議会（民間政治臨調）（1996）「総選挙にむけての緊急アピール」21世紀臨調－政治改革ライブラリー。http://www.secj.jp/pdf/19961001-1.pdf
政治改革推進協議会（民間政治臨調）（1997）「構造改革を担う新しい政党と政治のあり方」21世紀臨調－政治改革ライブラリー。http://www.secj.jp/pdf/19970531-1.pdf
政治改革に関する有識者会議（1989）「「政治改革に関する有識者会議」の提言」21世紀臨調－政治改革ライブラリー。http://www.secj.jp/pdf/19890427-1.pdf
選挙市民審議会（2018）『選挙・政治制度改革に関する答申―― 21世紀の選挙民主主義の確立に向けて』公正・平等な選挙改革にとりくむプロジェクト（選挙市民審議会事務局）。
選挙市民審議会（2020）『選挙・政治制度改革に関する答申――市民を主体とした民主主義の確立に向けて』公正・平等な選挙改革にとりくむプロジェクト（選挙市民審議会事務局）。
選挙制度審議会（1990）「選挙制度及び政治資金制度の改革についての答申」21世紀臨調－政治改革ライブラリー。http://www.secj.jp/pdf/19900426-2.pdf
選択編集部（1990）「選挙制度審議会の内幕――「委員にマスコミ首脳がズラリ」の威力」，『選択』第16巻第7号，126-129頁。
総務省（2021）「令和3年10月31日執行 衆議院議員総選挙・最高裁判所裁判官国民審査 速報結果 3（13）候補者別得票数（小選挙区）」総務省ウェブサイト。https://www.soumu.go.jp/senkyo/senkyo_s/data/shugiin49/
総務省（2022）「令和4年7月10日執行 参議院議員通常選挙 速報結果 3（10）党派別名簿登載者別得票数，当選人数（比例代表）」総務省ウェブサイト。https://www.soumu.go.jp/senkyo/senkyo_s/data/sangiin26/
総務省選挙部（2024）「よくわかる投票率」総務省ウェブサイト。https://www.soumu.go.jp/main_content/000938531.pdf
空井護（2010）「「理念なき政党政治」の理念型」，『世界』第807号，141-151頁。
高橋和之（2006）『現代立憲主義の制度構想』有斐閣。
高橋和之（2020）『立憲主義と日本国憲法』第5版，有斐閣。
高橋利安（2018）「〈研究ノート〉イタリアにおける新選挙法の成立―― 2つの憲法裁判決と憲法改正国民投票の否決を受けて」，『修道法学』第40巻第2号，257-274頁。
高畠通敏（1989a）「政治改革はオーストラリアに学べ――特別調査委と豪州型小選挙区制度の導入を」，『エコノミスト』第67巻第16号，10-15頁。
高畠通敏（1989b）「社会党はいま，何をなすべきか」，高畠通敏編『社会党――万年野党から抜け出せるか』所収，岩波書店，107-152頁。
高畠通敏（1991）「党略まみれの選挙制度改革案――自民現職有利にねじまげ，実現の可能性もなく」，『エコノミスト』第69巻第29号，52-55頁。

高畠通敏（1992）「政治改革の真の課題とは何か」，『世界』第570号，24-31頁。

高畠通敏（1993）「金丸脱税事件が示した改革論の嘘」，『世界』第582号，227-232頁。

高畠通敏（1994）「新保守主義革命としての政治改革」，『世界』第590号，81-86頁。

高畠通敏／国正武重（1992）「対談　談合腐敗政治と決別せよ」，『世界』第575号，31-44頁。

瀧川裕英（2019）「偶然に対する態度」，『法律時報』第91巻第13号，1-3頁。

瀧川裕英（2020）「なぜくじで決めないのか？」，『論究ジュリスト』第32号，168-175頁。〔飯田高ほか編（2023）『リーガル・ラディカリズム――法の限界を根源から問う』所収，有斐閣，162-176頁〕

瀧川裕英（2022）「くじ引き投票制の可能性」，瀧川裕英編著『くじ引きしませんか？――デモクラシーからサバイバルまで』所収，信山社，109-167頁。

武村正義（1993）「もう一人の仕掛人・新政権を語る」，『文藝春秋』第71巻第9号，146-152頁。

武村正義（1994）『小さくともキラリと光る国・日本』光文社。

武村正義（2006）『私はニッポンを洗濯したかった』毎日新聞社。

武村正義（2007）「「どんな抵抗があろうとも，荒療治をするしかない」」，『私の後藤田正晴』編集委員会編『私の後藤田正晴』所収，講談社，154-164頁。

武村正義／田中秀征（1995）『さきがけの志』東洋経済新報社。

只野雅人（2017）『代表における等質性と多様性』信山社。

只野雅人（2023）「代表民主政――類似＝代表をめぐって」，只野雅人編『講座 立憲主義と憲法学〈第4巻〉統治機構Ⅰ』所収，信山社，9-45頁。

田中愛治編（2018）『熟議の効用，熟慮の効果――政治哲学を実証する』勁草書房。

田中秀征（1994）『さきがけと政権交代』東洋経済新報社。

田中秀征（1995）『時代を視る』ダイヤモンド社。

田中秀征（2024）『小選挙区制の弊害――中選挙区連記制の提唱』旬報社。

田中宗孝（1997）『政治改革六年の道程』ぎょうせい。

谷口将紀（2020）『現代日本の代表制民主政治――有権者と政治家』東京大学出版会。

田原総一朗（2006）『テレビと権力』講談社。

田村哲樹（2022）「熟議と抽選の関係を再考する」，『計画行政』第45巻第4号，27-32頁。

千葉勝美（2017）『違憲審査――その焦点の定め方』有斐閣。

辻村みよ子（2002）『市民主権の可能性―― 21世紀の憲法・デモクラシー・ジェンダー』有信堂高文社。

ディルタイ（1981）『解釈学の成立』改訂版，久野昭訳，以文社。

投票行動研究会（2017）「第1波 2017年 衆院選 事前インターネット調査」投票行動研究会ウェブサイト。https://jesproject.wixsite.com/jesproject/jes-3
得本輝人／保岡興治（1990）「政権交代を可能にする小選挙区制」，保岡興治監修『思春期を迎えた日本の政治――金権選挙区・奄美群島にみる中選挙区制度の終

焉』所収，東都書房，180-208 頁。

豊田紳（2020）「公職者選抜制度としての「選挙くじ引き」制の提案」，政治と理論研究会（2020 年 11 月 17 日）報告原稿。

豊田利男（2023）「『日本改造計画』から 30 年　いま，明かす全貌」，『正論』通巻第 623 号，170-182 頁。

内閣総理大臣官房監修（1996）『細川内閣総理大臣演説集』日本広報協会。

中北浩爾（2012）『現代日本の政党デモクラシー』岩波書店（岩波新書）。

中北浩爾（2014）「「決められすぎる政治」から「合意できる政治」へ――行き詰まる「二大政党制」の次なる段階を展望する」，『世界』第 852 号，96-104 頁。

中北浩爾（2019）『自公政権とは何か――「連立」にみる強さの正体』筑摩書房（ちくま新書）。

中北浩爾（2022）『日本共産党――「革命」を夢見た 100 年』中央公論新社（中公新書）。

中野孝次（1992）『清貧の思想』草思社。

仲野武志（2011）「内閣法制局の印象と公法学の課題」，『北大法学論集』第 61 巻第 6 号，183-199 頁。

中村英（1992）「〔資料〕スイスの連邦事項選挙・国民投票・国民発議（その一）――関係連邦法令及びベルン州法令の詳細」，『東北学院大学論集　法律学』第 41 号，87-128 頁。

那須俊貴（2018）「諸外国の選挙制度――類型とその効果（資料）」，『レファレンス』第 809 号，33-54 頁。

成田憲彦（1996）「政治改革法案の成立過程――官邸と与党の動きを中心として」，『北大法学論集』第 46 巻第 6 号，405-486 頁。

成田憲彦（1997）「「政治改革の過程」論の試み――デッサンと証言」，『レヴァイアサン』20 号，7-57 頁。

成田憲彦（2017）「連用制とはどういう選挙制度か」，『駿河台法学』第 30 巻第 2 号，41-79 頁。

成田憲彦（2002）『官邸』上下，講談社。

西川伸一（2002）『知られざる官庁　新内閣法制局――立法の中枢』五月書房。

西川伸一（2012）『最高裁裁判官国民審査の実証的研究――「もうひとつの参政権」の復権をめざして』五月書房。

西川伸一（2013）『これでわかった！内閣法制局――法の番人か？権力の侍女か？』五月書房。

西川伸一（2020）『裁判官幹部人事の研究――「経歴的資源」を手がかりとして』増補改訂版，五月書房新社。

西平重喜（1981）『比例代表制――国際比較にもとづく提案』中央公論社（中公新書）。

西平重喜（2003）『各国の選挙――変遷と実状』木鐸社。

西山渓（2022）「現代選挙制度と代表制民主主義の改善策としてのロトクラシー――その展望と課題」，『開智国際大学紀要』第21号，65-76頁。

日本維新の会（2022）「日本維新の会 綱領（令和4年3月29日改正）」日本維新の会ウェブサイト。https://o-ishin.jp/about/outline/

日本社会党50年史編纂委員会編（1996）『日本社会党史』社会民主党全国連合。

日本社会党政治改革・腐敗防止プロジェクト（1992）「政治腐敗防止のための緊急提言（第一次案）」，『月刊社会党』通号439号，39-41頁。

日本社会党政治改革実現委員会政治改革・選挙制度プロジェクト（1993）「資料 選挙制度の抜本改革について（案）」，『月刊社会党』通号452号，15-16頁。

日本選挙学会編（1990）『選挙制度改革の諸相』北樹出版。

日本弁護士連合会（1999）「司法改革実現に向けての基本的提言」日本弁護士連合会ウェブサイト。https://www.nichibenren.or.jp/document/opinion/year/1999/1999_14.html
ニューウェーブの会／高木郁朗編（1991）『ニューウェーブの社会民主主義』労働教育センター。

野口侑太郎（2023）「経済構造調整問題から「政治改革」へ――「財界」における亀井正夫の二つの顔 1974-1988」，『名古屋大学法政論集』第300号，139-206頁。

野中尚人（2011）「政党――新たな使命と競争へ」，佐々木毅／清水真人編著『ゼミナール現代日本政治』所収，日本経済新聞出版社，263-325頁。

橋場弦（2016）『民主主義の源流――古代アテネの実験』講談社（講談社学術文庫）。

橋場弦（2022）『古代ギリシアの民主政』岩波書店（岩波新書）。

バジョット（2023）『イギリス国制論』上，遠山隆淑訳，岩波書店（岩波文庫）。

羽原清雅（2007）「小選挙区制度導入をめぐる政治状況――その決定に「理」は尽くされたか」，『帝京社会学』第20号，5-54頁。

馬場健一（2019）「「くじ引き」を統治制度の現実から考える」，『論究ジュリスト』第31号，155-162頁。〔飯田高ほか編（2023）『リーガル・ラディカリズム――法の限界を根源から問う』所収，有斐閣，148-161頁〕

濱本真輔（2018）『現代日本の政党政治――選挙制度改革は何をもたらしたのか』有斐閣。

濱本真輔（2022）『日本の国会議員――政治改革後の限界と可能性』中央公論新社（中公新書）。

濱本真輔（2023）「新党成立と多党化を促す政党助成という制度」，『中央公論』第137巻第8号，60-67頁。

濱本真輔／根元邦朗（2011）「個人中心の再選戦略とその有効性――選挙区活動は得票に結び付くのか？」，『年報政治学 2011-II　政権交代期の「選挙区政治」』所収，木鐸社，70-97頁。

早川誠（2014）『代表制という思想』風行社。

早坂悠希（2018）「第196回国会における党首討論――討議概要と運営の課題」，『立法と調査』No. 403，100-108頁。

林芳正／津村啓介（2011）『国会議員の仕事――職業としての政治』中央公論新社（中公新書）。

原佳子（2012a）「政治改革の経緯とその後の主な改正経過（3）」，『選挙時報』第 61 巻第 6 号，1-13 頁。

原佳子（2012b）「政治改革の経緯とその後の主な改正経過（9）」，『選挙時報』第 61 巻第 12 号，26-38 頁。

原佳子（2013）「政治改革の経緯とその後の主な改正経過（10）」，『選挙時報』第 62 巻第 1 号，4-24 頁。

原佳子（2024）「近年（平成 28 年以降）の法改正について（5）」，『選挙時報』第 73 巻第 2 号，23-36 頁。

播谷実（2001）「「お国のためだよ，キミ」」，『追想 小林與三次』刊行委員会編『追想 小林與三次』所収，『追想 小林與三次』刊行委員会，281-284 頁。

ピアソン，ポール（2010）『ポリティクス・イン・タイム――歴史・制度・社会分析』粕谷祐子監訳，勁草書房。

ピエロート，ボード／ベルンハルト・シュリンク／トルステン・キングレーン／ラルフ・ポッシャー（2019）『現代ドイツ基本権』第 2 版，永田秀樹／倉田原志／丸山敦裕訳，法律文化社。

樋口陽一（2021）『憲法』第四版，勁草書房。

久江雅彦／内田恭司編著（2024）『証言 小選挙区制は日本をどう変えたか――改革の夢と挫折』岩波書店。

平野貞夫（1996）『小沢一郎との 20 年――「政界再編」舞台裏』プレジデント社。

平野貞夫（2008）『平成政治 20 年史』幻冬舎（幻冬舎新書）。

福岡政行（1989）「政権交代の決め手は小選挙区比例代表制だ――シミュレーションで次の政界見取り図を読む」，『月刊 Asahi』第 1 巻第 2 号，177-181 頁。

福岡政行（1993）『細川内閣と政界再編 '94 ――ここが変わる日本型民主主義』第三書館。

福岡政行（2012）『大阪維新で日本は変わる⁉』KK ベストセラーズ（ベスト新書）。

藤井達夫（2021）『代表制民主主義はなぜ失敗したのか』集英社（集英社新書）。

プシェヴォスキ，アダム（2021）『それでも選挙に行く理由』粕谷祐子／山田安珠訳，白水社。

藤田宙靖（2012）『最高裁回想録――学者判事の 7 年半』有斐閣。

舟槻格致（2019）「政治家は小粒になった？」，『読売クオータリー』2019 冬号，4-15 頁。

細川佳代子（1994）「夫・細川護熙の秘密」，『文藝春秋』第 72 巻第 6 号，174-185 頁。

細川護熙（1991a）「諸悪の根源は総裁選にあり」，『中央公論』第 106 年第 8 号，63-64 頁。

細川護熙（1991b）「いま一度〝明治維新〟を―― 100 人が旗揚げしたら日本の政治は変わる」，松下政経塾魁の会編『2010 年霞ヶ関物語――日本の政治はこう変わ

る』所収，二期出版，210-220 頁。

細川護熙（1992a）「「自由社会連合」結党宣言」，『文藝春秋』第 70 巻第 6 号，94-106 頁。

細川護熙（1992b）「新党は自由で開かれた政治集団に（この人と 1 時間）」聞き手・小邦宏治，『エコノミスト』第 70 巻第 23 号，34-37 頁。

細川護熙（1993a）「「改革」の旗のもとに」，『文藝春秋』第 71 巻第 1 号，156-168 頁。

細川護熙（1993b）「連立こそが一党支配に風穴をあける——「二大政党制」論に乗るつもりはない」聞き手・富森叡児，『月刊 Asahi』第 5 巻第 3 号，58-68 頁。

細川護熙（1993c）「「政権交代期成同盟」の提唱」，『中央公論』第 108 年第 7 号，62-75 頁。

細川護熙（2010）『内訟録——細川護熙総理大臣日記』伊集院敦・構成，日本経済新聞社。

堀江湛（1989）「選挙制度改革のシミュレーション——小選挙区比例代表制に工夫を」，『エコノミスト』第 67 巻第 27 号，138-144 頁。

堀江湛（1990a）「政治改革進めやすい制度へ」，『THIS IS 読売』第 1 巻第 3 号，132-137 頁。

堀江湛（1990b）「なぜ小選挙区比例代表並立制か——選挙制度審議会答申の真意と民社党への提言」，『Kakushin』改題通巻 239 号，20-23 頁。

堀江湛（1990c）「選挙制度改革論の利害得失」，読売新聞社調査研究本部編『日本の選挙・世界の選挙』読売新聞社，11-28 頁。

堀江湛（1991）「小選挙区比例代表併《ママ》立案の本位——はじめから「連立政権」には疑問」，『国会月報』第 38 巻第 508《ママ》号，1 頁。

堀江湛（1993a）「政治改革の諸課題」，『社会科学研究』（中京大学社会科学研究所）第 13 巻第 2 号，1-25 頁。

堀江湛（1993b）「政治システムと選挙制度——議院内閣制と望ましい選挙制度」，堀江湛編『政治改革と選挙制度』所収，葦書房，13-58 頁。

堀江湛（1995）「選挙」，富田信男ほか『21 世紀への政治デザイン』所収，北樹出版，29-62 頁。

堀込征雄（2010）『90 年代の政治改革と政界再編の深層——こうして政権交代の素地は作られた』ほおずき書籍。

前田和敬（1996）「日本の選挙制度改革——その経緯と課題」，『選挙と国の基本政策の選択に関する研究』所収，総合研究開発機構，183-234 頁。

真神博（1994）「エイリアン宰相 細川護熙の研究」，『文藝春秋』第 72 巻第 4 号，144-159 頁。

牧原出（2013）「自民党政権と政権交代」，飯尾潤編『政権交代と政党政治』所収，中央公論新社，11-43 頁。

牧原出編（2018）『法の番人として生きる——大森政輔 元内閣法制局長官回顧録』岩波書店。

増山幹高（2013）「小選挙区比例代表並立制と二大政党制――重複立候補と現職優位」，『レヴァイアサン』52 号，8-42 頁。

待鳥聡史（2015）『代議制民主主義――「民意」と「政治家」を問い直す』中央公論新社（中公新書）。

待鳥聡史（2018）『民主主義にとって政党とは何か――対立軸なき時代を考える』ミネルヴァ書房。

待鳥聡史（2020）『政治改革再考――変貌を遂げた国家の軌跡』新潮社。

待鳥聡史（2022）「現代日本の議会制民主主義――その特徴と課題」，『判例時報』第 2522 号，146-152 頁。

待鳥聡史／河野有理（2024）「対談 派閥解消で政治が改まるという幻想――「私的な集団」が権力を握る意味」，『中央公論』第 138 巻第 5 号，18-27 頁。

松尾隆佑（2019）『ポスト政治の政治理論――ステークホルダー・デモクラシーを編む』法政大学出版局。

松沢弘陽／植手通有編（2006）『丸山眞男回顧談』下，岩波書店。

的場敏博（2003）「「政治改革」再論」，『法學論叢』第 152 巻第 5・6 号，75-116 頁。

的場敏博（2012）『戦後日本政党政治史論』ミネルヴァ書房。

丸山眞男（1961）『日本の思想』岩波書店（岩波新書）。

三上直之（2022）『気候民主主義――次世代の政治の動かし方』岩波書店。

御厨貴／芹沢洋一（2014）『日本政治ひざ打ち問答』日本経済新聞出版（日経プレミアシリーズ）。

御厨貴／牧原出編（2011）『聞き書　武村正義回顧録』岩波書店。

御厨貴／渡邉昭夫インタヴュー・構成（1997）『首相官邸の決断――内閣官房副長官石原信雄の 2600 日』中央公論社。

水木惣太郎（1967）『選挙制度論』有信堂。

水野武夫（2015）「日弁連による最高裁判所裁判官の推薦」，市川正人ほか編著『日本の最高裁判所――判決と人・制度の考察』所収，日本評論社，305-317 頁。

宮澤喜一（1991）「海部さんと私はここが違う」，『文藝春秋』第 69 巻第 12 号，114-124 頁。

宮下洋一（2023）「ルポ くじ引きで政治に参加する市民たち――ベルギーの現場から」，『中央公論』第 138 巻第 1 号，64-73 頁。

ミル，J. S.（2019）『代議制統治論』関口正司訳，岩波書店。

民間政治臨調編（1993）『日本変革のヴィジョン――民間政治改革大綱』講談社。

ムフ，シャンタル（2019）『左派ポピュリズムのために』山本圭／塩田潤訳，明石書店。

森清（1989）『選挙制度の改革』プラザ。

森正（2009）「選挙制度改革の政治過程――構成主義的政治理論による再解釈」，小野耕二編著『構成主義的政治理論と比較政治』所収，ミネルヴァ書房，215-244 頁。

森裕城（2005）「小選挙区比例代表並立制における政党・候補者の得票動向」，『同志

社法学』第 57 巻第 2 号，29-64 頁。

森裕城（2018）「小選挙区比例代表並立制と政党競合の展開」，『選挙研究』第 34 巻第 2 号，18-32 頁。

森喜朗（2013a）『私の履歴書　森喜朗回顧録』日本経済新聞出版社。

森喜朗（2013b）『日本政治のウラのウラ　証言・政界 50 年』聞き手・田原総一朗，講談社。

森田安一（2000）『物語 スイスの歴史――知恵ある孤高の小国』中央公論新社（中公新書）。

モンテスキュー（1989）『法の精神』上，野田良之ほか訳，岩波書店（岩波文庫）。

薬師寺克行（2012）『証言 民主党政権』講談社。

薬師寺克行編（2012）『村山富市回顧録』岩波書店。

保岡興治監修（1990）『思春期を迎えた日本の政治――金権選挙区・奄美群島にみる中選挙区制度の終焉』東都書房。

保岡興治（2008）『政治主導の時代――統治構造改革に取り組んだ三〇年』中央公論新社。

山岡規雄（2023a）「【ドイツ】連邦選挙法の改正」，『外国の立法（月刊版）』No. 296-1，4-5 頁。

山岡規雄（2023b）「【ドイツ】欧州議会選挙に阻止条項を設ける EU 決定に同意する法律」，『外国の立法（月刊版）』No. 297-2，31 頁。

山岡龍一／岡﨑晴輝編著（2021）『市民自治の知識と実践』改訂版，放送大学教育振興会。

山岸章（1991）「惨敗日本社会党に告ぐ」，『文藝春秋』第 69 巻第 7 号，166-178 頁。

山岸章（1995a）『「連立」仕掛人』講談社。

山岸章（1995b）『我かく闘えり』朝日新聞社。

山口晃人（2020a）「ロトクラシー――籤に基づく代表制民主主義の検討」，『政治思想研究』第 20 号，359-392 頁。

山口晃人（2020b）「ロトクラシーの内在的価値――対等者としての処遇の観点から」，『社会と倫理』第 35 号，225-237 頁。

山口晃人（2022a）「熟議は必要か？――熟慮的なロトクラシーの可能性」，『筑波法政叢書（筑波法政別冊）』第 3 号，28-41 頁。

山口晃人（2022b）「民主政の費用対効果――参加から代表へ」，『社会思想史研究』第 46 号，186-205 頁。

山口晃人（2023）「選挙の憂鬱――参政権くじ引き制のすすめ」，『中央公論』第 137 巻第 5 号，168-175 頁。

山口二郎（1990）「政権交代で何を変えるのか――構造的政策によるシステム変換を」，『世界』第 538 号，20-30 頁。

山口二郎（1992）「日本の政治の仕組み――目指すべき政治改革とは何か」，山口定ほか編『市民自立の政治戦略――これからの日本をどう考えるか』所収，朝日新

聞社，71-82 頁。

山口二郎（1993a）『政治改革』岩波書店（岩波新書）。

山口二郎（1993b）「改革のタイミング逃すな　政治改革これからの進め方　自民 1 党支配で閉塞した国民と政治のチャンネルを取り戻せ」，『公明』通巻 377 号，32-39 頁。

山口二郎（1993c）「自民一党支配を終わらせた連立政権の課題とは」，『公明』通巻 382 号，53-56 頁。

山口二郎（1995）『日本政治の同時代的読み方』朝日新聞社。

山口二郎（1997）『日本政治の課題——新・政治改革論』岩波書店（岩波新書）。

山口二郎（1998）『イギリスの政治 日本の政治』筑摩書房（ちくま新書）。

山口二郎（2013）『いまを生きるための政治学』岩波書店。

山口二郎（2023）『民主主義へのオデッセイ——私の同時代政治史』岩波書店。

山崎拓（2016）『YKK 秘録』講談社。

山下茂（2007）『フランスの選挙——その制度的特色と動態の分析』第一法規。

山田真裕（2017）『二大政党制の崩壊と政権担当能力評価』木鐸社。

山本健太郎（2015）「政界再編期における新党のタイポロジー」，北海学園大学法学部編『北海学園大学法学部 50 周年記念論文集　次世代への挑戦——法学部半世紀の伝統を糧に』所収，北海学園大学法学部，465-491 頁。

山本健太郎（2021a）「何が政党システム変容をもたらすのか—— 1990 年代以降の日本を題材に」，『年報政治学 2021-I　政党システムの現在』所収，筑摩書房，15-39 頁。

山本健太郎（2021b）『政界再編——離合集散の 30 年から何を学ぶか』中央公論新社（中公新書）。

山本真敬（2023）「連邦議会を「小さくする」ための選挙制度の大改正」，『ジュリスト』No. 1586，59 頁。

山本祐司（1994）『最高裁物語』上巻，日本評論社。

ユートピア政治研究会編著（1989）『永田町下級武士たちの決起——政治改革に挑む』講談社。

横田一（1996）『テレビと政治』すずさわ書店。

吉田健一（2018）『「政治改革」の研究——選挙制度改革による呪縛』法律文化社。

吉田健一（2021）『55 年体制の実相と政治改革以降——元参議院議員・平野貞夫氏に聞く』花伝社。

吉田徹（2009）『二大政党制批判論——もうひとつのデモクラシーへ』光文社（光文社新書）。

吉田徹（2016）『「野党」論——何のためにあるのか』筑摩書房（ちくま新書）。

吉田徹（2021）『くじ引き民主主義——政治にイノヴェーションを起こす』光文社（光文社新書）。

読売新聞社編（1990）『激変の政治選択—— ’89 参院選，’90 衆院選徹底分析』読売

新聞社。

読売新聞社政治部編（1993）『政界再編の幕開け』読売新聞社。

読売新聞政治部編著（2014）『基礎からわかる選挙制度改革』信山社。

リード，スティーブン・R.（2003）「並立制における小選挙区候補者の比例代表得票率への影響」，『選挙研究』第 18 号，5-11 頁。

ルソー（1954）『社会契約論』桑原武夫／前川貞次郎訳，岩波書店（岩波文庫）。

渡辺重範（2000）『ドイツ近代選挙制度史——制度史よりみたドイツ近代憲法史の一断面』成文堂。

渡辺康行／宍戸常寿／松本和彦／工藤達朗（2016）『憲法Ⅰ　基本権』日本評論社。

外国語文献

Abizadeh, Arash（2019）“In Defense of Imperfection: An Election-Sortition Compromise,” in John Gastil and Erik Olin Wright et al., *Legislature by Lot: Transformative Designs for Deliberative Governance*, Verso, pp. 249-255.
Abizadeh, Arash（2021）“Representation, Bicameralism, Political Equality, and Sortition: Reconstituting the Second Chamber as a Randomly Selected Assembly,” *Perspectives on Politics*, Vol. 19, No. 3, pp. 791-806.
Amar, Akhil Reed（1984）“Choosing Representatives by Lottery Voting,” *The Yale Law Journal*, Vol. 93, No. 7, pp. 1283-1308.
Bäck, Hanna, Johan Hellström, Johannes Lindvall and Jan Teorell（2024）“Pre-Electoral Coalitions, Familiarity, and Delays in Government Formation,” *West European Politics*, Vol. 47, No. 1, pp. 88-112.
Baldini, Gianfranco and Alan Renwick（2015）“Italy Toward（Yet Another）Electoral Reform,” *Italian Politics*, Vol. 30, Issue 1, pp. 160-178.
Bech-Pedersen, Palle（2023）“On Blind Deference in Open Democracy,” *European Journal of Political Theory*, Online First: 9th May 2023.
Bedock, Camille and Nicolas Sauger（2014）“Electoral Systems with a Majority Bonus as Unconventional Mixed Systems,” *Representation*, Vol. 50, No. 1, pp. 99-112.
Behnke, Joachim（2014）“The New Electoral Law – or: Good Things Don’t Always Come to Those Who Wait,” *German Politics*, Vol. 23, No. 4, pp. 268-283.
Behnke, Joachim（2015）“Gegen einen wahlsystematischen Paternalismus. Replik auf *Volker Bests* „Komplexe Koalitionen, perplexe Wähler, perforierte Parteiprofile“ in Heft 1/2015 der ZParl,” *Zeitschrift für Parlamentsfragen*, Jg. 46, Heft 2, S. 426-432.
Bergman, Torbjörn, Hanna Bäck and Johan Hellström（2021）“Coalition Governance Patterns Across Western Europe,” in Torbjörn Bergman, Hanna Bäck and Johan Hellström eds., *Coalition Governance in Western Europe*, Oxford University Press, pp. 680-726.
Best, Volker（2015）“Komplexe Koalitionen, perplexe Wähler, perforierte Parteiprofile. Eine kritische Revision jüngerer Befunde zur deutschen Koalitionsdemokratie und ein Reform-

vorschlag," *Zeitschrift für Parlamentsfragen*, Jg. 46, Heft 1, S. 82-99.

Best, Volker (2016) "Warum das deutsche Wahlsystem eine Mehrheitsprämie braucht. Eine Entgegnung auf *Joachim Behnkes* Replik in Heft 2/2015 der ZParl," *Zeitschrift für Parlamentsfragen*, Jg. 47, Heft 1, S. 212-225.

Best, Volker (2020) "Wahlsystem und Parteiensystem – eine Reformvorschlag," in Robert Grünewald et al., hrsg., *Politische Parteien in der modernen Demokratie. Beiträge zur politischen Bildung*, Lit Verlag, S. 368-389.

Bezzina, Frank and Anton Buhagiar (2011) "STV 4+: A Proportional System for Malta's Electoral Process," *Voting Matters*, Issue 28, pp. 1-14. https://www.votingmatters.org.uk/ISSUE28/I28P1.pdf

Bezzina, Frank and Carmen Sammut (2024) "The Maltese General Election 2022: Applying the Results to Illustrate Malta's PR-STV and Its Majority and Gender Corrective Mechanisms," in Mario Thomas Vassallo and Carmel Tabone O.P., eds., *Public Life in Malta IV: Papers on Governance, Politics and Public Affairs in the EU's Smallest Member State*, L-Università ta' Malta, Faculty of Economics, Management and Accountancy, Department of Public Policy, pp. 15-40.

Bochsler, Daniel (2009) "Are Mixed Electoral Systems the Best Choice for Central and Eastern Europe or the Reason for Defective Party Systems?" *Politics and Policy*, Vol. 37, No. 4, pp. 735-767.

Bormann, Nils-Christian and Matt Golder (2022) "Democratic Electoral Systems Around the World, 1946-2020," *Electoral Studies*, Vol. 78, Article 102487.

Bouricius, Terrill (2019) "Why Hybrid Bicameralism Is Not Right for Sortition," in John Gastil and Erik Olin Wright et al., *Legislature by Lot: Transformative Designs for Deliberative Governance*, Verso, pp. 313-332.

Catalinac, Amy (2018) "Positioning Under Alternative Electoral Systems: Evidence from Japanese Candidate Election Manifestos," *American Political Science Review*, Vol. 112, No. 1, pp. 31-48.

Chiaramonte, Alessandro (2011) "Premio di maggioranza e sistema partitico nationale," in Alessandro Chiaramonte e Giovanni Tarli Barbieri, a cura di, *Il premio di maggioranza. Origini, applicazioni e implicazioni di una peculiarità italiana*, Carocci, pp. 99-112.

Chiaramonte, Alessandro (2015) "The Unfinished Story of Electoral Reforms in Italy," *Contemporary Italian Politics*, Vol. 7, No. 1, pp. 10-26.

Chiaramonte, Alessandro and Roberto D'Alimonte (2018) "The New Italian Electoral System and Its Effects on Strategic Coordination and Disproportionality," *Italian Political Science*, Vol. 13, Issue 1, pp. 8-18.

Chiaramonte, Alessandro e Vincenzo Emanuele (2014) "Bipolarismo addio? Il sistema partitico tra cambiamento e de-istituzionalizzazione," in Alessandro Chiaramonte e Lorenzo De Sio, a cura di, *Terremoto elettorale. Le elezioni politiche del 2013*, Il Mulino, pp. 233-262.

Colomer, Josep M. (2005) "It's Parties That Choose Electoral Systems (or, Duverger's Laws Upside Down)," *Political Studies*, Volume 53, Issue 1, pp. 1-21.

Corte Costituzionale (2014) "Sentenza (4 dicembre 2013) 13 gennaio 2014 n. 1," *Giurisprudenza Costituzionale*, Anno LIX, Fasc. 1, pp. 1-27.

Corte Costituzionale (2017) "Sentenza (25 gennaio 2017) 9 febbraio 2017 n. 35," *Giurisprudenza Costituzionale*, Anno LXII, Fasc. 1, pp. 225-303.

D'Alimonte, Roberto (2007) "Il nuovo sistema elettorale. Dal collegio uninominale al premio di maggioranza," in Roberto D'Alimonte e Alessandro Chiaramonte (a cura di), *Proporzionale ma non solo. Le elezioni politiche del 2006*, Il Mulino, pp. 51-88.

D'Alimonte, Roberto (2011) Il Premio di maggioranza: questioni di principio," in Alessandro Chiaramonte e Giovanni Tarli Barbieri, a cura di, *Il premio di maggioranza. Origini, applicazioni e implicazioni di una peculitarità italiana*, Carocci, pp. 211-223.

D'Alimonte, Roberto (2013) "The Italian Elections of February 2013: The End of the Second Republic?" *Contemporary Italian Politics*, Vol. 5, No. 2, pp. 113-129.

D'Alimonte, Roberto (2015) "The New Italian Electoral System: Majority-Assuring but Minority-Friendly," *Contemporary Italian Politics*, Vol. 7, No. 3, pp. 286-292.

De Lungo, Davide (2017) "Il Premio di maggioranza alla lista, fra governabilità e legittimità costituzionale. Considerazioni (anche) a valle della sentenza N. 35 del 2017," *Rivista AIC*. https://www.rivistaaic.it/images/rivista/pdf/2_2017_De%20Lungo.pdf

De Winter, Lieven (2005) "Belgium: Empowering Voters or Party Elites?" in Michael Gallagher and Paul Mitchell, eds., *The Politics of Electoral Systems*, Oxford University Press, pp. 417-432.

Der Bundeswahlleiter (2021) "Erläuterung des Verfahrens der Umrechnung von Wählerstimmen in Bundestagssitze mit dem endgültigen Wahlergebnis der Bundestagswahl 2021." https://www.bundeswahlleiter.de/dam/jcr/e9eb08cc-e19e-4caa-b9f7-c69247872344/btw21_erl_sitzzuteilung.pdf

Deschouwer, Kris (2012) *The Politics of Belgium: Governing a Divided Society*, 2nd Edition, Palgrave Macmillan.

Devos, Carl (2013) *Politiek*, Borgerhoff & Lamberigts.

Di Virgilio, Aldo (2014) "Offerta elettorale 2013: Elusiva ma anchora decisiva," in Alessandro Chiaramonte e Lorenzo De Sio, a cura di, *Terremoto elettorale. Le elezioni politiche del 2013*, Il Mulino, pp. 41-73.

Di Virgilio, Aldo and Junko Kato (2011) "Party Competition Under New Electoral Rules in Italy and Japan, 1994-2009," in Daniela Giannetti and Bernard Grofman, eds., *A Natural Experiment on Electoral Law Reform: Evaluating the Long Run Consequences of 1990s Electoral Reform in Italy and Japan*, Springer, pp. 13-32.

Difford, Dylan (2021) "The Two-Bloc System: Scandinavia's Best Kept Secret?" on the Website of Electoral Reform Society (https://www.electoral-reform.org.uk), 23rd June 2021.

Doorenspleet, Renske (2005) "Electoral Systems and Democratic Quality: Do Mixed Systems Combine the Best or the Worst of Both Worlds? An Explorative Quantitative Cross-national Study," *Acta Politica*, Vol. 40, Issue 1, pp. 28–49.

Dowlen, Oliver (2008) *The Political Potential of Sortition: A Study of the Random Selection of Citizens for Public Office*, Imprint Academic.

Downs, Anthony (1957) *An Economic Theory of Democracy*, Addison Wesley.〔アンソニー・ダウンズ（1980）『民主主義の経済理論』古田精司監訳，成文堂〕

Duverger, Maurice (1954) *Political Parties: Their Organization and Activity in the Modern State*, trans. by Barbara and Robert North, Methuen; Wiley.〔モーリス・デュベルジェ（1970）『政党社会学』岡野加穂留訳，潮出版社〕

Duverger, Maurice (1986) "Duverger's Law: Forty Years Later," in Bernard Grofman and Arend Lijphart, eds., *Electoral Laws and Their Political Consequences*, Agathon Press, pp. 69–84.〔モーリス・デュベルジェ（1998）「デュベルジェの法則—— 40 年後の再考」岩崎正洋／木暮健太郎訳，加藤秀治郎編訳『選挙制度の思想と理論』所収，芦書房，239-263 頁〕

Endersby, James W. and Michael J. Towle (2014) "Making Wasted Votes Count: Turnout, Transfers, and Preferential Voting in Practice," *Electoral Studies*, Vol. 33, pp. 144–152.

Farrell, David M. (2011) *Electoral Systems: A Comparative Introduction*, 2nd Edition, Palgrave Macmillan.

Farrell, David M. and Ian McAllister (2005) "Australia: The Alternative Vote in a Compliant Political Culture," in Michael Gallagher and Paul Mitchell, eds., *The Politics of Electoral Systems*, Oxford University Press, pp. 79–97.

Farrell, David M. and Matthew S. Shugart, eds. (2012) *Electoral Systems*, Vol. 2, SAGE Publications.

Farrell, David M. and Peter Stone (2020) "Sortition and Mini-publics: A Different Kind of Representation," in Robert Rohrschneider and Jacques Thomassen, eds., *The Oxford Handbook of Political Representation in Liberal Democracies*, Oxford University Press, pp. 228–246.

Farrell, David M., Jane Suiter, Clodagh Harris and Kevin Cunningham (2020) "The Effects of Mixed Membership in a Deliberative Forum: The Irish Constitutional Convention of 2012–2014," *Political Studies*, Vol. 68, No. 1, pp. 54–73.

Fenech, Dominic (2023) "The 2022 Maltese General Election: An Outcome Foretold," *West European Politics*, Vol. 46, No. 1, pp. 265–274.

Ferrara, Federico, Erik. S. Herron and Misa Nishikawa (2005) *Mixed Electoral Systems: Contamination and Its Consequences*, Palgrave Macmillan.

Fisher, Stephen D. and Sara B. Hobolt (2010) "Coalition Government and Electoral Accountability," *Electoral Studies*, Vol. 29, No. 3, pp. 358–369.

Fournier, Patrick, Henk van der Kolk, R. Kenneth Carty, André Blais and Jonathan Rose (2011) *When Citizens Decide: Lessons from Citizen Assemblies on Electoral Reform*, Oxford University

Press.

Gallagher, Michael (2005) "Ireland: The Discreet Charm of PR-STV," in Michael Gallagher and Paul Mitchell, eds., *The Politics of Electoral Systems*, Oxford University Press, pp. 511–532.

Gallagher, Michael and Paul Mitchell, eds. (2005) *The Politics of Electoral Systems*, Oxford University Press.

Ganghof, Steffen (2016) "Combining Proportional and Majoritarian Democracy: An Institutional Design Proposal," *Research and Politics*, Vol. 3, Issue 3, pp. 1–7.

Ganghof, Steffen (2021) *Beyond Presidentialism and Parliamentarism: Democratic Design and the Separation of Powers*, Oxford University Press.

Garzia, Diego (2013) "The 2013 Italian Parliamentary Election: Changing Things So Everything Stays the Same," *West European Politics*, Vol. 36, No. 5, pp. 1095–1105.

Gastil, John and Erik Olin Wright (2019) "Legislature by Lot: Envisioning Sortition Within a Bicameral System," in John Gastil and Erik Olin Wright et al., *Legislature by Lot: Transformative Designs for Deliberative Governance*, Verso, pp. 3–38.

Gastil, John and Erik Olin Wright et al. (2019) *Legislature by Lot: Transformative Designs for Deliberative Governance*, Verso.

Golder, Sona Nadenichek (2006) *The Logic of Pre-Electoral Coalition Formation*, The Ohio State University Press.

Guerrero, Alexander A. (2014) "Against Elections: The Lottocratic Alternative," *Philosophy & Public Affairs*, Vol. 42, No. 2, pp. 135–178.

Haffert, Lukas, Pascal Langenbach, Tobias Rommel (2024) "Even in the Best of Both Worlds, You Can't Have It All: How German Voters Navigate the Trilemma of Mixed-Member Proportionality," *Electoral Studies*, Vol. 90, 102797.

Hennig, Brett (2019) "Who Needs Elections? Accountability, Equality, and Legitimacy Under Sortition," in John Gastil and Erik Olin Wright et al., *Legislature by Lot: Transformative Designs for Deliberative Governance*, Verso, pp. 301–311.

Hirczy de Miño, Wolfgang and John C. Lane (2000) "Malta: STV in a Two-Party System," in Shaun Bowler and Bernard Grofman, eds., *Elections in Australia, Ireland, and Malta under the Single Transferable Vote: Reflections on an Embedded Institution*, The University of Michigan Press, pp. 178–204.

Hoag, Clarence Gilbert and George Hervey Hallett (1926) *Proportional Representation*, Macmillan.

Hobolt, Sara B. and Jeffery A. Karp (2010) "Voters and Coalition Governments," *Electoral Studies*, Vol. 29, No. 3, pp. 299–307.

Hutton Ferris, Daniel (2023) "Lottocracy or Psephocracy? Democracy, Elections, and Random Selection," *European Journal of Political Theory*, Online First: 17th December 2023.

International IDEA (2005) *Electoral System Design: The New International IDEA Handbook*, International IDEA.

Jesse, Eckhard（1985）*Wahlrecht zwischen Kontinuität und Reform. Eine Analyse der Wahlsystemdiskussion und der Wahlrechtsänderungen in der Bundesrepublik Deutschland 1949–1983*, Droste Verlag.

Junius, Nino, Didier Caluwaerts, Joke Matthieu and Silvia Erzeel（2023）"Hacking the Representative System Through Deliberation? The Organization of the Agora Party in Brussels," *Acta Politica*, Vol. 58, Issue 3, pp. 512–530.

Katz, Richard S.（2005）"Why Are There So Many（or So Few）Electoral Reforms?" in Michael Gallagher and Paul Mitchell, eds, *The Politics of Electoral Systems*, Oxford University Press, pp. 57–76.

Klüver, Heike, Hanna Bäck and Svenja Krauss（2023）*Coalition Agreements as Control Devices: Coalition Governance in Western and Eastern Europe*, Oxford University Press.

Kobayashi, Yoshiaki（2012）*Malfunctioning Democracy in Japan: Quantitative Analysis in a Civil Society*, Lexington Books.

Krauss, Svenja（2018）"Stability Through Control? The Influence of Coalition Agreements on the Stability of Coalition Cabinets," *West European Politics*, Vol. 41, No. 6, pp. 1282–1304.

Kriesi, Hanspeter and Alexander H. Trechsel（2008）*The Politics of Switzerland: Continuity and Change in a Consensus Democracy*, Cambridge University Press.

Labitzke, Jan（2022）"Electoral Reforms in Italy: The Continuing Quest for Stability and Proportionality," *Zeitschrift für Vergleichende Politikwissenschaft*, Vol. 16, Issue 3, pp. 405–426.

Lafont, Cristina（2020）*Democracy Without Shortcuts: A Participatory Conception of Deliberative Democracy*, Oxford University Press.

Lafont, Cristina and Nadia Urbinati（2024）"Defending Democracy Against Lottocracy," in Geoffrey Grandjean, ed. *Against Sortition? The Problem with Citizens' Assemblies*, Imprint Academic, pp. 157–171.

Landa, Dimitri and Ryan Pevnick（2021）"Is Random Selection a Cure for the Ills of Electoral Representation?" *The Journal of Political Philosophy*, Vol. 29, No. 1, pp. 46–72.

Landemore, Hélène（2020）*Open Democracy: Reinventing Popular Rule for the Twenty-First Century*, Princeton University Press.

Lardeyret, Guy（2006）"The Problem with PR," in Larry Diamond and Marc F. Plattner, eds., *Electoral Systems and Democracy*, The Johns Hopkins University Press, pp.86–91.

Liff, Adam P. and Ko Maeda（2019）"Electoral Incentives, Policy Compromise, and Coalition Durability: Japan's LDP-Komeito Government in a Mixed Electoral System," *Japanese Journal of Political Science*, Vol. 20, No. 1, pp. 53–73.

Lijphart, Arend（1986）"Degrees of Proportionality of Proportional Representation Formulas," in Bernard Grofman and Arend Lijphart, eds., *Electoral Laws and Their Political Consequences*, Agathon Press, pp. 170–179.

Lijphart, Arend（1990）"The Political Consequences of Electoral Laws, 1945–85," *American Political Science Review*, Vol. 84, No. 2, pp. 481–496.

Lijphart, Arend（1999）“First-past-the-post, PR, Michael Pinto-Duschinksy《sic》, and the Empirical Evidence,” *Representation*, Vol. 36, No. 2, pp. 133–136.

Lijphart, Arend（2012）*Patterns of Democracy: Government Forms and Performance in Thirty-Six Countries*, 2nd Edition, Yale University Press.〔アレンド・レイプハルト（2014）『民主主義対民主主義――多数決型とコンセンサス型の 36 カ国比較研究』原著第 2 版，粕谷祐子／菊池啓一訳，勁草書房〕

Linder, Wolf and Sean Mueller（2021）*Swiss Democracy: Possible Solutions to Conflict in Multicultural Societies*, Fourth Edition, Palgrave Macmillan.

Lipset, Seymour Martin and Stein Rokkan（1967）“Cleavage Structures, Party Systems, and Voter Alignments: An Introduction,” in Seymour M. Lipset and Stein Rokkan, eds., *Party Systems and Voter Alignments: Cross-National Perspectives*, The Free Press, pp. 1–64.〔S. M. リプセット／S. ロッカン（2013）「クリヴィジ構造，政党制，有権者の連携関係」白鳥浩／加藤秀治郎訳，加藤秀治郎／岩渕美克編『政治社会学』第 5 版所収，一藝社，189–280 頁〕

Lovett, Adam and Jake Zuehl（2022）“The Possibility of Democratic Autonomy,” *Philosophy & Public Affairs*, Vol. 50, No. 4, pp. 467–498.

Lutz, Georg（2011）“Open Ballot,” in Josep M. Colomer, ed., *Personal Representation: The Neglected Dimension of Electoral Systems*, ECPR Press, pp. 153–174.

MacKenzie, Michael K.（2023）“Representation and Citizens’ Assemblies,” in Min Reuchamps, Julien Vrydagh and Yanina Welp, eds., *De Gruyter Handbook of Citizens’ Assemblies*, De Gryter, pp. 21–34.

Malleson, Tom（2019）“Should Democracy Work Through Elections or Sortition?” in John Gastil and Erik Olin Wright et al., *Legislature by Lot: Transformative Designs for Deliberative Governance*, Verso, pp. 169–188.

Malleson, Tom（2023）, "Two Types of Democratic Representation for the Two Wills of the People,” *Constellations*, Online First: 16th August 2023.

Manin, Bernard（1997）*The Principles of Representative Government*, Cambridge University Press.

Mansbridge, Jane（2019）“Accountability in the Constituent-Representative Relationship,” in John Gastil and Erik Olin Wright et al., *Legislature by Lot: Transformative Designs for Deliberative Governance*, Verso, pp. 189–203.

Martin, Lanny W. and Georg Vanberg（2011）*Parliaments and Coalitions: The Role of Legislative Institutions in Multiparty Governance*, Oxford University Press.

Massetti, Emanuele（2006）“Electoral Reform in Italy: From PR to Mixed System and (Almost) Back Again,” *Representation*, Vol. 42, No. 3, pp. 261–269.

Massetti, Emanuele（2018）“Regional Elections in Italy（2012–15）: Low Turnout, Tri-polar Competition and Democratic Party’s（Multi-level）Dominance,” *Regional & Federal Studies*, Vol. 28, No. 3, pp. 325–351.

Massetti, Emanuele and Arianna Farinelli (2019) "From the *Porcellum* to the *Rosatellum*: 'Political Elite-Judicial Interaction' in the Italian Laboratory of Electoral Reforms," *Contemporary Italian Politics*, Vol. 11, No. 2, pp. 137–157.

Matauschek, Peggy (2021) *Wahlsystemreform in Deutschland. Plädoyer für ein Prämienwahlsystem mit Koalitionsbonus*, Nomos.

Meyler, Bernadette (2022) "The Majoritarian Difficulty," *The Yale Law Journal Forum*, 31st October 2022.

Nagatomi, Kazuaki (2021) *The Operation of the Japanese Electoral System since 1994*, Palgrave Macmillan.

Nemoto, Kuniaki and Matthew S. Shugart (2013) "Localism and Coordination Under Three Different Electoral Systems: The National District of the Japanese House of Councillors," *Electoral Studies*, Vol. 32, No. 1, pp. 1–12.

Newell, James L. (2006) "The Italian Election of May 2006: Myths and Realities," *West European Politics*, Vol. 29, No. 4, pp. 802–813.

Niessen, Christoph and Min Reuchamps (2022) "Institutionalising Citizen Deliberation in Parliament: The Permanent Citizens' Dialogue in the German-speaking Community of Belgium," *Parliamentary Affairs*, Vol. 75, No. 1, pp. 135–153.

Nohlen, Dieter (2014) *Wahlrecht und Parteiensystem: Zur Theorie und Empirie der Wahlsysteme*, 7. Auflage, Verlag Barbara Budrich.

Norwich, John Julius (1982) *A History of Venice*, Penguin.

Nwokora, Zim and Riccardo Pelizzo (2014) "Sartori Reconsidered: Toward a New Predominant Party System," *Political Studies*, Vol. 62, Issue 4, pp. 824–842.

Okazaki, Seiki (2019) "In Defense of Proportional Representation with a Limited Majority Bonus," *Hosei Kenkyu*, Vol. 85, No. 3–4, pp. F1(740)–F19(722).

Okazaki, Seiki (2021) "The Second Defense of Proportional Representation with a Limited Majority Bonus," *Seiji Kenkyu*, No. 68, pp. F1(130)–F19(112).

Okazaki, Seiki (2022) "An Institutional Design for Proportional Representation with a Limited Majority Bonus," *Seiji Kenkyu*, No. 69, pp. F1(124)–F27(98).

Owen, David and Graham Smith (2019) "Sortition, Rotation, and Mandate: Conditions for Political Equality and Deliberative Reasoning," in John Gastil and Erik Olin Wright et al., *Legislature by Lot: Transformative Designs for Deliberative Governance*, Verso, pp. 279–299.

Parkinson, John (2006) *Deliberating in the Real World: Problems of Legitimacy in Deliberative Democracy*, Oxford University Press.

Pasquino, Gianfranco (2007) "Tricks and Treats: The 2005 Italian Electoral Law and Its Consequences," *South European Society & Politics*, Vol. 12, No. 1, pp. 79–93.

Pasquino, Gianfranco (2015) "Italy Has Yet Another Electoral Law," *Contemporary Italian Politics*, Vol. 7, No. 3, pp. 293–300.

Passarelli, Gianluca (2018) "Electoral Systems in Context: Italy," in Erik S. Herron, Robert J.

Pekkanen and Matthew S. Shugart, eds., *The Oxford Handbook of Electoral Systems*, Oxford University Press, pp. 851–870.

Pinto-Duschinsky, Michael（1999）“Send the Rascals Packing: Defects of Proportional Representation and the Virtues of the Westminster Model,” *Representation*, Vol. 36, No. 2, pp. 117–126.

Poertner, Mathias（2023）“Does Political Representation Increase Participation? Evidence from Party Candidate Lotteries in Mexico,” *American Political Science Review*, Vol. 117, No. 2, pp. 537–556.

Poier, Klaus（2001）*Minderheitenfreundliches Mehrheitswahlrecht. Rechts- und politikwissenschaftliche Überlegungen zu Fragen des Wahlrechts und der Wahlsystematik*, Böhlau Verlag.

Popper, Karl（1987）“Zur Theorie der Demokratie,” *Der Spiegel*, Nr. 32/1987, S. 54–55.〔K. ポパー（2013）「民主制の理論について」雨倉敏廣／荒邦啓介訳，加藤秀治郎／岩渕美克編『政治社会学』第 5 版所収，一藝社，303-309 頁〕

Powell, G. Bingham, Jr.,（2000）*Elections as Instruments of Democracy: Majoritarian and Proportional Visions*, Yale University Press.

Quinn, Thomas（2013）“From Two-Partism to Alternating Predominance: The Changing UK Party System, 1950–2010,” *Political Studies*, Vol. 61, Issue 2, pp. 378–400.

Rahat, Gideon and Ofer Kenig（2018）*From Party Politics to Personalized Politics? Party Change and Political Personalization in Democracies*, Oxford University Press.

Raunio, Tapio（2005）“Finland: One Hundred Years of Quietude,” in Michael Gallagher and Paul Mitchell, eds., *The Politics of Electoral Systems*, Oxford University Press, pp. 473–489.

Reed, Steven R.（2022）“Patronage and Predominance: How the LDP Maintains Its Hold on Power,” *Social Science Japan Journal*, Vol. 25, No. 1, pp. 83–100.

Regalia, Marta（2015）“Electoral Systems,” in Erik Jones and Gianfranco Pasquino, eds., *The Oxford Handbook of Italian Politics*, Oxford University Press, pp. 132–143.

Regalia, Marta（2018）“Electoral Reform as an Engine of Party System Change in Italy,” *South European Society and Politics*, Vol. 28, No. 1, pp. 81–96.

Renwick, Alan（2010）*The Politics of Electoral Reform: Changing the Rules of Democracy*, Cambridge University Press.

Renwick, Alan and Jean-Benoit Pilet（2016）*Faces on the Ballot: The Personalization of Electoral Systems in Europe*, Oxford University Press.

Reuchamps, Min, François Onclin, Didier Caluwaerts and Pierre Baudewyns（2014）“Raising the Threshold, Fighting Fragmentation? Mechanical and Psychological Effects of the Legal Electoral Threshold in Belgium,” *West European Politics*, Vol. 37, No. 5, pp. 1087–1107.

Rich, Timothy S.（2015）“Duverger’s Law in Mixed Legislative Systems: The Impact of National Electoral Rules on District Competition,” *European Journal of Political Research*, Vol. 54, Issue 1, pp. 182–196.

Rubabshi-Shitrit, Ayelet and Sharon Hasson（2022）“The Effect of the Constructive Vote of

No-Confidence on Government Termination and Government Durability," *West European Politics*, Vol. 45, No. 3, pp. 576–590.

Rummens, Stefan and Raf Geenens（2023）"Lottocracy Versus Democracy," *Res Publica*, Online First: 9th November 2023.

Sartori, Giovanni（1976）*Parties and Party Systems: A Framework for Analysis*, Cambridge University Press.〔ジョヴァンニ・サルトーリ（2000）『現代政党学――政党システム論の分析枠組み』普及版，岡沢憲芙／川野秀之訳，早稲田大学出版部〕

Sartori, Giovanni（1997）*Comparative Constitutional Engineering: An Inquiry into Structures, Incentives and Outcomes*, 2nd Edition, New York University Press.〔ジョヴァンニ・サルトーリ（2000）『比較政治学――構造・動機・結果』岡沢憲芙監訳／工藤裕子訳，早稲田大学出版部〕

Schlink, Bernhard（2012）"Proportionality（1）," in Michel Rosenfeld and András Sajó, eds., *The Oxford Handbook of Comparative Constitutional Law*, Oxford University Press, pp. 718–737.

Sevenans, Julie, Karolin Soontjens and Stefaan Walgrave（2022）"Inequality in the Public Priority Perceptions of Elected Representatives," *West European Politics*, Vol. 45, Issue 5, pp. 1057–1080.

Shugart, Matthew Søberg（2005）"Comparative Electoral Systems Research: The Maturation of a Field and New Challenges Ahead," in Michael Gallagher and Paul Mitchell, eds., *The Politics of Electoral Systems*, Oxford University Press, pp. 25–55.

Shugart, Matthew Soberg and Martin P. Wattenberg（2001）"Conclusion: Are Mixed-Member Systems the Best of Both Worlds?" in Matthew Soberg Shugart and Martin P. Wattenberg, eds., *Mixed-Member Electoral Systems: The Best of Both Worlds?*, Oxford University Press, pp. 571–596.

Sintomer, Yves（2023）*The Government of Chance: Sortition and Democracy from Athens to the Present*, Cambridge University Press.

Speckmann, Werner（1970）"5%-Klausel und subsidiäre Wahl," *Zeitschrift für Rechtspolitik*, Jg. 3, Heft 9, S. 198.

Stone, Peter（2011）*The Luck of the Draw: The Role of Lotteries in Decision-Making*, Oxford University Press.

Umbers, Lachlan Montgomery（2021）"Against Lottocracy," *European Journal of Political Theory*, Vol. 20, Issue 2, pp. 312–334.

Vandamme, Pierre-Étienne（2024）"Democracy Without Elections and the Value of Political Parties," in Geoffrey Grandjean, ed. *Against Sortition? The Problem with Citizens' Assemblies*, Imprint Academic, pp. 105–122.

Vandamme, Pierre-Etienne and Antoine Verret-Hamelin（2017）"A Randomly Selected Chamber: Promises and Challenges," *Journal of Public Deliberation*, Vol. 13, Issue 1, Article 5.

Wada, Junichiro（2004）"Japan: Manipulating Multi-Member Districts　— from SNTV to a

Mixed System," in Josep M. Colomer, ed. *Handbook of Electoral System Choice*, Palgrave Macmillan, pp. 512-529.
Warren, Mark E. and John Gastil (2015) "Can Deliberative Minipublics Address the Cognitive Challenges of Democratic Citizenship?" *The Journal of Politics*, Vol. 77, No. 2, pp. 562-574.
Warren, Mark E. and Hilary Pearse, eds. (2008) *Designing Deliberative Democracy: The British Columbia Citizens' Assembly*, Cambridge University Press.
Wilson, Alex (2009) "The Italian Election of April 2008: A Political Earthquake?" *West European Politics*, Vol. 32, No. 1, pp. 215-225.
Zakaras, Alex (2010) "Lot and Democratic Representation: A Modest Proposal," *Constellations*, Vol. 17, No. 3, pp. 455-471.
Zanella, Remo (1990) "The Maltese Electoral System and its Distorting Effects," *Electoral Studies*, Vol. 9, No. 3, pp. 205-215.

著者

岡﨑晴輝（おかざき・せいき）
1968 年，茨城県生まれ。法政大学と国際基督教大学で政治学を専攻し，国際基督教大学で博士号を取得。現在，九州大学大学院法学研究院教授，放送大学客員教授。専門は政治理論・比較政治学。
主な著書に『与えあいのデモクラシー』（勁草書房，2004 年）や『市民自治の知識と実践』（放送大学教育振興会，2015 年，共編著）などがある。また，主な共訳書に，キムリッカ『新版 現代政治理論』（日本経済評論社，2005 年），キムリッカ『土着語の政治』（法政大学出版局，2013 年），ヴァン・レイブルック『選挙制を疑う』（法政大学出版局，2019 年）などがある。
ウェブサイト http://aktiv.sakura.ne.jp/

サピエンティア　74
新しい政治改革へ
国会を市民の手に取り戻す

2024 年 9 月 15 日　初版第 1 刷発行

著　者　岡﨑晴輝
発行所　一般財団法人 法政大学出版局
〒102-0071 東京都千代田区富士見 2-17-1
電話 03（5214）5540 ／振替 00160-6-95814

組版　閏月社／印刷　平文社／製本　積信堂
装画　春﨑幹太／装幀　奥定泰之

ISBN 978-4-588-60374-7　　Printed in Japan